本书为国家社会科学基金教育学一般课题
"高等教育普及化背景下地方高校与县域合作办学的机制研究"(BIA170182)的研究成果

高职院校县域办学模式与机制研究

姚奇富 著

A study on county level
school-running mode and mechanism of
vocational colleges

浙江大学出版社
·杭州·

图书在版编目（CIP）数据

高职院校县域办学模式与机制研究 / 姚奇富著. -- 杭州：浙江大学出版社，2024.11
　　ISBN 978-7-308-24366-7

Ⅰ. ①高… Ⅱ. ①姚… Ⅲ. ①高等职业教育－办学模式－研究－中国 Ⅳ. ①G718.5

中国国家版本馆CIP数据核字(2023)第212856号

高职院校县域办学模式与机制研究
姚奇富　著

策划编辑	吴伟伟
责任编辑	丁沛岚
责任校对	陈　翩
封面设计	续设计
出版发行	浙江大学出版社
	（杭州市天目山路148号　邮政编码310007）
	（网址：http://www.zjupress.com）
排　　版	杭州星云光电图文制作有限公司
印　　刷	浙江新华数码印务有限公司
开　　本	710mm×1000mm　1/16
印　　张	15.75
字　　数	227千
版 印 次	2024年11月第1版　2024年11月第1次印刷
书　　号	ISBN 978-7-308-24366-7
定　　价	78.00元

版权所有　侵权必究　印装差错　负责调换

浙江大学出版社市场运营中心联系方式：0571-88925591；http://zjdxcbs.tmall.com

前　言

2018年9月,习近平总书记在全国教育大会上指出:"要提升教育服务经济社会发展能力,调整优化高校区域布局、学科结构、专业设置,建立健全学科专业动态调整机制,加快一流大学和一流学科建设,推进产学研协同创新,积极投身实施创新驱动发展战略,着重培养创新型、复合型、应用型人才。"[①]当前,我国县域经济的发展方式正从规模速度型向质量效益型转变,急需高等职业教育提供人才、科技等智力支持。近几年,浙江省出现了大量高职院校以多种形式延伸到县域开展合作办学的现象。那么,高职院校延伸到县域办学到底能为县域发展带来什么? 不同类型县域合作办学的生存和发展状况如何? 高职院校与县域合作办学的模式与机制又是什么? 本书旨在回答以上问题,并为政府主管部门和高职院校进一步完善政策、措施提供借鉴。

本书引入"三螺旋"空间演化理论和"推拉"理论整合下的分析框架,通过问卷调查、访谈、网络资料收集等方式对浙江省44所高职院校开展了深入调研,以定量和定性方法归纳出浙江省高职院校县域办学的共性因素,同时从高职院校与县域合作办学的三种类型(渐进型、先锋型和创业型)的典型案例来深入探究高职院校县域办学的模式与机制。

详细来说,本书通过分析浙江省高职院校在县域办学的调查数据,发现高职院校深入县域进行合作办学,既受到了国家教育政策和乡村振兴战略的"推力",也受到了县域市场需求和产业转型发展的"拉力",还受到

---

① 坚持中国特色社会主义教育发展道路　培养德智体美劳全面发展的社会主义建设者和接班人[N].人民日报,2018-09-11.

了县域办学与主城区办学的差异性条件等"中间障碍"因素的影响。基于特定环境下高职院校县域办学的形成过程,按照县域办学"触发条件—情境特征—行为过程—结果分析"这一逻辑链条,根据"三螺旋"共识空间作用的差异,归纳出浙江省高职院校县域办学的三种基本模式,即以浙江工商职业技术学院为代表的"渐进型"模式、以宁波职业技术学院为代表的"先锋型"模式,以及以义乌工商职业技术学院为代表的"创业型"模式。

本书提出的三种不同情境下的高职院校的办学模式与机制,不仅有利于各级行政主管部门"找得准"问题、"把得住"方向,出台行之有效的政策法规,而且有利于高职院校因地制宜地实现转型发展,最大限度地凝练学校特色,不断提升教育服务区域经济社会发展的能力。

最后,本书从区域创新生态系统理论视角出发,对高职院校参与区域协同创新发展机制展开了分析,提出了运行模型,并对德国应用科技大学和美国得克萨斯州高校参与区域协同创新的具体机制进行了详细分析,挖掘值得借鉴的经验。

本书对高职院校县域办学问题进行了探索性研究,围绕的核心问题是"高职院校县域合作办学模式是怎样形成的?",对此主要采用了质性研究的方法,研究对象都位于浙江省内,但浙江省属于经济发达省份,省内经济发展水平和高职教育发展水平相对均衡,这就控制了经济水平和高职教育办学水平这两个变量,因此,本书研究成果的外部效度在未来需要由更多的质性和实证研究来加以检验和发展。

在本书撰写过程中,得到了厦门大学教育研究院史秋衡教授的悉心指导,以及浙江舟山群岛新区旅游与健康职业学院和浙江工商职业技术学院很多同事的支持、帮助和建议,感谢宁波城市职业技术学院姚哲副教授、浙江舟山群岛新区旅游与健康职业学院张良副教授在书稿撰写和修订过程中提供的建议和帮助。囿于笔者水平有限,书中难免存在错漏之处,敬请广大读者朋友和行业同人提出宝贵意见。

姚奇富
2022 年 9 月 18 日

目 录

第一章 导 论 ………………………………………………… 1
  第一节 研究的背景和问题的提出 ……………………………… 1
  第二节 研究对象与研究内容 …………………………………… 5
  第三节 研究方法与数据收集 …………………………………… 11

第二章 文献综述 ……………………………………………… 16
  第一节 高校地方办学与高职院校县域办学 …………………… 16
  第二节 "推拉"理论及高职院校延伸到县域办学 ……………… 28
  第三节 "三螺旋"理论及高职院校与县域协同创新 …………… 31

第三章 高职院校县域办学模式与机制研究的理论框架 …… 42
  第一节 "三螺旋"理论演化中的"三个空间"分析 ……………… 42
  第二节 "推拉"理论与"三螺旋"理论 …………………………… 46
  第三节 县域办学的四阶段发展模型 …………………………… 47
  第四节 "三螺旋"理论与"推拉"理论整合下的总体理论框架 … 49

第四章 高职院校县域办学在浙江的实践与分析 …………… 51
  第一节 数据获得与分析 ………………………………………… 51
  第二节 高职院校县域办学在浙江的实践概况 ………………… 59

第五章 "推拉"理论视角下高职院校县域办学的实证分析 …… 66
第一节 信效度分析 …… 67
第二节 描述性分析 …… 72
第三节 差异性分析 …… 75
第四节 回归分析 …… 92
第五节 "推拉"理论解释高职院校县域办学 …… 94

第六章 浙工商院县域办学过程分析与主要发现 …… 100
第一节 概述与发展历程 …… 100
第二节 四个发展阶段的"三空间"互动 …… 102
第三节 渐进型县域办学模式的关键特征和空间互动分析 …… 114

第七章 宁职院县域办学过程分析与主要发现 …… 117
第一节 概述与发展历程 …… 117
第二节 四个发展阶段的"三空间"互动 …… 119
第三节 先锋型县域办学模式的关键特征和空间互动分析 …… 130

第八章 义乌工商院县域办学过程分析与主要发现 …… 133
第一节 概述与发展历程 …… 133
第二节 四个发展阶段的"三空间"互动 …… 135
第三节 创业型县域办学模式的关键特征和空间互动分析 …… 146

第九章 高职院校参与区域协同创新发展机制 …… 149
第一节 相关研究 …… 149
第二节 区域创新生态系统理论对高职院校参与区域协同创新发展的适应性分析 …… 151

第三节　高职院校参与区域协同创新发展的模型构建……………154

第十章　国外高校参与区域协同创新发展案例分析……………157

　　第一节　德国应用科学大学参与区域协同创新发展的案例分析
　　　　　　………………………………………………………………157

　　第二节　美国得克萨斯州高校参与区域协同创新发展的案例分析
　　　　　　………………………………………………………………170

　　第三节　启示……………………………………………………180

第十一章　高职院校县域办学模式演化与特征构建………………186

　　第一节　基于"三螺旋"理论的高职县域办学分析………………186

　　第二节　县域办学过程分析……………………………………188

　　第三节　演化路径与特征讨论…………………………………193

　　第四节　对比结论和政策建议…………………………………195

第十二章　基本结论与研究展望……………………………………198

　　第一节　基本结论………………………………………………198

　　第二节　研究意义………………………………………………200

　　第三节　局限之处与研究展望…………………………………203

参考文献………………………………………………………………206

附　录…………………………………………………………………224

第一章 导论

第一节 研究的背景和问题的提出

一、研究的背景

2017年3月,国务院印发的《国家教育事业发展"十三五"规划》(以下简称《规划》),明确提出,到2020年"高等教育发展进入普及化阶段","推进高等教育分类发展、合理布局,高等教育资源向新的城镇化地区、产业集聚区、边境城市延伸"。史有古训"郡县治,天下安",诚然,"县域强"则"国家强"。县域是一个具有中国特色的地域概念和治理概念,县域作为我国以特定行政区域为基础的地域空间,是经济、政治、社会、文化、历史、民俗和人口等诸方面社会、自然要素的基层政治载体。同时,县域现代化建设又与我国的城镇化建设有紧密的联系(公丕祥,2017)。2014年5月9日,习近平总书记在河南省兰考县考察时指出:"县一级承上启下,要素完整,功能齐备,在我们党执政兴国中具有十分重要的作用,在国家治理中居于重要地位。"[①]改革开放40多年以来,我国县域发展取得了长足进步,涌现出一批批"全国百强县",城镇化率提高了40个百分点,新增

---

① 作风建设要经常抓深入抓持久抓 不断巩固扩大教育实践活动成果[N].人民日报,2014-05-09.

城镇人口超过6.4亿人,我国正在从传统的乡村社会迈入现代城市社会。

高等职业教育(以下简称高职教育)是"高等"与"职业教育"两个概念的复合,是现代职业教育体系的重要组成部分,是一种具有较强职业性和应用性的教育形式,其蕴含的区域性价值不言而喻。职业教育总是在一个相对固定的地域空间展开的,在空间上是从属于某个区域的(李尚群,2014)。因此,职业教育成为区域发展的关键要素,而区域发展又能为其提供建设动因。同时,作为较高层级的职业教育形式,高职教育是一种最具"经济性"特性的高等教育,是与区域发展(尤其是区域经济发展)联系最紧密的高等教育。高职教育与区域发展的关系,经历了从"被动适应"向"积极应对"变化的过程,并将向"主动引领"方向逐步转变。这一判断的基本内涵有三:第一,高职教育对区域发展的被动适应是一种滞后反应,这种反应已经成为过去;第二,高职教育对区域发展的积极应对是一种同步反映,这种反映正在到来和发生;第三,高职教育对区域发展的主动引领是一种超前反映,这种反映即将或终将到来。

当前我国县域经济发展方式正从规模速度型向质量效益型转变,亟须高等教育提供人才、科技等智力支持。因此,浙江、江苏、山东、广东等县域经济强省出现了高校纷纷落户县域开展合作办学的现象,杭州、苏州、青岛、宁波、潍坊、绍兴等市都在积极推进"县县有大学"计划。通过分析浙江省所有高职院校的网站发现,截至2018年12月31日,全省61个非中心城区的县(区)中有25个县(区)已有不同类型的高校(校区)落户,占总数的41%;全省47所高职院校中有26所已经不同程度地与县域开展合作办学,占总数的55.3%。

国内高职院校切入县域经济社会发展,是对国家提出高职教育"以服务为宗旨,走产学研结合的发展道路"办学方针的落实和深化。一方面,高职院校通过与县域合作办学,将中心城市的资源优势转化为县域的地域优势,将触角延伸到中心城市的周边县域,大大拓展了高职院校的发展空间;另一方面,产学研基地或者合作产业学院是县校合作办学的重要载体,通过承载当地产业发展对技术、人才和智力、设备的需求来扩散这种辐射效应。因此,高职院校从市区办学转向县域办学的纵深推进是适应新时代区域经济社会发展的应势之举。

二、问题的提出

综观国内外,大学与城市、社区间关系的历史就是一段充满冲突又存在整合的历史(阎光才,2006)。早在1998年,国内就有学者认为,经济建设必须依靠高等教育,当然高等教育也必须面向经济建设(张光斗,1998)。之后,诸多学者认为高等教育需要融入区域经济发展的整体规划之中,实现促进高等教育与区域经济的协调发展(张振助,2003;罗海丰,2004;叶茂林,2005)。随后,高职教育与区域经济的"产学研结合"转向"县校合作",其背后原因是国家发展战略的调整。首先是为了贯彻落实"高教三十条"中关于"加强与相关部门和地方政府合作"的要求,"校地合作"研究逐渐升温(邹琪,2013);其次是为了推进县域的"城镇化""农业现代化"战略,催生基于本土的"县校合作"研究。

由此,"县校合作"研究呈现出方兴未艾的态势。有学者从政府与校企合作的层次、定位、角色等方面出发阐述了"县校合作"的本质与意义,认为其有利于国家推进小城镇化建设的基层战略,满足县域经济社会发展对高职教育机制创新的迫切诉求,同时也是全面提高高职教育质量的有效探索和产学研合作可持续发展的必由之路(史秋衡等,2012)。也有学者认为,"县校合作"符合高职院校由于受地方本科高校应用型转型压力而主动"服务下移"的趋势,同时符合县域经济社会发展"需求上移"的趋势。当然也有学者提出高职院校存在其多元职能不能很好地适应县域经济发展和产业结构调整等诸多问题(郑建辉等,2015)。近年来,很多省份的高职院校将办学场所迁移或延伸到县域,给"县校合作"研究带来了新的题材。但是,高职院校对县域经济社会发展到底起到了多大的作用?能否有一定程度的量化?国内在这方面的实证研究还非常少见。

19世纪初,英国各地纷纷开始创办自己的城市大学,如曼彻斯特欧文斯学院(1851年)、利物浦大学学院(1881年),不仅为区域经济社会发展提供人才支持,而且直接提供科技服务。Florida(2006)认为,高校与区域的"联姻"进一步促进了这些国家以创新为驱动的知识经济的增长。李茂林(2009)研究了波士顿地区8所大学对区域经济的贡献,认为这几所大学是当地经济增长的"引擎"。史秋衡等(2012)研究了高职院校对县域发展的影响,并提出了有利于国家推进小城镇化建设的基层战略,以满足县域经济社会发展对高等教育的迫切诉求。蔡真亮等(2017)较明确地从"推拉"理论视角出发对高校县域办学进行了现象分析,并指出主要"推力"因素是国家教育政策,主要"拉力"因素是县域市场需求,主要"中间"因素是高等教育即将进入普及化。按照厦门大学潘懋元先生提出的高等教育外部规律,"教育必须受一定社会的政治、经济、文化科学所制约",同时,根据西方发达国家的经验,具有50万人口的区域就需要办一所大学,长三角、珠三角等经济发达省份的部分县域人口早已超过50万人,生产总值也达到几百亿元,因此出现了高职院校延伸到这些县域进行办学的现象。但是,为什么高职院校愿意将整体或部分校区从中心城区迁移到县域进行办学呢?再具体地说,哪些因素促成了高职院校延伸至县域办学?较少有研究分析高校如何就整体(或部分)延伸或迁移到县域开展办学做出决策。

国内外学者关注高校与区域的协同发展。高等教育需要融入区域经济发展的整体规划之中,以促进高等教育与区域经济的协调发展(谢维和,1998)。美国学者亨利·埃茨科威兹(Henry Etzkowitz)在研究政府、产业、高校三者关系的基础上,创立了"三螺旋"理论(Triple Helix Model)。但是,关于它们之间如何协同发展,伯顿·克拉克(Burton Clark)认为市场是调节两者关系的最有效方式,也有学者认为需要政府在政策和法规上进行调节(丁三青等,2008)。朱德全等(2014)认为地方高校与区域经济拥有不同的功能和结构,相互作用的关系交错而复杂,两者之间呈现出以资本为中介的联通关系。那么,针对国内部分省份出现的高职院校延伸到县域办学的现实,两者之间如何实现良性互动?协同发展的机制是什么？目前国内较少有人对此做系统的调查研究，用"三螺旋"理论探讨高校—产业—政府相互作用关系尚缺少丰富的实证解释，研究对象为产业聚集度较高的县域的分析比较少。

高职院校县域办学研究的理论基础繁多，如哈肯（Haken）的协同发展理论、克鲁默（Krummer）等人的区域梯度发展理论、府际关系理论、正和博弈理论、"三螺旋"理论等（徐小明等，2016）。梳理这些理论基础的价值在于，通过对既有相关理论的多方搜寻，在其交叉与碰撞中找到本书的创新点，在共鸣和质疑的裹挟中找到本书的突破口。鉴于单一的"推拉"理论和单一的"三螺旋"理论都有其局限性，对"推拉"理论和"三螺旋"理论进行整合研究，正是本书所做的努力。

第二节 研究对象与研究内容

一、研究对象的界定

本书对研究对象进行了范围限定，即主体（本部）或分校（校区）办学地点在县域的浙江省高职院校。有学者把高校的"县域办学"分为县域建校、县域迁校、县域分校区三种建设类型（徐军伟等，2018），而本书根据本部和分校（校区）的关系以及本部是否设在县域，将县域办学的类型分为三类：第一类是"总部—基地型"，是指学校的本部仍在中心城区，部分院系迁移至县域进行办学；第二类是"县域自发型"，是指学校主体在创建之初就在县域；第三类是"整体迁入型"，是指原来在中心城区办学的高职院校把主体迁移至县域进行办学。

与此同时，本书将重点放在高职院校县域办学模式与机制上，这势必涉及与县域其他多主体的合作。因此，县域政府、产业部门是本书另外两个重要的研究对象,相关县域的科研机构和第三方组织也在研究范围之内。

二、研究案例的选取

国内外学者普遍认为案例研究的关键环节是案例的选取。案例研究包括多案例与单案例,多案例研究是基于研究对象的需要,对研究对象的抽样概括和归类,是共性化和个性化的统一(Yin,1994)。基于以上案例选择原则,本书开展深度访谈的案例选取主体或分校办学地点在县域的办学时间达3年及以上的浙江省高职院校,即选浙江工商职业技术学院(简称浙工商院)、宁波职业技术学院(简称宁职院)和义乌工商职业技术学院(简称义乌工商院)三所高职院校作为案例院校(见表1-1),以三所高职院校的县域办学行为作为分析单元,每个案例相当于一个独立实验,代表了一种类型县域办学的路径和模式(肖静华等,2014)。

表1-1 案例高职院校基本情况

项目	浙江工商职业技术学院	宁波职业技术学院	义乌工商职业技术学院
学校简称	浙工商院	宁职院	义乌工商院
学校类别	财经类	综合类	财经类
举办方	浙江省交通投资集团	宁波市人民政府	义乌市人民政府
创办时间	2001年	1999年	1999年
所属区域	浙江省宁波市海曙区	浙江省宁波市北仑区	浙江省金华市义乌市
属性	浙江省示范性高职院校浙江省优质建设高职院校	国家示范性高职院校浙江省重点建设高职院校	浙江省优质建设高职院校
县域办学特征	总部+基地,产业起主导作用	整体迁入,政府起主导作用	县域自发,高校起主导作用

续表

项目	浙江工商职业技术学院	宁波职业技术学院	义乌工商职业技术学院
县域办学现状	浙工商院是浙江省人民政府首批成立的四所全日制公办普通高等职业院校之一,前身为创建于1914年的宁波公立甲种商业学校。先后与宁海县、余姚市、鄞州区、慈溪市、江北区等开展县域合作办学,建成宁海学院和慈溪学院,形成了"一体多翼"的"总部—基地"办学格局,将产学研合作的内涵扩展至人才培养、技术研发、社会服务,走出了一条政、产、学、研、用相结合的协同创新发展之路,实现了学校、行业、企业、政府、园区多方共赢,被中国青年报、光明日报等媒体评价为"中国高职教育的'宁海模式'",并成为专家学者解读高职院校县校合作模式的范本	宁职院于1999年由宁波中等专业学校和宁波市职工业余大学合并而来,老校区占地面积仅有35亩(约2.33公顷),1999年北仑区政府(宁波经济开发区)在土地、经费方面给予扶持,整体迁入北仑区,成为北仑区唯一一所全日制高校。经过近20年的发展,政校企三方联动的合作办学体制改革不断深化,充分发挥董事会在整合社会资源办学、推动校企合作育人等方面的作用,创新形成"地市共建、区校合作、院园融合"的地方高职院校办学体制和产学合作机制,形成与区域产业高度匹配的智能装备制造类、应用化工类、电子信息类、港口物流、电商类等优势特色专业	义乌工商院是1999年由义乌市政府在杭州大学义乌分校和义乌商贸专修学院的基础上独立筹建的,学校紧密依托义乌市市场经济发达优势,打破常规、开拓创新,结合市场(产业)需求和办学实际,走出了一条以"创"立校的特色办学之路,形成了创业教育、创意教育、国际教育三大特色教育,学校获得"全球最佳网商摇篮"称号,被浙江省政府确定为"创业型大学"试点院校。创业文化、"创"文化分别于2008年、2016年获教育部全国高校校园文化建设优秀成果奖

注:创办时间均从确定为现校名起计算,数据截至2018年12月31日。

本书的案例选取主要出于以下三方面考虑。

一是案例的适配性。三所案例高职院校有着不同的办学理念,面临着不同的办学环境,经历了不同的运作模式,县域办学过程和结果具有明显差异,这些差异有利于理论的复制和拓展,并为验证竞争性解释创造条件。

二是案例的典型性。浙江、江苏、山东、广东等县域经济强省出现了高校纷纷落户县域开展办学的现象,所选择的三所案例高职院校在全国均具有一定的影响力和知名度,在与县域开展合作办学方面均具有非常强的代表性,能较大程度地代表县域合作办学模式的不同发展方向,具有较强的可复制性。

三是数据可获得性。当前三所案例高职院校经历了国家或省示范高职院校建设,并均入选浙江省优质暨重点校建设计划,在县域办学的模式创新方面进行了各具特色的尝试,提供了丰富的研究证据数据。

三、研究内容和框架

科学研究是科学方法在问题解决中的系统应用过程,本书从"推拉"理论与"三螺旋"空间演化理论整合视角,对高职院校县域办学相关命题进行了研究,并按照"提出问题—分析问题—解决问题"的逻辑展开,研究框架见图1-1。

根据上述研究逻辑,本书内容具体如下。

第一章,导论。首先,阐述了研究的背景,指出高职院校区域办学向县域办学纵深推进是可持续发展的重要路径。其次,提出了研究的问题,即高职院校如何开展县域办学?如何在"三螺旋"空间演化理论与"推拉"理论整合视角下分析县域办学的模式与机制?最后,确定了研究的主要对象和内容,介绍了选用的研究方法和数据收集途径。

第二、第三章,文献综述与理论框架。首先,梳理了国内外有关高校地方办学、高职院校县域办学的相关文献资料,重点阐述了国内外文献中有关"推拉"理论和"三螺旋"空间演化理论的背景与内涵、分析框架以及对高职院校县域办学模式的启示与局限。其次,引入"推拉"理论与"三螺旋"空间演化理论,并将其进行整合,构建解释高职院校县域办学模式与机制的理论框架。

第四章,高职院校县域办学在浙江的实践与分析。首先,介绍了浙江省高职院校县域办学相关数据的获得与分析方法。其次,从高职院校县域办学的基本情况、运行状况、对县域的贡献状况以及县域支持状况来阐述高职院校县域办学在浙江的实践。

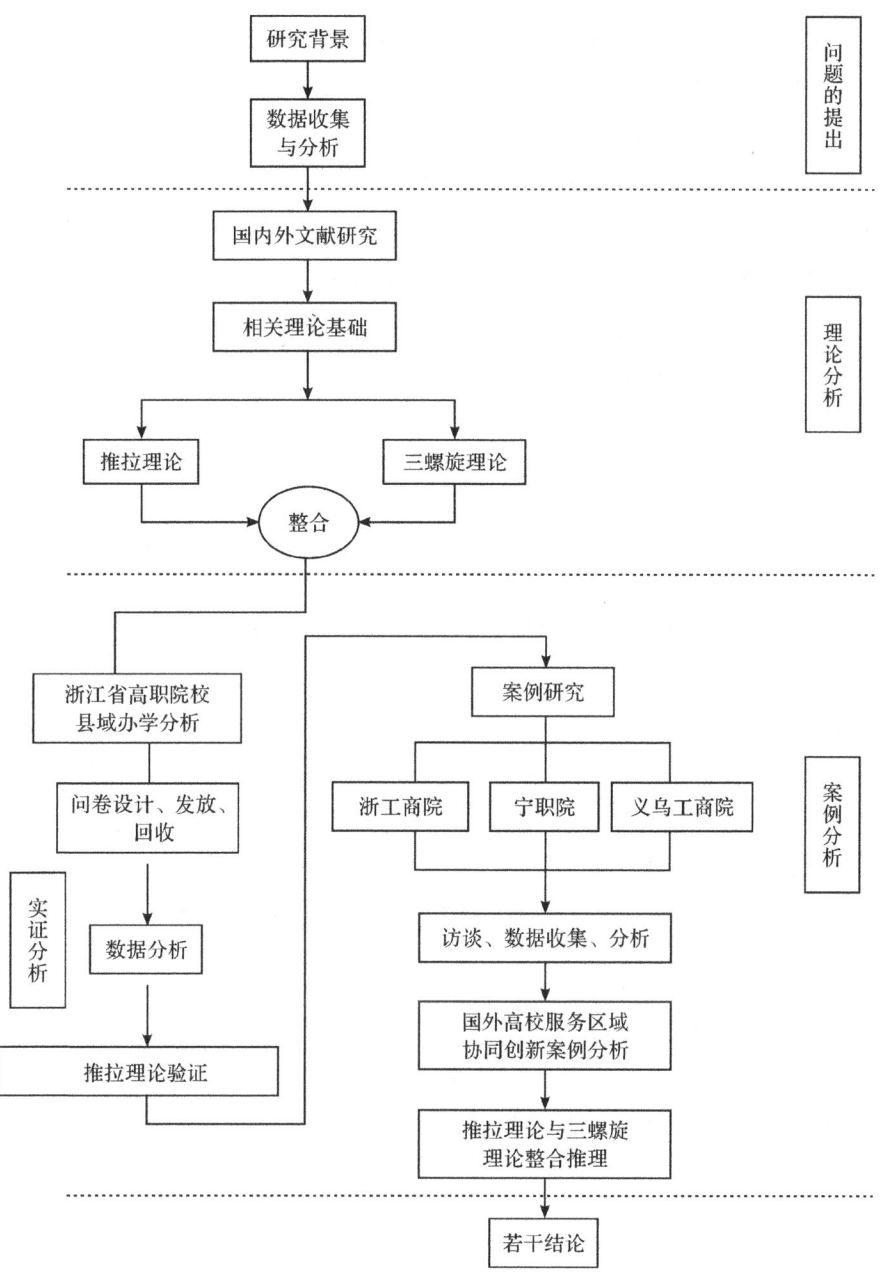

图 1-1 研究框架

第五章,"推拉"理论视角下高职院校县域办学的实证分析。首先,通过对高职院校县域办学调查数据的实证分析,阐述了数据的信效度、差异性和回归分析状况。其次,基于"推拉"理论对其数据进行分析,揭示了"推拉"理论解释高职院校县域办学的局限性。

第六、第七、第八章,三所高职院校县域办学过程分析与主要发现。本部分以浙江工商职业技术学院、宁波职业技术学院和义乌工商职业技术学院为样本,通过对案例院校发展历程的梳理,着重分析了初始阶段(从有想法开始到项目落地)、实施阶段(从项目落地后开始运营阶段到走上正轨)、巩固与调整阶段(如有新的参与者、规模扩大、政策调整、制度完善等)和自我发展与改革阶段的"创新空间、知识空间和共识空间"的变化和互动,最后从"三螺旋"与"推拉"理论整合的视角总结出渐进型、先锋型和创业型三种县域办学模式的关键特征和"三空间"互动形式。

第九、第十章,基于区域创新生态系统理论视角分析国外高校参与区域协同创新发展相关案例。本部分阐述了区域创新生态系统理论对高职院校参与区域协同创新发展的适应性,并通过构建高职院校参与区域协同创新发展的模型,从区域创新生态系统理论着手,对欧美国家应用型高校参与区域协同创新发展的案例展开了分析。

第十一章,高职院校县域办学模式演化与特征构建。本章通过对比分析三所高职院校县域的办学过程、演化路径和相应特征,提炼出了普适性县域办学模式和机制。

第十二章,研究结论与研究意义。本章通过对三个样本的深度分析,揭示了相应的理论价值和实践意义,并在展示其创新性的同时指明其局限性,进而预示未来的研究方向。

第三节 研究方法与数据收集

一、研究方法

本书以文献研究、案例研究和问卷调查研究方法为重点,采用定性分析和定量分析相结合的方法。其中定性分析着重采用归纳推理法和综合分析法,运用"推拉"理论和"三螺旋"理论整合视角对高职院校县域办学县校进行理论构建,运用跨案例分析探索高职院校县域办学的发展路径,提出关于高职院校县域办学的若干命题。定量分析着重对研究浙江省高职院校获得的微观数据进行统计分析,即在"推拉"理论视角下对高职院校县域办学进行实证分析。

研究方法是在研究中使用的便于研究顺利进行的手段和工具,针对不同的研究目标和研究内容,适合采用不同的研究方法(庄西真,2013)。在选择合适的研究方法之前,一般要考虑三个问题:该研究所要回答问题的类型是什么?研究者对研究对象及事件的控制程度如何?研究的重心是当前发生的事,还是过去发生的事?表1-2列出了这三个前提条件及其对应的五种主要研究方法(实验法、调查法、档案分析法、历史分析法、案例研究法)之间的关系(Yin,2017)。

表1-2 不同研究方法的适用环境

研究方法	该研究所要回答问题的类型	是否需要对研究过程进行监控	研究焦点是否集中在当前问题
实验法	怎么样?为什么?	是	是
调查法	什么人?什么事?在哪里?有多少?	否	是
档案分析法	什么人?什么事?在哪里?有多少?	否	是/否
历史分析法	怎么样?为什么?	否	否
案例研究法	怎么样?为什么?	否	是

本书以高职院校为研究对象,考察其县域办学的现状、困境以及发展方向,分析大学、产业、政府间协同办学机制的形成过程,以及由此生成的高职院校县域办学模式。

研究问题属于"怎么样"和"为什么",研究焦点是当前正在发生的事件,研究过程难以监控,集中展现系列决策过程——为什么做出这一决策?决策是怎样执行的?其结果如何?因此,采用案例研究法是合适的。案例研究包括单案例研究和多案例研究。本书主要采用多案例研究法,主要原因在于:

(1)本书的目的是构建高职院校县域办学模式,在这样以建构性解释为目的的案例研究中,由于多案例研究是"重复实验",可以使建构性解释在重复检验的过程中不断得到检验和修正,从而使建构性解释能更加准确地描述经验中可能存在的"模式",使得出的结论更加可靠,更具有普遍意义。

(2)高职院校县域办学涉及多个因素之间的相互作用,具有明显的情境化特征,是一个极其复杂的过程,研究过程的非可控性决定了案例研究不是严格的"实验研究",可以通过多案例研究法把握高职院校县域办学多个案例细节之间存在的内在微观机理与形成机制。

(3)对于探求高职院校县域办学这样一个以追求机制解释为目的的研究问题,采用多案例分析法是提高研究质量不可回避的选择(Miles et al.,1994)。笔者有着十多年的高职院校县域办学实践经验,并且积累了较为丰硕的前期研究成果,为克服多案例研究的困难奠定了扎实的基础。

二、数据收集与数据分析

(一)数据收集

为了分析描绘出高职院校县域办学模式的组织系统,本书采用典型个案跟踪的研究设计(Eisenhardt,1989),通过多个阶段和渠道收集信息数据,并且使不同来源信息之间形成三角验证(Miles et al.,1984)。一是对案例高职院校校领导、中层干部、专业负责人和专业教师,合作县域政府分管领导、教育与人力资源部门负责人,企业负责人和一线员工进行深入的半结构化访谈;二是对案例高职院校开展参与性观察;三是查阅案例高职院校的内部资料,包括相关管理制度、建设方案、典型案例、机构和专业设置方案、存档资料等;四是查阅公开资料,包括案例高职院校的网站信息、领导层发表的文章、媒体新闻报道等。

数据收集过程涉及三个不同的阶段,进行多次重复访谈和确认以保障信息数据的信度。本书的数据收集分为三个阶段:第一阶段,档案数据分析,即通过相关信息数据的收集初步了解案例高职院校整体及其县域办学基本概况。第二阶段,现场观察和半结构化访谈。该过程历时3个月,对浙工商院本部、宁海学院、宁海县政府、慈溪学院、慈溪市政府及当地企业进行了访谈及问卷,累计访谈51人次;对宁职院、北仑区政府及当地企业进行了访谈及问卷,累计访谈27人次;对义乌工商院、义乌市政府及当地企业进行了访谈及问卷,累计访谈34人次。访谈时间为每人次50—120分钟(见表1-3)。第三阶段,对多种来源的信息数据进行初步整理和分析。在研究过程中,笔者与案例高职院校以及相关县域行政管理人员、企业相关负责人建立了友好联系,研究过程中遇到数据缺失和需要澄清的问题时,会进一步通过电话、QQ、微信、邮件等方式予以确认和补充。

(二)数据分析及研究过程

为了避免同源偏差、主观性和认知差异,本书邀请相关研究人员协助参与访谈,会同相关研究人员对数据结果进行分析和讨论,充当支持者或者反驳者的角色,对所提的观点进行验证补充,或对数据的分析及诠释提出批判式评论,直至达成较为一致的观点。首先,根据不同的数据来源对所收集的材料进行归类(见表1-4),分析每个案例高职院校县域办学的模式和过程机理,识别出每个案例高职院校县域办学过程中推力与拉力等作用动力、县域办学行为及其结果的变化。其次,基于文献及其相关理论指引,以推力与拉力作为动力,将大学、产业、政府在共同空间下的相互作用和县域办学模式的差异性特征进行概念化,归纳不同高职院校县域办学的维度和特征。最后,对上述数据结果按照不同的县域办学模式梳理并形成核心概念,试图发掘潜在的理论涌现(Siggelkow,2007)。

表1-3 深度访谈与实地观察基本信息汇总

学校名称	访谈编号	职位	访谈人次/人次	总时间/分钟	访谈内容
浙工商院	Z1	分管校领导	2	120	宁海、慈溪县域办学动因、现状、合作方式、运行机制、成效、困境和发展规划;县域经济发展情况、政府支持高职院校合作办学的具体政策;学校与县域合作办学的具体方式以及专业结构调整情况;学校与其他县域合作办学情况;合作办学过程中企业的困境与期待
	Z2	县域分管领导	1	100	
	Z3	县域人社、教育部门负责人	2	140	
	Z4	学校中层干部	8	400	
	Z5	专业负责人	8	320	
	Z6	相关专业教师	20	600	
	Z7	企业负责人及一线工人	10	400	
宁职院	N1	校长	1	60	学校董事会的运行背景、构成、职能、机制;科技创意园的发展现状、成效、困难和规划;北仑区政府对学校的资金支持、北仑区内企业对学校的资金支持以及学校承担北仑区政府、协会、企事业等单位的培训、咨询、课题、技术服务等到款额情况;学校迁到北仑区后专业结构的调整情况以及学校与海天集团的合作情况,校企深度合作的典型案例
	N2	县域分管领导	1	90	
	N3	县域人社、教育部门负责人	2	90	
	N4	学校中层干部	4	240	
	N5	专业负责人	3	150	
	N6	相关专业教师	10	300	
	N7	企业负责人及一线工人	3	180	
义乌工商院	Y1	党委书记	1	50	学校创办的动因、发展历程;学校创意园的发展情况及政府的支持政策;商城设计学院混合所有制的相关情况;学校专业结构的调整情况和机制,市场升级和"一带一路"倡议实施对专业设置和校企合作的影响;校企深度合作的典型案例
	Y2	县域分管领导	1	60	
	Y3	县域人社、教育部门负责人	2	120	
	Y4	学校中层干部	4	200	
	Y5	专业负责人	4	200	
	Y6	相关专业教师	20	400	
	Y7	企业负责人及一线工人	2	120	
实地观察	\multicolumn{5}{l}{1. 浙工商院陈列室、宁海与慈溪学院校区、驻校企业与合作企业生产车间、模具工程中心(ZF)}
	\multicolumn{5}{l}{2. 宁职院与用友新道公司共建的创新创业学院以及与区域合作成立的大学生创业园的运行情况;阳明学院、机电(海天)学院的运行情况;宁波开发区数字科技园及入驻企业、学生项目教学训练情况(NF)}
	\multicolumn{5}{l}{3. 义乌工商院创意园、浙江中国小商品城集团股份有限公司、义乌市双童日用品有限公司、学院"淘宝班"、合作企业(YF)}

表 1-4　案例数据来源

数据类型	数据来源	数据性质	数据来源 浙工商院	数据来源 宁职院	数据来源 义乌工商院
一手数据	半结构化深度访谈	实时性数据	Z1-Z7	N1-N7	Y1-Y7
一手数据	参与式实地观察	实时性数据	ZF	NF	YF
一手数据	非正式访谈（邮件、电话）	实时性数据	ZI	NI	YI
二手数据	内部资料（文件、存档）	回溯性数据	ZT	NT	YT
二手数据	官方网站、微信公众号	回溯性数据	ZN	NN	YN
二手数据	新闻报道、年度报告和期刊网收录的相关研究	回溯性数据	ZR	NR	YR

（三）数据质量的判定

为确保案例研究质量，必须通过一定的符合逻辑的检验过程对案例数据进行判别。检验内容包括可靠性（trustworthiness）、可信度（credibility）、可确定性（confirmability）以及资料可靠性（data dependability）。一是构建效度。本书采用多种证据来源，对各种证据进行相互交叉印证，形成证据链；在资料数据的处理分析过程中，让主要的证据提供者对案例研究报告草案进行检查，核对证据的真实性。二是内在效度检验，包括模式匹配、构建解释、提出竞争性解释和使用逻辑模型。三是外在效度检验。对案例进行深入的机制阐述；使用其他案例对初始的案例研究进行逻辑复制，以检验初始案例研究结论在其他复制案例中的适应性（殷，2017）。四是信度检验。详细记录案例研究的每个步骤，通过记录研究过程，研究者时刻提醒自己，任何资料都要能经得起审核，并建立案例研究资料库，以降低、减少研究中的错误和偏见。

第二章
文献综述

目前,国内外以"高职院校县域办学"为主题的研究文献尚不丰硕,遑论成熟的理论分析框架。但是,与此相关的如"地方高校区域办学"的文献相对较多。本章将对高职院校县域办学本质、"推拉"理论与高职院校延伸到县域办学、"三螺旋"理论与县校协同创新进行系统分析。

第一节 高校地方办学与高职院校县域办学

一、高校地方办学

高校地方办学或高等教育地方化的研究与实践,是老问题,也是新课题(史秋衡,2006)。国内外大量研究都论证了高校与地方发展之间的紧密联系:一方面,高校通过培养人才、提供技术服务等方式促进地方经济社会发展。例如,美国加州大学伯克利分校希德威研究小组2001年发表了题为《建设海湾地区的未来:加州大学伯克利分校的经济影响研究》的报告,分析了该校对所在海湾地区经济社会的贡献,是经典的高校地方贡献度评价报告。李茂林(2009)研究了美国波士顿地区8所大学对地方经济的贡献,认为大学是当地经济增长的"引擎"。另一方面,高校自身的生存与发展也受到地方经济社会发展的制约。正如厦门大学潘懋元(2010)提出的教育内外部规律:"教育受一定社会政治、经济、文化、科学所制约。"

(一)内涵界定

从世界高等教育体系来看,地方化使高等教育在数量上增长迅速,在质量上也得到提升,改变了国家(或地区)高等教育的结构布局,促进了高等教育功能的革新(别敦荣等,2008)。

高等教育地方化,是指为满足经济社会发展的需求,高等教育发展重心下移,主要表现为高校下移至地方办学。其内涵主要包括:高等教育要适应地方经济、政治、文化等方面的发展需要,提高地方服务的适切性;高等教育的举办权、管理权由中央下放至地方,地方掌握更多的办学自主权;地方要给予高等教育必要的支持,使地方财政或集资成为办学资金的主要来源等(李盛兵等,1992;潘懋元,2010;刘晖等,2011)。

(二)动因分析

高校地方办学是高等教育与经济社会发展到一定阶段的产物,在高等教育大发展时期迅速成长起来,并成为各国教育发展的重要政策。在全球化浪潮中,有必要在大学与地方之间建立起直接的互动、互利关系。从整体而言,政治背景、城市发展、地理位置等因素共同促成了高校地方办学的实践。

1. 政治背景

高校地方办学缘于"府学"(高校与地方政府)之间的力量博弈,以及"母子"(母校与校区)之间的权力冲突。以美国为例,其高教运行机制主要建立在高校自身利益的基础上,在政府和市场两个终端间整体上偏向市场,政府对大学的控制体现为一种协调关系;高等教育事务由州一级政府管理,中央一级政府无权直接干预各州高等教育事业的发展,政府与大学之间的关系是各取所需,力量较为自由分散。另外,在美国高校多校区管理中,分校区的行政事务、办学经费、学术研究由分校区自己管理,主校区只负责制定适切校区发展的相关政策,其作用在于监督政策的实施、提供必要的法律咨询、鼓励校区间的交流与合作。

2. 城市发展

根据国外学者分析,世界人口的快速增长、高教规模的扩大是大学校园扩张至地方的直接原因。人口增长在直接加速校园扩张的同时,也对大学基础设施提出了更高要求,而现有部分基础设施不免会显得过时,需要开拓新的教育和服务活动空间。此外,科学技术的发展,以及大学职能部门、教学单位和科研机构的扩张也鼓励大学搬迁到其他有足够空间的地区(Perry et al.,2005)。

3. 地理位置

地理位置是大学选择地方办学的重要考量因素,选址反映了大学对所在城市、周边社区的使命和承诺,对融入城市环境、服务城市发展至关重要。对此,在选址时应回答以下基本问题:"选址能否以最低成本实现可用空间和获取资源的最大化?""选址是否赋予了一定声望或其他隐性优势?""选址主要是为满足大学自身的发展需求和标准,还是为符合地方或中央政府的行政议程?"(Perry et al.,2005)

4. 办学资金

高校的发展离不开土地、资金等支持。虽然许多大学在建立时都得到了公共部门的大力支持,但在发展过程中,也不乏探求其他办学资金来源的大学(Perry et al.,2005)。例如,越来越多的大学与当地企业建立合作关系,通过输送毕业生、提供培训与服务、研发等为企业充实劳动力和解决技术难题,也可以从中获得企业的办学资助。

5. 服务多样性

服务多样性主要体现在服务类型的多样性和目标用户群体的多样性上。前者包括教育服务(如教学、学习、从业人员教育、教师专业服务、应用研究、技术支持等)和公共服务(如水源、电源、超市、书店、健身中心、顾问服务、广告商等),后者包括反映该地区人口统计学特点的学生团体、教师(培训师或讲师)、大学工作人员及其周边社区相关者(如政府人员、投资者、赞助商、合作伙伴、产品客户、学生家长、居民等)等,他们可利用高校设施、设备、资源等开展日常活动,高校也可通过提供多样化的服务为地方发展服务(Lynton,1996)。

6. 互惠互利

虽然大学被预期将成为城市主要的知识提供者,刺激经济增长,但大学也可通过与其合作伙伴给予和接受的互动过程,向当地城市、周边社区获取资源,开展校企合作、培训与学习等(Soo,2010)。大学与地方之间的互惠互利关系,突出了知识机构与城市之间对话的重要性,两者之间的相互依赖关系也将变得越来越紧密(Silva et al.,2014)。

(三)现状与模式研究

"城市大学""都会大学""社区大学"等术语经常出现在国外的研究文献与教育实践中,用以描述高教地方化或高校地方办学的办学实体概念。这些大学以与地方城市或社区互动为中心,通过高等教育教学、基础与应用研究等途径创造跨学科的伙伴关系,以攻克复杂的城市或区域问题,为地方提供人才、技术咨询或问题解决方案,支持社区发展,拉动经济增长,为当地发展服务。同时,强调地方参与大学教育教学、科研、社会服务等各方面工作。高校地方办学实践在应对来自高教与城市发展诸多方面问题的挑战中,发挥着非常重要的作用(Lynton,1996)。

英国的高校地方办学可追溯到19世纪初的"新大学运动"。从19世纪30年代开始,英国各地纷纷开始创建自己的城市大学,如曼彻斯特欧文斯学院(1851年)、利物浦大学学院(1881年)。城市大学均由地方筹办,为地方发展需要培养人才、提供科技服务,注重高等教育的民主化与平民化,强调高等教育为经济社会文化发展服务。由此,英国高等教育体系的构成不再限于以牛津大学、剑桥大学为代表的传统大学。高校与地方的"联姻",进一步促进了国家或地区以创新为驱动的知识经济的增长(Florida,2006)。

19世纪60年代至20世纪初是美国高等教育发展的关键时期,高校地方办学的理论研究与实践探索得到迅速发展。首先,1862年《莫雷尔法案》颁布后开始的赠地学院运动,促进了高等教育职能向直接为经济社会发展服务转变,其中威斯康星大学就是与政府合作的第一所地方院校。其次,社区大学堪称高校面向地方办学的标杆,20世纪90年代中期其发展已经基本成熟,18岁及以上学生占各州总人口的比例为2.5%左右。地方之所以大规模举办社区大学,与各州的城镇化进程有密切联系,与二战后的"退伍返校"、20世纪60年代的"婴儿潮"以及70年代、80年代的"学校—地方互动"也不无关系。同时,社区大学的所有课程均根据社会需求设置,在提高学校就业水平的同时满足了市场需求,越来越多的人选择就读。社区大学在美国被定为以高职教育为主的教育机构,这为高职教育面向地方办学提供了世界样本。最后,20世纪90年代,美国大多数地区适龄人口增长加速,地方迫切需要新型高校为其提供人才或智力支持,以维持经济社会发展与稳定。在这种局面下,产生了一批"相互作用大学"(interactive university),这类大学引入了利益相关者的诉求,使得大学发展与地方产业转型升级、经济社会发展之间的联系更加紧密。例如,2005年,加利福尼亚大学在州内的地方办学多达9处,且均已经发展成公立大学,它们相互独立又紧密联系,与主校区构成了加利福尼亚大学行政系统,成为当时世界上最大的大学联邦体。又如,宾夕法尼亚州的地方办学遍布全州,确保大学的所有成员都能通过学术、社交和服务计划与当地城市、周边社区互动,教师在教学设计、科研与社会服务中更加关注当地城市发展与社区问题,精心设计的课程使得学生更加关注当地社会与文化。学校会开展广泛的社会互动活动,由此吸引了大量学生(Dubb,2007)。

  韩国作为我国的亚洲邻国,其学校体制与我们极为相似,因此其高等教育地方办学的实践对我国具有借鉴意义。汉阳大学(Hanyang University)和庆熙大学(Kyung Hee University)就是典型案例。1979年,汉阳大学开始探索地方办学,并将新校区命名为汉阳大学安山校区(2009年改名为Erica校区)。Erica校区设置了八个二级学院,紧密结合当地产业开设专业。[①] 1979年,庆熙大学选择在经济最发达、工商企业最

---

① 资料来自汉阳大学官网:http://www.hanyang.ac.kr/.

密集的地区——水源市进行地方办学。水源是一座历史文化名城,工业基础雄厚,电子、电器、化纤等优势产业突出。庆熙大学依据水源的地理位置和产业优势,设置艺术学院、国际学院、理工学院等六个二级学院,发挥高等教育为地方经济社会发展服务的作用。[①]

越南也是我国的亚洲邻国,同为社会主义国家,对其大学城市复合发展模型的研究具有重要意义。有学者以兴安地区(Hung Yen)为案例,设计了理想的大学与地方城市的复合模型。"建设智能、生态友好城市"的核心主题,兴安人口的扩大与城市化发展,交通运输轴线、较低的生活成本、政府提供土地支持以及高等院校缺乏等地理位置因素,住宅—商业—学习—研究区域开放空间结构实现服务的多样性,是推动大学至兴安地区办学的主要因素。如此一来,当地适龄人口可以不迁移到中心城区就能接受高等教育,同时大学为当地提供了水网系统改善、运输网络升级、土地价值增值、技术问题攻克、商业活动策划等多方面服务,兴安地区也可为大学提供,实习实训或培训服务、创造就业机会(Ngo et al.,2016)。

我国高等教育地方化始于20世纪80年代初,至90年代中后期已经形成相对完善的地方高教体系。1985年《中共中央关于教育体制改革的决定》的颁布促进了高教的实质性变革。80年代中后期,为充实地方经济社会发展所需要的人才队伍,我国兴起了地方城市办大学的热潮,其中辽宁、浙江、广东、江苏等省份尤其突出。2000年,一些省市遵循"讲需要、讲布局、讲条件"原则,对地方高校的结构布局做了进一步调整。近些年来,随着地方经济社会发展与大众对高等教育需求的增长,高校下移至地方办学的动力愈加强烈,步伐也不断加快。这极大地促进了地方高等教育规模的扩大与质量的提升,整体推动了我国高等教育大众化的进程,提升了教育民主化水平与国民整体素质,对区域经济社会的发展也产生了重要的支撑作用。

总体而言,综合国内外高校地方办学的现实实践,办学模式主要划分

---

① 资料来自庆熙大学官网:https://www.khu.ac.kr/kor/main/index.

为业务模式与渠道模式两大类。其中业务模式主要表现有二：第一，立足地方，打造品牌学科、专业。一种路径是转变学科、专业布局的观念，从全校专业"竞争选优"向"择需布局"转变，优先考虑地方需求，协调好地方政府、市场和科学研究三方的实际需求；另一种路径是把焦点调整到高校自身品牌学科、特色专业建设上，根据地方行业和产业优势，凝练高校的学科、专业优势，做强一批适应地方产业发展的主导学科、专业，做优一批能够支撑地方产业的特色专业，以此引领地方经济社会发展。第二，立足地方，培养高级人才，这是主要业务模式。在地方办学过程中，高校充分考虑当地对人才结构和规格的现实需求和发展方向，进行广泛调研，并与地方行业和产业部门交换意见，建立行业人才需求预警系统，使人才培养与地方经济社会发展实现动态适应。渠道模式主要表现为高校与地方企业、政府等各利益相关者之间的资源共享与互利合作。学者们在讨论高校地方办学模式时，都在努力探索更加完善的政校企资源共享与合作模式。此外，行业企业对经济效益更感兴趣，它们与高校的合作更注重实践应用，因此，高校教师需注重研究成果的落地转化，以获取行业企业支持。

二、高职院校县域办学

县是基本的地方行政区划建制，是我国城镇化的重要范围，国际上虽有规模、等级甚至称呼上的不一致，但存在与之性质和推动经济社会发展职能基本类似的区划建制。例如，美国在成立之初明文规定了各州设县，到目前为止有 3000 多个县；日本也设有县这一建制，但其职级更接近于美国的州和我国的省；英国和韩国以郡建制，郡的规模和功能与我国的县基本一致。随着高等教育地方化的发展，县域逐步成为高校的服务域与发展域。例如，美国地处弗吉尼亚州中心城市的乔治梅森大学在威廉王子县设立了威廉王子学院，满足了当地经济社会迅速发展对高等教育的迫切需求，也使得大学自身拥有了更多的办学资源。进入 21 世纪后，我国现有高等教育布局结构与中小城市对高等教育的需求之间的矛盾日益突出,高等教育布局又经历了一次调整。浙江、广东、江苏、山东等相对发达的省份逐渐涌现出高校下沉至产业较集聚、经济发展水平较高、交通较便利的县域进行办学的现象。例如,杭州、宁波、青岛、苏州、潍坊等市积极实施"县县有大学"计划,许多高校不断落户县域。县域办学成为我国新一轮高等教育地方化或高校地方办学的显著特征与新动向。

高职教育是高等教育的重要组成部分。由于其兼具高等性与职业性特征,它与区域产业、经济的联系更密切,所蕴含的区域性价值不言而喻。学术界也从高职院校服务区域经济的必要性、现状与问题、模式或策略等方面开展了一系列研究(李中国,2007;周世青,2009;杜祥培,2010)。当前,我国正处于"四化"同步发展的重要战略机遇期,高职教育处于从追求规模扩张转向注重内涵发展、特色培育的新阶段。以县域为基础的中国特色新型城镇化与农业现代化建设需要高职教育通过延伸拓展提供优质的服务,其间的逻辑在于,运作良好的高职教育系统能够通过培养适应县域产业、经济现状及趋势的技术技能型人才,为县域发展提供人力资源与技术支持(屈仁雄,2014)。史秋衡等(2012)研究了高职院校对县域发展的影响,提出有利于国家推进城镇化建设的基层战略,满足县域经济社会发展对高等教育的迫切诉求。因此,县域逐步成为高职院校的重要服务域与发展域。

(一)内涵界定

顾名思义,高职院校县域办学即高职院校落户到县(市、区)开展办学活动。具体而言就是高职院校从省会城市、中心城市整体下沉或部分延伸至地市级非核心城区的办学实践(胡坤,2018),这里的县域主要指地级市所辖的非主城区的区域。高职院校县域办学是高职院校创新协同平台在县域的构建,是学校与县级相关部门和产业的协同,是在非中心城市的知识互惠、资源优化的创新成果(史秋衡等,2012)。

综合高职院校县域办学的性质、主体、目标与内容等层面,其基本内涵主要包括:性质层面,即高职院校县域办学实质上是一种校地合作,是高职院校与区域发展关系在县域的反映;主体层面,包括以县、镇人民政府为代表的县域各相关主体与高职院校以及其他相关利益主体;目标内容层面,重心是形成高职院校与县域经济社会发展相结合的互利共赢的发展平台,推动高职院校与县域行业、产业和企业之间的联系,开展共同育人和技术创新,实现知识互惠、资源优化,最终促进县域与高职院校的共同发展。

(二)动因分析

在县域办学理论研究中,学者首先关注到了对动因、必要性等的分析。总的来说,专门针对这一主题呈现的文献并不多,大多是作为研究内容的一部分,或者从其他研究内容的侧面进行揭示,其中政策推动、高教发展新常态、县域发展需求等是获得较明显共识的一些因素。

1. 政策推动

国家政策要求是高等院校县域办学的重要推力,教育部《关于规范并加强普通高校以新的机制和模式试办独立学院管理的若干意见》(教发〔2003〕8号)和《独立学院设置与管理办法》(教育部令第26号)是江浙地区独立学院整体下移至县域办学的重要推动文件(蔡真亮等,2017)。此外,《国家新型城镇化规划(2014—2020年)》提出要引导高等学校和职业院校在中小城市布局,加快发展中小城市,有重点地发展小城镇;2017年《国家教育事业发展"十三五"规划》明确指出要推进高等教育分类发展、合理布局,高等教育资源向新的城镇化地区、产业集聚区、边境城市延伸;2018年9月,习近平总书记在全国教育大会上指出"要提升教育服务经济社会发展能力,调整优化高校区域布局、学科结构、专业设置,建立健全学科专业动态调整机制"[①]。

2. 高等教育发展新常态

21世纪第一个十年中后期,我国经济发展呈现"新常态",发展方式从要素驱动、投资驱动逐步转向创新驱动,这对高等教育的发展提出了新

---

① 坚持中国特色社会主义教育发展道路 培养德智体美劳全面发展的社会主义建设者和接班人[N].人民日报,2018-09-11(001).

要求。我国高等教育自身发展也迈入后大众化时期,发展方式从外延发展逐步转向内涵发展,高等教育机构(尤其是高职院校)需要进一步"下移"。特别是2008年美国次贷危机导致的国际经济危机,严重影响了江浙地区的经济社会发展。尤其是在民营经济占主导地位的浙江,地方政府迫切需要好的投资项目,高校县域校园建设由此成为县级政府的重要投资项目之一,以此来保持地方经济的稳定发展(徐军伟等,2018)。同时,在高等教育后大众化发展阶段,部分高校也面临探求新办学资源、向应用型高校转型、开拓新办学亮点等现实问题,这也是县域办学的重要中间因素。此外,国内学者在深入分析高职教育发展新形势的基础上,论证了高职教育的"下移"发展能有效回应我国高职教育发展的新诉求,是面对中国特色工业化、城镇化发展的现实选择,是工业化、城镇化发展特定阶段下的产业结构的特别要求,能够通过促进县城经济、城镇经济、农村经济联动发展形成并凸显其自身的特色竞争力(熊惠平等,2012;李振祥,2013;熊惠平,2014)。

3.县域产业发展需求

县域产业发展需求是县域办学的重要拉力,县域办学则是县域产业转型升级、经济社会高质量发展的现实需求。可以说,县域政府出地、出资引进高校落户,是基于对人才、科技、文化等的现实需求,期望能够集聚创新资源,促进新型城镇化建设,吸引高素质人才,带动创新创业。学者李振祥(2013)认为,高职院校县域办学回应了县域经济、县政发展的新诉求,县校合作成为高职院校服务县域的重要途径。王金星等(2014)也关注到了高职教育领域县校合作办学的现象,指出高职院校地处非基层、中心城市难以有效发挥效应的现实亟待改变,开展县校合作办学是高职教育的最佳选择和必然趋势,同时是县区社情民意的呼唤,是农民职业化、农村城镇化、农业现代化的发展方向和目标要求,是农村经济社会发展、农村教育现状的需要,能够很好地助推县域经济建设和文化发展。

简言之,县域办学顺应了国家政策的新诉求,呼应了经济发展、高等教育与高职教育发展的新形势,是高职院校实现自身竞争力提升、可持续发展与特色发展的要求,也是促进县域产业发展、经济建设、文化发展的要求,对高职院校、县域政府、县域产业等利益相关主体来说是互惠互利的战略性选择。

(三)现状、模式与机制研究

学者除了在高等教育学、职业教育学、经济学相关理论的基础上,结合经济社会与高等教育发展态势,对高职院校县域办学进行思辨分析之外,也较多地引入了相关案例进行论述与研究,主要是以县域办学的个别典型案例或大量实践案例为研究样本与支撑材料,用办学事实来呈现现状或主要特征,揭示存在的问题,从而探讨解决对策。例如,李振祥(2013)以浙江工商职业技术学院与宁海县的合作实践为例,介绍了县校合作办学的理念与归宿、管理体制、项目成果转化机制、专业设置、校企合作平台、特色课程开发等的具体情况;刘玉娟(2014)以苏南县(市)高职院校发展为研究样本,揭示了目前县(市)域高职院校的体制性特征、发展的停滞现象及其原因,并探讨了突破路径;蔡真亮等(2017)通过国内县域办学的相关案例分析,揭示了现状、困境与政策建议。

从以上一系列研究可以得出,高职院校延伸至县域,与县域政府、行业企业等利益相关主体开展合作办学在国内已成为一种常见的办学现象,目前发展规模越来越大,发展速度也不断提升。然而,这种办学实践的成功运行并不是一蹴而就的,必然会遭遇各种发展困境:如高校办学理念与县域发展战略存在矛盾、专业建设方向与县域主导产业发展方向不协调、办学投入与城镇化速度不适应、支持县校合作的社会保障系统不完善(屈仁雄,2014);财政投入不足、地方人事管理制度不完善、地方教育行政机构地位尴尬等导致县(市)高职院校发展出现停滞现象(刘玉娟,2014);人才培养不适应当地县域产业发展需求,交通条件不利于共享中心城市的资源,经费投入难以持续(蔡真亮等,2017)。因此,各利益相关主体要加强互动和沟通,共同制定政策,寻求解决问题、改善现状的对策。高职院校可从办学理念、人才培养方案、专业建设、特色创新等方面进行完善;政府可从统筹规划、管理机制、经费投入等环节进行改善;其他利益相关主体如行业、企业,可从资金投入、人力资源等方面出力。

各县域发展不均衡,人力、财力、物力基础各不相同,各高职院校在办学过程中存在这样那样的差异,在县域办学的实践中会沿着不同的路径。但是,不论基于怎样的基础、着眼于何种角度,都存在一些共性和规律,遵循一定的发展模式与机制。史秋衡等(2012)很早就对县校合作发展模式进行了探究,并根据市场适切、政府主导、社会参与等设计原则,提出战略联合的指导思想,认为明确不同利益主体的定位及战略项目推动下的合作机制是基本的制度设计;甘艳(2015)从产学研合作基地建设的角度对模式创新进行了探讨;吕慈仙等(2016)重点关注高职院校"总部—基地"这种县域办学模式;李振祥(2013)提出要构建法律法规保障、县校深度融合、强强协同合作、校县科研成果转化、"资源整合、双赢共进"长效合作等机制;姚奇富等(2016)从运行机制、评价机制、保障机制等视角出发对高职院校与县域发展的共生模式进行了探究;韩学芹(2017)从办学体制机制、运行机制、制度保障机制等方面提出了可供参考的结论性经验。

(四)高职院校县域办学的特殊性和理论困境

综上所述,国内外学者从不同视角、不同领域对高校进行地方办学进行了广泛的研究,涉及成因、问题或障碍、模式、机制、策略等重要问题的探讨,为本书研究奠定了一定基础。

无论是延伸到县域办学、整体迁入县域还是自发于县域等,浙江等省份的高职院校在若干年的实践探索过程中已经形成了一套相对成熟的做法与模式。但是,到目前为止,国内外学术界对于其特殊性的系统阐述不足,且未能形成明晰的理论框架。也就是说,目前理论研究并未跟上实践发展,存在亟待进一步探索的空间。例如,关于县域办学动因的研究,大部分文献注重从背景、意义等宏观层面展开分析,较少有研究真正深入县域办学的具体实践与历史轨迹中进行探究,也没有运用社会科学中相对成熟的理论框架进行动力因素的挖掘,因此,未能真正解释不同高职院校为何愿意离开中心城市落户县域,也就是其县域办学的具体形成过程。又如,关于县域办学模式与机制的探讨,大多数研究追求"大"而"全"的思辨式分析,得出的结论多是模式与机制的罗列与介绍,模式与模式要素之间、机制与机制要素之间不免出现重叠与交叉,难以揭示高职院校县域办学具体运作的复杂性与规律性。

第二节 "推拉"理论及高职院校延伸到县域办学

为什么会出现县域办学这一现象?或者说为什么高职院校愿意将整个或部分校区从中心城区移到县域进行办学?再具体地说,哪些因素促成了高职院校延伸至县域办学?这是首先需要明确的问题。国内外众多学者应用"推拉"理论来分析经济社会与科学领域中许多问题或现象的形成过程,本书认为这一理论同样适用于解释高职院校为何要延伸至县域办学。

一、"推拉"理论的背景与内涵

(一)形成背景

15世纪末,全球地理大发现掀起了全球范围内的人口迁移高潮,主流方向是人口由"旧大陆"流向"新大陆",由已开发地区向未开发地区迁移。这些主动或被动的人口迁移开发出了"新大陆",传播了欧洲的工业文明,同时也改变了原来的人种分布。二战以后,国际人口迁移以从发展中国家流向发达国家为主,大量人口流向美国、加拿大和西欧,欧洲由人口迁出地区变为迁入地区,拉丁美洲由人口迁入地区变为迁出地区。

19世纪,英国统计学家拉文斯坦(E. G. Ravenstein)在分析1881年人口普查数据后,分别于1885年、1889年在《皇家统计学会会刊》发表了重要论文,提出了人口迁移法则"八律"(也有学者认为应该是"七大定律"),包括阶梯式迁移法则、城乡移民差异法则、经济因素主导法则、迁入地选择法则等,被认为是人口迁移"推拉"理论的雏形。在之后相当长的时间里,研究者都是在拉文斯坦法则的基础上进行局部阐发与拓展。

1969年,美国学者伯格(D. J. Bague)提出了迁移行为的理性行为假设,认为迁移者首先是为了追求利益最大化,其次是对迁入地和迁出地做了成本和收益的比较分析,基于各种有利与不利因素做出迁移决策。埃弗雷特·李(Everett S. Lee)在前人研究基础上,从影响因素角度对迁移理论进行了更为细致的阐发,梳理出影响迁移的三种因素,并且提出了"推拉"理论。

(二)内涵与要素

"推拉"理论涉及的影响因素主要包括"推力"因素、"拉力"因素和"中间障碍"因素三种(李强,2003)。迁出地的"推力"因素通常指那些消极因素,这些因素促使移民离开原居住地,包括自然资源匮乏、经济收入太低、生活不便利等,然而,迁出地除了"推力"因素外,也存在部分"拉力"因素,如家人或族群团聚、熟悉的居住环境、成熟的社交网络等。总体而言,迁出地的"推力"大于"拉力"。迁入地的"拉力"因素通常是指积极因素,这些因素吸引移民迁入新的居住地,包括更丰富的自然资源、更高的经济收入、更便捷的生活条件等,同样,迁入地也存在"推力"因素,例如陌生的生产生活环境、激烈的竞争、有待建设的社交网络等。综合来看,迁入地的"拉力"比"推力"更强,占主导地位。"中间障碍"因素通常指文化差异、距离远近、物质保障、迁移费用等,侧重于对宏观环境的价值判断。

"推拉"理论不仅对人口迁移的影响因素做了很好的诠释,也为企业、高校等单位的迁移提供了一个很好的理论分析框架。

二、"推拉"理论的分析框架

如上所述,迁入地和迁出地通常都同时具有吸引和排斥两方面的作用力,在"推力"与"拉力"两要素之外,还有不容忽视的"中间障碍"因素,这三者构成了经典的"推拉"理论的分析框架。众多学者利用这一分析框架对经济社会领域的一些问题进行了深入分析。

李强(2003)通过对四川、辽宁、黑龙江等省的农民家庭的访谈,发现农村最主要的"推力"因素是收入太低、缺乏发展机会、整体太穷,城市最主要的"拉力"因素是收入高、外出能见世面,而影响我国人口迁移最重要的"中间障碍"因素是户籍制度,它甚至能使得"推拉"因素失去原有效力。徐育才(2006)研究认为农村人口迁出的"拉力"主要来源于城市市场发展对劳动力的吸引,经济结构偏差和收入差距扩大是主要的经济原因,"推力"主要来源于各项制度与政策,而个体自身的人力资本素质等方面的"能力"也影响着迁移的方向和幅度。肖周燕(2010)提出迁移存在"潜在外力"和"潜在内力","潜在外力"主要指自然环境潜力和社会环境潜力,后者包括经济发展水平、医疗卫生条件、教育水平、就业机会等;"潜在内力"包括年龄、性别、文化程度等。另外,迁移还有一个中间变量,即实现渠道,三者的共同作用决定了迁移的方向。不同的参照物会造成区域之间不同的推拉力。

基于经典的"推拉"理论,本节对相关理论进行了拓展与明确,具体体现在三个方面:一是对"推力"因素、"拉力"因素、"中间障碍"因素进行定义与分析;二是对"推力""拉力"的大小进行分析,确定作用的结果;三是对中间制度、宏观环境进行分析,确定这种结果能否顺利。

三、"推拉"理论对高职院校县域办学的作用

除借鉴"推拉"理论研究人口迁移问题外,许多学者也应用此理论来分析其他领域的问题。例如,王娟娟等(2013)认为欠发达地区承接创业转移的"推力"包括技术进步、逐利需求、产业发展政策等,"拉力"包括自然资源禀赋、经济利润驱动等,"阻力"包括产业集聚的区域黏性、发达地区的制度创新等,"斥力"包括产业发展硬件薄弱、产业对接效率低等,这四股力量共同左右着产业的迁入或迁出。孙丽文等(2016)对生态产业链形成中的各因素进行分析,认为"推力"主要包括资源约束、环境约束,"拉

力"主要包括经济利益驱动、市场需求压力,"中间障碍"因素主要包括基础设施、技术研发、政策税收等非竞争性因素,三者共同作用构建了生态产业链形成机制模型。

目前,较少有研究分析高校在"推拉"因素作用下,对是否整体(或部分)延伸或迁移到县域开展办学做出决策的机制。从目前的文献来看,蔡真亮等(2017)较明确地从"推拉"理论视角对高校县域办学现象进行了分析,并提出主要"推力"因素是国家教育政策,主要"拉力"因素是县域市场需求,主要"中间"因素是高等教育即将进入普及化阶段。然而,我们能否用如此统一、概括化的结论来解释所有高校县域办学的决策,还需深入了解众多高校的县域办学实践,进行进一步考察与论证。

综上,借鉴"推拉"理论来解释与分析高职院校延伸至县域办学的动因,以此探究高职教育宏观发展形势、县域经济社会发展需求、高校自身转型发展需求等"推拉"因素共同作用下如何开展县域合作办学,是理想之举。然而,这一理论解释的范围毕竟是有限的,它并不能很好地揭示高职院校县域办学模式的发展规律,也无法完全解决高职院校落户县域后在办学运作中可能出现的种种体制、机制、路径问题。因此,理论基础与框架有待进一步探索与完善。

第三节 "三螺旋"理论及高职院校与县域协同创新

高职院校县域办学除了依靠自身的教育教学运行之外,最关键的是依靠县域,实现与县域的协同创新和共生发展,这在主体层面主要是高职院校、县域产业、县域政府等利益相关主体间的关系与互动问题。近些年来,围绕"三螺旋"(高校—产业—政府)这一主题、以知识社会创新谋发展为背景的研究,也被国内外学者广泛引入分析,并产生了较大影响,对我们探讨县域办学实践问题具有重要的理论与现实意义。

一、"三螺旋"理论的背景与内涵

(一)形成背景

"三螺旋"概念出自生物学领域。1953年,美国生物学家詹姆斯·沃森(James Watson)等提出 DNA 分子结构"双螺旋"模型,遗传学家理查德·莱万廷(Richard Lewontin)认为生物体是基因、生物体和环境三者如三条绳子螺旋状缠绕一起,在相互影响与作用下共同演化形成的,据此提出"三螺旋"概念。

在社会科学领域,20世纪90年代以前,创新被限定在单一的组织维度,如行业新产品开发、政府政策制定或学界知识创造与传播。1983年,美国当代创新研究领域学者亨利·埃兹科威兹(Henry Etzkowitz)率先意识到大学、政府与产业之间不能孤立存在,需相互作用交织形成某种螺旋关系(Etzkowitz,1983)。随着研究与实践的不断深入,他于1994年发表了标志性著作,提出大学发展需要与政府、产业一起构建一种新型关系。虽然大学和产业相对独立且有明显区别,但随着时代的发展,双方开始逐步承担起部分曾专属于对方领域的任务,政府介于这两个主体之间,一方面为其提供激励,且给学术机构施加压力,另一方面转变学术机构与经济机构的关系,或多或少也会参与其中,直接为"创造财富"做出贡献(Etzkowitz,1994)。同年,荷兰阿姆斯特丹大学雷德斯多夫(Leydesdorff)教授也提出了一种超循环模型,阐述了三个亚系统互动推进技术变革的设想(Leydesdorff,1994)。1995年,两位教授共同发表文章,提出"在知识资本化的不同阶段,我们需要创新的螺旋模型来抓住不同阶段之间的相互联系",首次正式提出了"三螺旋"模型,即大学—产业—政府相互作用模型(Etzkowitz et al.,1995)。1996年,他们又在合作论文中对"三螺旋"模型进行了细致描述与分析(Etzkowitz et al.,1996)。至此,学界认为"三螺旋"理论正式问世。

(二)内涵与结构

"三螺旋"理论经过20多年的发展,至今仍未形成统一的定义。一般而言,"三螺旋"是指高校(或其他知识生产机构)、政府(国家或区域层面)、产业(行业企业)三大类机构领域之间关系的转变以及每个领域内自身所发生的改变(Etzkowitz,2003)。不同角色相互渗透,通过三者间的有效互动形成合力,实现知识的生产、转化、升级以及产业化,同时三者在相互作用动态过程中实现自身的不断螺旋上升。其理论假设为:在知识经济型社会中,高校、产业、政府三者的互动是强化创新条件的关键,主要包含三个方面:首先,假定高校在创新中的角色更加突出。以往产业与政府一直是现代社会的主要机构,在"三螺旋"关系中,产业运作是生产场所,政府是合同关系的源头,保证稳定的互动与交流(Etzkowitz,2003)。在知识经济时代,科学与技术已成为区域发展的重要因素,因此,高校被提到了与产业、政府同等的地位,成为新知识、新技术的源头(Braczyk et al.,1958)。它制定知识型经济的生成原则,在创新体系中发挥的作用会越来越大,这也正是"三螺旋"的组织原则。"三螺旋"模型不同于认为企业在创新中起领导作用的国家创新方法体系(Lundvall,1992),也不同于认为州会享有特权的"三角"模型(Sabato et al.,1982)。其次,三大机构领域之间的合作关系逐步增强,创新政策不再是来自政府的单方面指令,而逐渐成为三方交互的结果。最后,在履行各自传统职能之外,各机构领域也需担任其他的角色,同时承担起其在纵轴上的新任务与横轴上的传统任务(Etzkowitz,2008)。例如,除人才培养与科学研究之外,高校也能够通过转化科研成果创办企业,直接产生经济效益,还可通过提供公共服务来承担以往属于政府的职能。

高校、产业和政府间的组配关系问题是"三螺旋"理论研究中探讨较集中的问题。获得广泛共识的三种组配模式,形成了"三螺旋"的基本结构。第一种是政府配置模式(见图2-1),即由政府主导,引导学术界和产业界,并限定其发起、发展、创新、演变的能力。如以前在苏联和东欧一些社会主义国家可以发现这种模式的稳定版本,在许多拉丁美洲国家的政策下形成了较弱版本,欧洲某些国家一定程度上也是如此,如挪威。这种模式被认为是失败的发展模型,因为大学、企业在知识经济中的自由空间太小,创新受到的是打压而非激励。第二种是自由配置模式,如图 2-2 所示。各机构领域之间有着严格的边界,强烈地限制了它们之间的交流,相互之间缺乏信息与资源的共享。与它相对应的是自由放任政策。由于有助于减轻政府的极权钳制作用,自由配置模式得到了一定程度的提倡。第三种是平衡配置模式,各机构领域开始两两互动,且出现了三种角色的交叉重叠,形成三边网络和混合组织,如图 2-3 所示。这种模式适用于以知识经济为基础的社会,对创新最为有效。因为最有利的创新环境是由多维互动构成的,有助于协同效应的产生并促成"创中有创"的动态循环(Etzkowitz et al.,1998)。

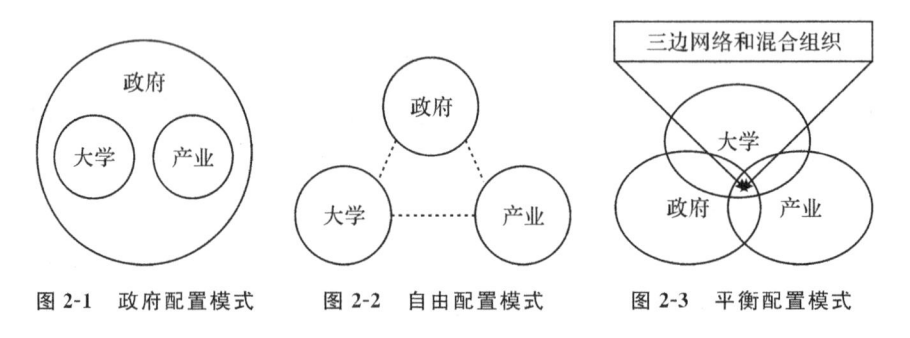

图 2-1　政府配置模式　　图 2-2　自由配置模式　　图 2-3　平衡配置模式

二、"三螺旋"理论的发展与应用

(一)理论研究

自"三螺旋"理论开创以来,各国学者围绕大学—产业—政府这个"三螺旋"展开了持续而深入的探讨,1996 年至今仅相关国际会议就已成功召开了 15 届,理论体系也逐步建立起来。国内也涌现出了一批较有影响力的学者和一些比较系统的研究。2001 年,Loet Leydesdorff 与曾国屏(2001)合作,最早在知识经济背景下对我国高校、产业与政府间的"三螺旋"关系进行了理论分析;方卫华(2003)介绍了"三螺旋"的起源与发展,分析了"三螺旋"的含义、结构类型,讨论了该理论在公共政策实践维度的指导作用;王成军(2005)在"三螺旋"理论视角下对官产学关系进行解读,并对理论发展、未来展望等进行了阐述;潘东华等(2009)对"三螺旋"模型接口组织的作用、结构特征、机构演化、成果转化等进行了探讨。此外,许多学者也在"三螺旋"理论基础上开展了派生研究。周春彦与 Henry Etzkowitz 共同提出可持续发展的"三螺旋",论证了第四维螺旋的存在,并提出了阴阳两幅彼此互补的"双三螺旋模型"(周春彦等,2011)。张秀萍等(2013)提出了传统产学研理论的创新范式,即基于三维度主体非线性网状创新的"三螺旋"理论,以此为基础,采用社会网络分析法,得出了三主体在以各自为主导的创新网络中所发挥的资源配置与支撑作用,以及另外两维度主体的协同参与,并提出了中介机构的结构洞作用(张秀萍等,2016)。也有学者对"四螺旋"乃至"N 螺旋"进行了研究。例如,肖国华等(2016)从"四螺旋"切入,讨论了主体参与度、技术转移效率问题;黄瑶等(2018)加入"公民社会",将"大学"扩展为"学术界",形成"四螺旋",探讨了知识生产模式Ⅲ的动力机制演变的原因以及"四螺旋"的动力核心;吴卫红等(2018)将研究机构、用户和资本部门加入"三螺旋"理论中,构建了"政产学研用资"多元主体协同创新的三三螺旋模式。

总体而言,国内外有关"三螺旋"理论的研究不断涌现,概括起来基本分为两支:一支主要从(新)组织维度展开研究,主要表现为国家或地区层面的案例研究(Mello et al., 2004;Etzkowitz et al., 2005;Saenz, 2008;Kruss, 2008;Boardman, 2009;Booyens, 2011;Wang et al., 2012;Smith et al., 2010;Svensson et al., 2012),也有通过历史对比的角度进行研究(Etzkowitz, 2002;Furman et al., 2009);另外一支主要以(新)演变维度展开研究,在该视角下,高校、产业和政府是共荣演变的社会系统的子集,这些子集通过重叠的递归网络和组织产生互动。这两种视角均具有潜在的关于"三螺旋"互动的系统维度,这种互动源自对社会系统的表征,并以行动与通信交流为特点(Parsons,1951;Parsons et al.,1956)。然而,大多数研究均未涉及具体的分析框架。以此将三螺旋的相互作用概念化为系统中。

（二）分析框架

为填补研究空白，Ranga 等(2013)引入了"三螺旋"系统的概念，并提出了具体的分析框架。根据系统理论，"三螺旋"系统被定义为构件、关系与功能的整合，如图 2-4 所示。

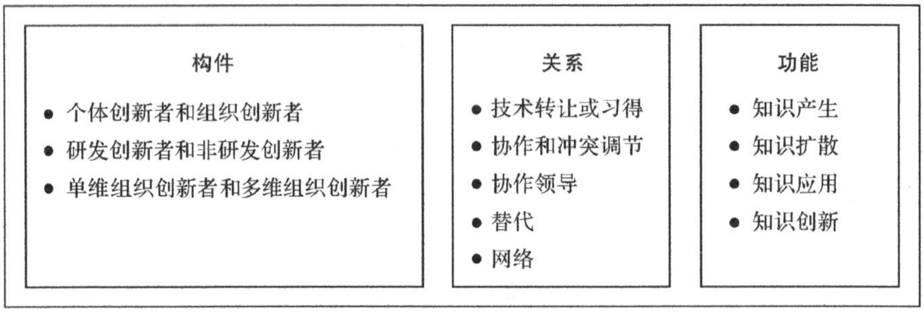

```
┌─────────────────────────┐  ┌─────────────────┐  ┌─────────────┐
│ 构件                     │  │ 关系             │  │ 功能         │
│ ● 个体创新者和组织创新者  │  │ ● 技术转让或习得 │  │ ● 知识产生   │
│ ● 研发创新者和非研发创新者│  │ ● 协作和冲突调节 │  │ ● 知识扩散   │
│ ● 单维组织创新者和多维组织│  │ ● 协作领导       │  │ ● 知识应用   │
│   创新者                 │  │ ● 替代           │  │ ● 知识创新   │
│                         │  │ ● 网络           │  │             │
└─────────────────────────┘  └─────────────────┘  └─────────────┘
```

图 2-4　"三螺旋"系统的综合表征

1."三螺旋"系统的构件

以往相关文献多聚焦于高校、行业和政府机构领域的整体性和区块实体性。在其他创新系统中定义的构件在"三螺旋"系统中有了新的含义，它不再区分各机构领域中的要素，而是将其进行统合。主要区分三组参与者：个体创新者（如科学家、商界人士、政策制定者、学生、企业家、风险投资家、天使投资人等）与组织创新者（指在组织中扮演关键角色的人员，可以阐明基于知识发展的愿景，可以把不同行业的人联系起来，把不同的观点聚集在一起，平衡利益冲突，形成共识）、研发创新者与非研发创新者、单维组织创新者（通常具有严谨的组织界限，与其他组织的互动水平较低，表现为专业化程度高、业务集中、人员流动受限等特点）与多维组织创新者（在各组织互动层面运作并整合每个领域的要素，如高校的技术转让部门、政府研究实验室、行业联络办事处、商业支持机构等）。这种区分有利于更好地理解创新参与者的行为及其在创新实践中扮演的角色，同时便于人员、知识和资本在机构领域内部和领域之间的自由流通，促进区域资源的整合，提升组织创造性。

2."三螺旋"系统构件之间的关系

创新系统理论强调构件之间的关系,并通过技术转让或习得表征这些关系。在"三螺旋"系统中,构件之间的关系也极为重要,除技术转让或习得外,还包括协作和冲突调节,以及协作领导、替代、网络。

3."三螺旋"系统的功能

系统构件的能力决定了系统的表现,如创新系统理论将创新系统的主要功能定义为技术的生成、传播和应用(Carlssonet al.,2002)。"三螺旋"系统的主要功能则更为广义,主要包括知识的产生、扩散、应用与创新。它超越了技术本体,不限于创新系统理论所概括的选择策略、组织(互动合作)、技术、学习适应等四种性能,还扩展到了创业、社会、文化、政策等方面的能力(Carlsson et al.,2002;Hekkert et al.,2008)。

(三)主要应用

1.创新区域发展

在世界各地,以知识经济为基础的发展活动的共同目的是建立"创新区域","三螺旋"被认为是创新区域发展中的一个关键因素(Etzkowitz,2005)。也就是说,组织或机构领域之间的互利合作被认为是区域创新的重要来源,创新政策不再是政府"自上而下"下达的,而应该被视为各级政府、商人、学者及非政府组织之间相互作用的累积结果。

Etzkowitz等(2005)以"导出一个以知识为基础的区域发展模型,并可应用于各种环境"为目的,对瑞典的林雪平案例进行了研究,并将其与美国以知识为基础的区域发展案例进行比较,检验双螺旋模型在哪些情况下可转变为"三螺旋"模型。在美国,螺旋出发点是典型的大学—产业关系,政府在后期参与进来,其角色由起初的资源提供者逐渐转变为战略合作伙伴,文化传统倾向于压制政府在模型中的作用。在瑞典,典型的螺旋结构是政府—产业结构,大学在近几年带着明确的"第三使命"逐渐参与进来,传统学术界倾向于将大学与直接经济活动相分离。事实上,现实中这些差异更明显,瑞典大学在运作上一直比较活跃,大概到20世纪80年代才开始在战略层面参与创新,美国联邦政府也是如此。同时,在新开发区,为建立合作过程需有产业参与;在斯坦福,大学依靠产业财富成立;在林雪平,政府与产业协作发起开发大学的项目。

Etzkowitz 等(2005)进一步利用案例研究的纵向潜能,对瑞典林雪平市的区域成长与发展进行了纵向研究。林雪平市交通便利,拥有良好的文化与学习传统,是瑞典的科技发展中心,在知识密集型创新发展环境下,多团体积极合作,彰显了地区的积极协同效应。研究团队对林雪平大学及欧美其他区域进行了研究,收集了大量数据,探究、验证以知识为基础的区域发展和转化的有关假设(Klofsten,1996;Jones-Evans et al.,1999;Klofsten et al.,2000)。主要就几方面关键信息进行了访谈调研,采访对象代表"三螺旋"的所有职能领域,如科技园和孵化园的主管部门、大学、市政府、地区郡委员会、私营企业以及中小型企业的支持网络,同时也考察、分析了相关战略性文件,例如区域发展计划、大学备忘录、内部报告等。

2. 政产学协同

校企协作、政校企合作、政(官)产学协同等也是"三螺旋"理论应用研究中的重要关注点。

Marques 等(2016)以葡萄牙为案例,用"三螺旋"模型解释应如何有效地促进区域创新与创业活动。他们指出,应在大学、产业与政府三机构领域之间建立互动与联盟,通过政产学协同,形成新兴的通信、网络与组织。Ford 等(2010)提出学术界、产业界与政府有共同的利益,在三者之间建立联盟的区域可产生更多的经济效益,如创造就业机会、提高工资、提升创新率。他们还描述了五个联盟计划,举例说明了每个计划如何促进佛罗里达高科技走廊的区域发展与创新。Schofield 等(2013)深入探讨了大学与产业协作中的驱动因素与潜在障碍,指出大学与产业的知识转移协作在国家或区域竞争优势提升方面发挥着关键作用,各国或区域政府都应支持大学与产业间的知识转移;产学协作格局涉及多个利益相关者,协作成功的驱动因素涉及组织与个人背景、知识属性及关系方面;通过调研揭示了大学管理者、研究人员、产业管理者、政府代表等各利益相关群体间的观念差异,这也是影响协作的潜在障碍。Perkmann等(2013)进一步提出定义产学协作的四个主要层面:与知识转移相关的活动、促成产学链接的驱动因素、知识转移的潜在障碍、知识转移的结果,这被视作未来研究的重要方向。Meissner等(2018)认为政产学协同的"三螺旋"平衡配置效应在区域发展中发挥着关键作用,指出制定增强大学与产业联系的政策一直是政治议程上的核心问题,并探讨了政府政策在加强产学联系方面的潜力与局限。

我国政产学协同实践已有近30年的历程,主体间在资源优势互补、协同创新等方面展开实践探索,取得了一定成效。陈红喜(2009)以"三螺旋"理论为支撑,认为官产学协同创新应构建研发实体的高级模式,可通过建立产业技术方面的战略合作、完善的知识产权管理制度,来争取政府的参与和支持,以实现"三螺旋"协同创新的深入发展。邹波等(2013)提出"三螺旋"模型的内在机制,包括自反、集成和非线性机制,通过三种机制的共同作用,实现政府、高校、产业等不同创新主体在目标、组织结构以及过程中的协同。康健等(2014)认为从企业维度可以把"三螺旋"模式解析成"大学—政府—生产性服务业"和"大学—政府—制造业"两个并行协同结构,构建了政产学协同创新能力与绩效评价模型,并结合实例详细阐述了模型的理论意义、使用范围和实践作用。张秀萍等(2015)揭示了高校、产业、政府以及三主体互动产生的网络与混合组织分别在协同创新中的功能定位,并剖析了各组织维度主体在知识、技术、制度协同上的非线性协同机制。

3.高等院校办学

1997年,Henry Etzkowitz正式把"三螺旋"理论应用到高等教育领域,三维度主体的共同作用成为推动高等教育创新发展的动力。国内学者也从办学角度开展了诸多研究。陈浩等(2014)提炼了政产学协同育人机制的五个方面:资源共享、激励动力、政府调控、人才考评以及校企合作机制,并梳理了我国协同育人机制的八种模式。陈延良等(2018)介绍了政产学协同育人的探索与实践,如温州大学多维协同创业教育生态链模式、上海交通大学"创新支撑的产教融合育人"模式、浙江大学的"浙江大学与紫金众创小镇"模式以及民办教育产教融合模式,提出构建"创新型政府＋创造型企业＋创业型大学"的协同育人模式。李小玺等(2017)认为构建高等教育运行机制既涉及高校内部,也与企业、政府有密切关系,将"三螺旋"模型切入高等教育教学运行机理,构建了以政策为依托的产教融合机制、以信息共享为基础的人才培养机制、以优化为目标的科研转化机制相结合的运行机制的构建策略。

社会服务是高校的基本职能之一,高职院校更是被赋予了服务区域经济社会发展的使命,政校企合作成为高职院校可持续发展的办学方向。匡维(2010)提出"三螺旋"中的高职教育校企合作不再是以高职院校或企业某一方为主体的合作模式,而是在政府介入下院校与企业的非零和博弈,根据 Henry Etzkowitz 关于"三螺旋"基本要素的主张,构建高职教育领域"三螺旋"的关键是高职教育提升其自身地位,在政校企合作中采取积极行动、争取主动位置。王金辉(2013,2014)也从"三螺旋"视域解读了高职教育政校企合作办学的现象,从政府主导作用、学校主体功能、企业参与性三方面探讨了应对策略,并论证了构建政校企合作运行机制的必要性,同时解析了建构框架:政校调控机制、政企引导机制、校企互惠机制以及政校企"三螺旋"联合机制。胡正明(2017)结合实例提出高职社会服务存在特色不明显、服务动力缺失、影响力不够、平台不完善等问题,利用"三螺旋"模型,尝试构建包含行业化、技术化、地方化等结构要素在内,由政府、企业和院校所构成的社会服务"三螺旋"模型,并探讨以结构多元化、团队管理扁平化、平台完善为纽带的模型运行保障策略。

(三)"三螺旋"理论对高职院校县域办学的启示与局限

综上所述,应用"三螺旋"理论探讨高校—产业—政府相互作用关系的成果较为丰硕,研究已触及驱动因素、潜在障碍、互动行为及结果等微观层面。从院校办学角度的研究也不断涌现,主要集中在内涵解析、模型建构、机制设计等理论问题的探讨上,缺少足够的实证解释。研究对象主要集中在省级等较宏观区域,对产业聚集度较高的区县的分析比较少。

研究结果主要集中在政策性建议上,缺少对办学过程、机制运作、实践路径等的探讨,为我们留下了进一步探索的空间。

高职院校县域办学育人、社会服务、内涵发展等功能的实现,离不开院校自身、县域政府、当地产业企业等主要机构领域相关主体的协同创新。本书认为,应用"三螺旋"理论能够解释与分析高职院校与县域协同创新的许多重要问题,例如,"三螺旋"系统构件可以为分析县域办学中的利益相关者提供思路,系统构件之间的关系为探讨县域办学中三机构领域的互动机制、途径或方式带来启示。但是,这些还是侧重于静态层面的分析,因此有必要引入新的理论内容,并整合相关理论,形成理论分析框架。

第三章
高职院校县域办学模式与机制研究的理论框架

理论框架是一种关于研究对象的描述体系,是理论的具体应用,关键在"内在逻辑"。本章深入挖掘与整合"推拉"理论和"三螺旋"理论,构建了高职院校县域办学理论分析框架。

第一节 "三螺旋"理论演化中的"三个空间"分析

实现创新系统的功能,才能达到创新目的,形成创新区域。在"三螺旋"理论演化中,除"三螺旋"系统的综合表征外,Ranga等(2013)还创设性地提出了"三螺旋"系统的功能主要通过知识空间、创新空间、共识空间的一系列活动来实现,也就是说,"三螺旋"系统的有效运作和提升得益于"三个空间"的相互交融。

第一个空间是"知识空间",这为区域知识经济的发展提供了源泉。不言而喻,一个区域内的高校和其他知识机构生产的知识积累到了一定程度,就会出现"知识溢出",转化为生产力的冲动,形成知识的资本化。该空间的建设是向知识社会转型的重要一步,其目的是创造和开发知识资源,以充实区域或国家的知识库,避免碎片化和减少重复性的研究工作。为达成这一目的,知识资源必须整合,这就需要各种各样的整合机制,如分散或重新分配现有研究资源、通过机构形成创建新资源(如加利福尼亚大学圣地亚哥分校)、建立不同组织领域创新者之间的实体或虚拟协作网络等。

第二个空间是"创新空间",即"三螺旋"系统构件确认若干个技术创新和发展缺口,借助各自力量,形成混合组织,其最终目的是发展地方创新组织,吸引人才,塑造区域或国家的竞争优势。该空间的创造通过各种机制来实现,比如在没有高等教育能力的地方创建一所大学,作为提高现有集群技术水平的手段或新集群的来源(如麻省理工学院)、塑造大学技术转移和创新创业环境、在衰落的城区安置艺术家刺激以艺术或技术为基础的经济复兴等。

第三个空间是"共识空间",即将"三螺旋"系统构件集合在一起进行"蓝天"思考,逐渐把各自的资源集中在一个趋同的空间内,实现资源的整合。即使这项倡议来自"三螺旋"系统中某个具体的链接,但它还需要依靠其他领域的参与来达成协作,流程中系统构件之间的协作领导和争议调解关系尤为瞩目。该空间的生成机制主要包括创建或改造一个组织为头脑风暴、分析问题和制订计划提供场所(如巴西累西腓科学公园董事会)、提供实施项目所需的资源、为应对冲突或危机情况及环境的剧烈变化提供解决方案等。

"知识空间""创新空间""共识空间"的形成是高校、产业、政府三者相互作用的结果,三者之间的联系逐渐紧密,并开始重叠。图3-1展示了卡西尼椭圆形3D调节中的空间形成,描绘了"三螺旋"机构领域在空间形成中的相互作用:①机构领域分开——自由放任模式;②机构领域越来越紧密,并开始互动;③机构领域日益重叠;④在平衡模式中重叠的机构领域——形成"干细胞空间"。事实上,这是从各自独立到互相重叠这一转换过程的四种配置方式,等同于前面提到的"三螺旋"从自由配置结构到平衡配置结构的转换。

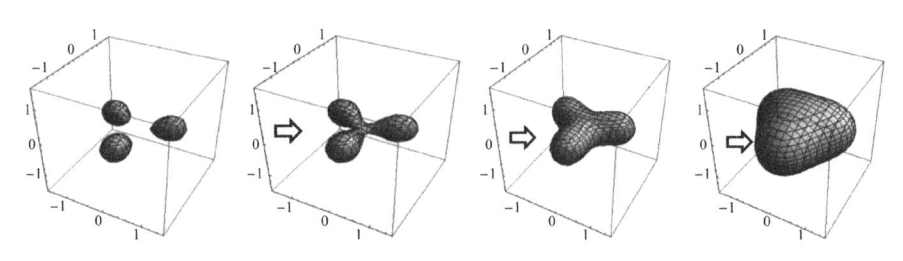

图 3-1 "三螺旋"机构领域在空间形成中的互动演化

"空间"一旦形成,它们就会在连续性的、历时性的转变中相互作用,这种转变以非线性的过程在不同的方向发生。转变方向取决于不同的区域环境和区域发展的不同阶段。结合 Etzkowitz 等(2005)构建的区域发展四阶段模型,Ranga 等(2013)探讨了"三个空间"互动的案例。

第一个案例是美国新英格兰委员会(1920—1950 年),阐释了初始阶段"知识空间"和"共识空间"对激发创新空间的重要性,从"共识空间"转向"知识空间",进而到创新空间的过程在这个案例中得到体现,具体如图 3-2 所示。"共识空间"产生于六个新英格兰州的州长联合发起的委员会,它们将资源整合用于实行复兴战略,复兴那些自 20 世纪初经济开始经衰退的地区,衰退原因是这些地区的工业和企业转移到了原材料和劳动力更廉价的地区。该委员会最初尝试吸引和革新没落工业中的中小企业,但后来转向区域内的独特资源和相对优势,最终形成学术资源的高度集中。例如,麻省理工学院、哈佛大学等著名高校都聚集于此,这些高校代表了强势的知识空间。委员会着眼于给初创公司提供入门环境,并促成了 20 世纪 20 年代科学仪器和当时新兴行业(无线电行业)的腾飞,还创建了风投公司用以拓展和强化创新空间的形成。

第二个案例是加州硅谷(20 世纪 90 年代中期),阐释了"知识空间"如何转向"共识空间"再进一步转为"创新空间"的过程,这发生在自我持续发展与改革阶段,如图 3-3 所示。硅谷的许多高科技公司倾向于把自身看作自我创造的现象,是一系列相互关联的公司集合,而不是更广泛的"大学—产业—政府"综合体的一部分。20世纪90年代中期,这些公司感觉有必要与学术机构、当地政府开展合作来推动区域经济的发展,为此成立了一家新的合资企业——硅谷公司,并启动了公共流程,其形式为一系列的露天会议,旨在为未来技术发展提供创意。

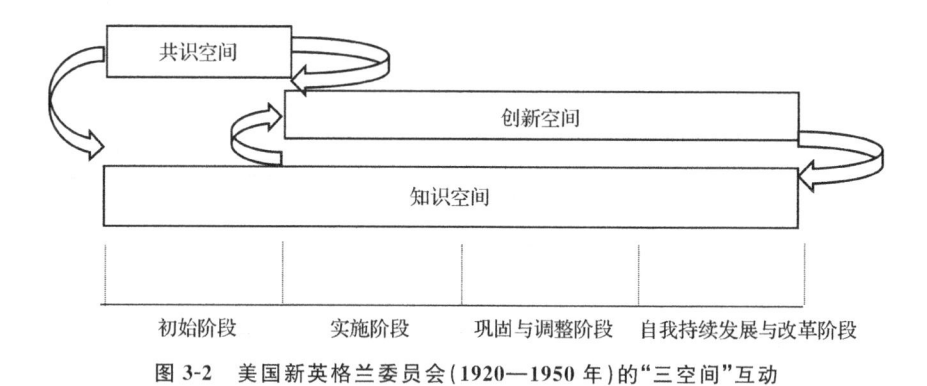

图 3-2 美国新英格兰委员会(1920—1950 年)的"三空间"互动

图 3-3 加州硅谷的(20 世纪 90 年代中期)的"三空间"互动

第三个案例是瑞典斯德哥尔摩 KISTA 科学城,阐释了成功的"共识空间"如何进一步强化知识密集型和商业密集型平台,该平台在"知识空间"和"创新空间"的互动中创建形成,如图 3-4 所示。20 世纪 80 年代早期,斯德哥尔摩市市长构想创建了一个电子中心,用以吸引电子、工程、电脑科技研究机构以及学术研究机构、商业公司或集团,成为享誉国内外的信息通信技术中心(ICT)。2000年,该市商界、学界和市政府将该中心视作科学城的基石,科学城AB被创建起来。2002年,作为皇家科技学院KTH和斯德哥尔摩大学合作项目的IT大学开始招生,为科学城特别是ICT区域新商业网络的形成注入了新鲜血液,爱立信和其他公司也将办公机构迁至科学城,并将活动扩展到整个地区。2010年,KISTA科学城就已拥有1000多家ICT公司、5000多名ICT学生,科学家、ICT行业专家、创新机遇和商业机遇高度集聚。

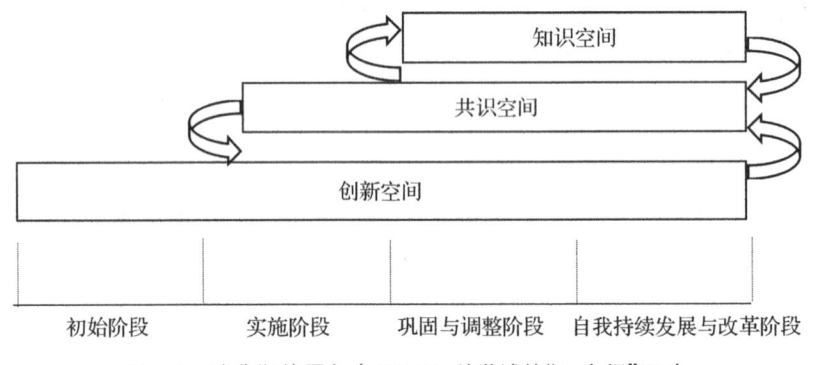

图 3-4 瑞典斯德哥尔摩 KISTA 科学城的"三空间"互动

第二节 "推拉"理论与"三螺旋"理论

根据以上关于"推拉"理论、"三螺旋"理论的阐述以及"三个空间"的演化分析与案例呈现,本书认为"推拉"理论与"三螺旋"空间演化理论的整合视角,适用于区域发展与创新行为过程的分析,其间的逻辑在于,在"推拉"力量的作用下,三螺旋机构领域"三个空间"得以形成与演化。

具体而言,在不同的区域经济社会发展环境中,在环境各种"推力"因素、"拉力"因素、"中间"因素等动力作用的过程中,由于"三螺旋"系统构件之间的替代关系机制(强领域会代替弱领域的角色或促其发展),各机构领域在区域发展的初始阶段、实施阶段、巩固与调整阶段、自我持续发展与改革阶段进行互动,直至达成"共识空间"。由此产生的"共识空间"被认为是一个类似于"干细胞"的功能对等体,在一定环境因素(如区域需求、地理位置、自然资源、资产等)的影响下,通过具体构件的流动、新组织模型的关系、资源与制度的创建等方式,进一步分化成知识空间、创新空间或共识空间,它们在连续的、历时性的转变中相互作用。

在这个过程中,"共识空间"是其他空间关系沟通、加速成长的关键。当"知识空间"与"创新空间"存在时,"共识空间"是促进它们相互作用的关键因素;当"知识空间"与"创新空间"微弱或缺失时,"共识空间"是加速它们发展的关键因素;当"知识空间"或"创新空间"存在但没有"共识空间"时,由于缺乏召集和组织过程用以创建中介和转移组织与网络,便无法充分发挥"知识空间"或"创新空间"的潜能。因此,在不同动力因素的作用下,"三螺旋"机构领域的"共识空间"形成于不同的阶段(从"三个空间"互动案例中可得到证实),最终促成不同的区域发展与创新模式,展现出区域发展与创新实践的异质性与复杂性。

第三节 县域办学的四阶段发展模型

借鉴 Etzkowitz 等(2005)提出的关于基于知识经济的区域发展与复兴的四阶段模型,本书构建了高职院校县域办学的四阶段发展模型(见表3-2)。

第一,初始阶段,即构建新的县校合作办学模式的理念。第二,实施阶段,即为实现该理念,开始新的教育活动,如建设新校区、成立新合作机构等。第三,巩固阶段,即整合办学活动,提升县校合作办学的效率和效益。第四,持续发展阶段,即反思办学经验和教训,拓展新的合作办学领域。学校领导和县政府领导等战略层面的参与者在第一阶段较为活跃,有时学校的主管部门也会参与决策,第二、第三阶段更倾向于具体操作层面,学校职能部门和二级学院、专业教师以及县域产业部门、行业协会和企业较为活跃,第四阶段再回到战略层面。在合作办学过程中,县域政府和高职院校主要领导发挥了至关重要的作用,他们规划未来,组织调动力量按照规划行动,最终实现办学目标。同时,在办学的具体操作层面也会出现办学实践创新"精英"式人物,他们一般会产生高水平科技成果,对县域产业发展做出重大贡献。

表 3-2 县域办学的四阶段发展模型

阶段	目标	结构	过程	行动
初始阶段	促进高职院校和县域共同发展	高职院校与县域政府之间的非正式互动	召开非正式会议,讨论学校规划、办学思路和成功案例的影响	签订县校合作办学协议,县域提供初始服务、基础设施
实施阶段	县域为高职院校提供充足的资金和硬软件资源	县校共同成立校园建设和管理机构,开展教育教学和社会服务活动	开展校园建设和人才培养活动,与利益相关者开展互动	成立教学、科研和社会服务组织,与县域内部门、行业企业开展合作,学校和政府出台相关政策
巩固阶段	提高办学效益,助力县域产业发展	推动学校与县域企业等主体间的紧密合作,服务县域产业的需求	拓展县校合作支持组织的网络	举办县校合作办学利益相关者参与的会议,明确各自的角色并相互支持
持续发展阶段	反思现有的办学模式,进一步提高县校合作办学的水平	创新县校合作办学的组织架构,形成学校服务县域产业发展的新机构和新机制,拓展利益相关者范围	研讨合作过程中的经验和教训	利益相关者参与的会议和活动,公开媒体上开展宣传

第四节 "三螺旋"理论与"推拉"理论整合下的总体理论框架

县域办学作为高职院校在县(市、区)层面的创新发展实践,也适用于在"推拉"理论与"三螺旋"理论整合视角下进行分析。

本书尝试突破以往高职院校县域办学研究深入性不够、理论框架不明晰的弊端,将高校、政府、产业对县域办学的能动作用与互动效应纳入研究框架,借鉴知识经济社会区域发展与复兴四阶段模型,引入"推拉"理论与"三螺旋"空间演化理论,并将其进行整合;基于特定环境下高职院校县域办学的形成过程,按照县域办学的触发条件和情境特征、行为与结果这一逻辑链,根据"三螺旋"共识空间作用的差异,探讨县域办学的模式与机制。

图3-5和图3-6呈现了本书关于高职院校县域办学研究的基本理论框架和具体分析框架。具体而言,高职院校在特定经济社会发展、教育改革背景下的推力、拉力、阻力、斥力等动力因素的作用下,通过与县域政府、行业企业等县域办学中主要利益相关主体的互动,在初始阶段、实施阶段、巩固与调整阶段、自我持续发展与改革阶段等不同发展阶段形成共识空间,做出了高职院校延伸至县域开展办学的决策,达成了县校合作的共识,产生了县域办学的行为。在这一过程中,受县域产业、文化等经济社会发展环境的影响,几方办学协同主体的知识空间、创新空间与共识空间活动经历发展演化,通过重要活动或关键事件,发挥了不同的协同效应,产生了各具特色的办学结果,由此呈现不同的办学特征,生成不同的办学模式,需相应的机制来保障运行。

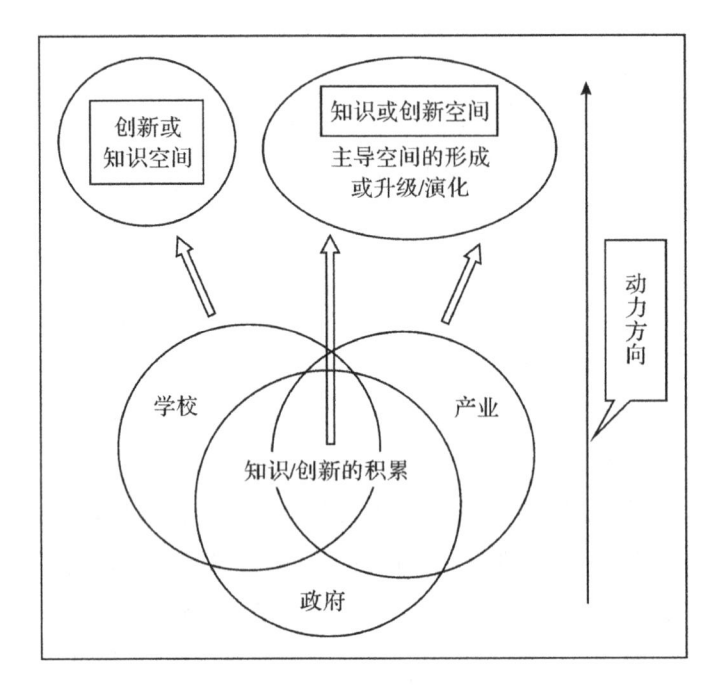

图 3-5　高职院校县域办学研究的理论框架

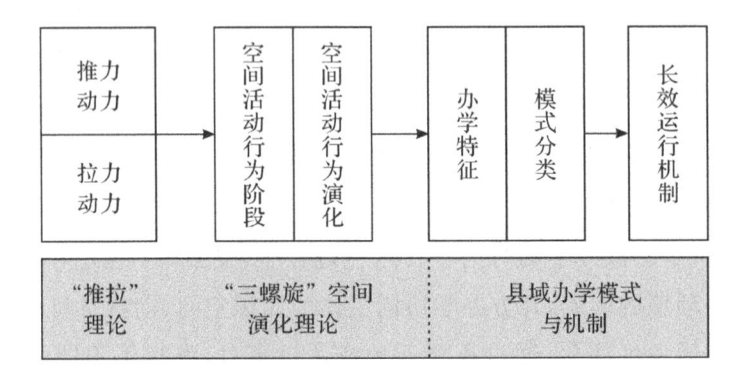

图 3-6　高职院校县域办学研究的分析框架

第四章
高职院校县域办学在浙江的实践与分析

目前,浙江、江苏等县域经济强省出现了高校纷纷落户县域开展合作办学的现象,浙江省的杭州、宁波、绍兴、温州等市都在积极推进"县县有大学"的计划。那么高职院校县域办学对县域经济社会发展到底起到了多大的作用?本章通过对高职院校县域办学调查数据的实证分析,阐述了高职院校县域办学在浙江的实践成效。

第一节 数据获得与分析

一、问卷编制与修订

(一)问卷编制与修订流程

本书采用定性与定量相结合的研究方法,通过半结构式访谈与调查问卷来获取研究数据和数据背后隐含的信息,其中问卷编制与修订使用国内通用的调查问卷法,如图 4-1 所示(马庆国,2002)。

首先,通过梳理国内外文献,找出相似的访谈提纲和测量工具,确定变量的初始测试题项。然后,邀请本领域的研究专家对访谈提纲和测量工具中的题项进行商榷,消除可能产生的歧义,确保各题项的科学性和有

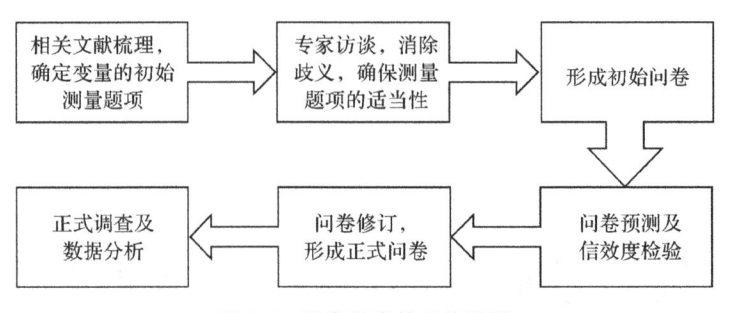

图 4-1 问卷调查的实施流程

效性。初始问卷形成以后,先选择一些样本进行预调研,然后通过小样本调研数据的信度、效度分析对问卷进行修订,最终形成正式问卷,并进行大规模问卷实测。

(二)变量界定与测量

1.高职院校县域办学的实际现状

如何对高职院校在县域办学的实际现状进行界定与测量？国内外较少有这方面的直接文献,较多从高校、高等教育、区域贡献等视角进行阐述,采用宏观思辨的研究方法较多,采用数据量化的研究方法较少。因此,目前为止缺乏科学有效的测量高职院校县域办学实际现状的量表。程肇基(2015)对江西省整个区域内的高校数量、毕业生数、招生数、在校生数、教职工数、专任教师数等现状进行了描述统计,认为现状与其历史文化底蕴和高考强省的身份地位是不相匹配的。本书借鉴以往文献中的观察维度,编制了高职院校县域办学实际现状的统计量表,具体题项见表4-1。

表 4-1 高职院校县域办学实际现状统计

题项序号	题项内容
XZ1	学校的知名度
XZ2	学校的办学特色
XZ3	学校的人才培养质量
XZ4	学校的整体科研能力和社会服务水平
XZ5	学校获得的来自县域政府的政策支持和经费等资源

续表

题项序号	题项内容
XZ6	学校获得的来自县域行业、企业的资源
XZ7	准确捕捉产业发展需求的能力
XZ8	产教融合、校企合作紧密度
XZ9	师资队伍建设水平
XZ10	实训条件改善状况
XZ11	学校整体的招生数量和质量
XZ12	学校整体的毕业生就业质量

2.高职院校对县域发展的贡献状况

高职院校对县域发展的贡献状况如何进行界定与测量？国内外关于这方面的直接文献较少，但是研究高等教育对区域经济社会发展贡献的文献比较多。李萍（2006）以陕西省高等教育与区域经济互动发展为例，阐述了高等教育对区域发展的影响和作用，分别从对政治的影响（形成真理和思潮、选拔和培养社会管理人才、输出管理精英人才）、对文化的影响（传播、延续、整理文化、创造和更新文化）、对经济的影响（提高人力资本、推动科技进步）等三大维度七个领域来进行量化分析。王宇飞（2010）对1990—2008年河北省经济增长和高等教育数据进行了实证检验，选取人力资本因素（资源得到充分利用、组织生产与服务、经济发展更高效）、高新技术因素（提升企业的生产与创新能力、设立高新技术园区）、高等教育消费因素（周边的第三产业、设备和设施需求等）等三大维度七个因素来分析高等教育对区域发展的贡献。王小婷（2017）从高校的人才培养（数量、层次、类型、质量）、科研生产（显性贡献如将技术原理、发明创造、新产品新工艺直接应用或投入于社会生产，隐性贡献如对劳动者提供再教育和技术培训、人文社科成果）、文化建设（物质文化、环境文化、制度文化、人文因素）等三个维度若干个指标来论证高等教育对区域经济发展的贡献。段从宇（2015）从人力资源（包括专任教师数、本科生在校生数、研究生数等10个指标）、物力资源（包括占地面积、建筑面积、图书资料等7个指标)、财力资源(包括国家财政性教育经费、固定资产总值、生均教育经费等7个指标)、学科资源(包括博士学位授权点数、重点学科数等6个指标)、平台资源(包括重点实验室数、技术研究中心数等6个指标)、成果资源(包括技术发明获奖数、科技论文数等8个指标)以及品牌资源(包括教学名师、国家级人才等12个指标)来测量高等教育资源水平。

本书借鉴以往文献中的观察维度,编制了考察,高职院校对县域发展贡献状况的问卷,具体题项如表4-2所示。

表4-2 高职院校对县域发展贡献状况问卷

题项序号	题项内容
GX1	学校所设置的专业与县域主要产业结构的契合程度
GX2	学校对县域经济发展的贡献主要体现在哪些方面
GX3	学校服务县域发展所开展的活动主要有哪些
GX4	学校对县域文化发展的贡献主要体现在哪些方面
GX5	学校面向县域在哪些文化硬件设施方面开展共享
GX6	学校对县域新型城镇化的贡献主要体现在哪些方面

3.县域对高职院校的支持状况

县域对高职院校支持状况如何界定与测量?国内外较少有这方面的直接文献和测量问卷,而探究省域层面区域发展对高等教育的影响和支持的文献比较多。范明(2003)以江苏省高等教育为研究对象,从个人及其家庭、企业和政府等受益方出发,运用投资收益的有关理论系统分析了区域经济发展水平对区域内高等教育的影响。李萍(2006)用典型相关分析方法选取了区域的GDP、人均GDP、GDP指数、财政支出、财政收入、城镇可支配收入、农村纯收入、居民消费支出、第三产业比重等指标来测量区域对高等教育的支持状况。段从宇(2015)从区域人口结构(包括人口总数、高中毕业生人数等4个指标)、经济基础(包括GDP总数、家庭人均可支配收入等2个指标)等区域发展要素来测量高等教育的条件性资源。

本书借鉴以往文献中的观察维度,编制了考察县域对高职院校发展支持状况的问卷,具体题项如表4-3所示。

表 4-3 县域对高职院校发展支持状况问卷

题项序号	题项内容
ZC1	县域政府对学校县域办学的支持主要体现在哪些方面
ZC2	学校县域办学的土地来源方式
ZC3	县域政府对学校科研与社会服务方面的支持主要体现在哪些方面
ZC4	目前县域政府与学校开展了哪些合作
ZC5	县域产业(行业、企业)对学校县域办学的支持主要体现在哪些方面
ZC6	目前县域产业(行业、企业)与学校开展了哪些合作
ZC7	县域对学校校园文化的支持主要体现在哪些方面

4. 高职院校县域办学的"推拉"因素及困境

高职院校进行县域办学的"推拉"因素和困境如何界定与测量？国内外文献较多关注国际或区域人口迁移的"推拉"因素及困境，而较少针对某类组织做出区域迁移决策时考虑的"推拉"因素及存在的困境进行测量。有些学者在研究其他问题时，略有所谈及。雷晓云(2007)认为文化变迁的性质对中国高等教育制度的变迁有着强大的影响力。段从宇(2015)认为政策因素是区域高等教育资源存量的基础性决定因素，经济因素是辅助性条件(以往研究中区域经济总量与教育资源总量的相关性大都是不显著的)，文化因素使得高等教育资源汇集成多极双中心，除在大区传统中心城市间形成高等教育资源富集外，在每个大区中均出现了一到两个新的高等教育资源副中心。刘晋强(2015)在阐释我国乡城劳动力转移的推拉拓展模型时，认为"推力"因素主要有土地约束、收入差距，"拉力"因素主要有就业与收入的吸引、良好的区位条件和便利的交通、优越的社会设施和生活条件，"中间"障碍主要是城乡二元制度导致的迁移受阻。蔡真亮等(2017)在分析浙江、江苏等地高校延伸到县域办学的"推拉"因素时，认为国家政策要求是主要"推力"因素，县域经济社会发展需求是主要"拉力"因素，而高等教育大众化趋势以及高校自身的转型发展是中间因素。

本书借鉴以往文献中的观察维度，编制了高职院校县域办学"推拉"因素及困境的量表，具体题项如表 4-4 至表 4-6 所示。

表 4-4　高职院校县域办学"推力"因素

题项序号	题项内容
TL1	学校办学规模受限
TL2	学校办学资金来源渠道受限
TL3	学校办学场地及实训条件受限
TL4	学校专业设置与区域产业结构不匹配
TL5	校企深度合作难度大
TL6	"双师"培养难度大
TL7	学生顶岗实习难度大

表 4-5　高职院校县域办学"拉力"因素

题项序号	题项内容
LL1	县域为办学提供政策支持
LL2	县域为办学提供土地资源
LL3	县域为办学提供财力资源
LL4	县域人口密集
LL5	县域经济发达,GDP 水平高
LL6	县域产业结构和布局与专业相匹配
LL7	县域行业、企业与学校联系紧密
LL8	县域交通便利

表 4-6　高职院校县域办学"困境"因素

题项序号	题项内容
KJ1	获得地市级及以上政府政策、经费、项目的难度加大
KJ2	与大型企业或知名企业合作的难度加大
KJ3	县域办学场所周边配套的政治、经济、文化环境和基础设施条件不佳
KJ4	县域办学日常管理难度加大,办学成本上升
KJ5	招聘教师难度加大
KJ6	学校生源质量难以保障
KJ7	教师和管理人员对在县域办学有抵触情绪
KJ8	县域办学场所的校内实训条件不佳
KJ9	县域办学场所的基础设施条件不佳(实训条件除外)
KJ10	县域办学场所的校园文化建设困难

(三)正式问卷的形成

1.小规模预测

初始问卷形成以后,为保证正式调研数据的信效度,我们进行了小规模的预调研。本书选取浙江工商职业技术学院作为预调研样本,选择的理由主要有三:一是该学校目前有两个在县域办学的学院,分别是在宁波市宁海县办学的宁海学院(现代模具学院)和在宁波市慈溪市办学的慈溪学院(智能家电学院)。二是该校于2004年提出了"总部—基地"的办学构想,与宁海县人民政府开展"县校合作",努力打造一个集人才培养、技术研发、社会服务等功能于一体,具有一定生产功能的特色发展平台,被《中国青年报》《光明日报》等媒体评价为"中国高职教育的'宁海模式',成为专家学者解读高职院校'县校合作模式'的范本"。三是该校校领导、职能管理层以及各个分院领导、专业教师对县域办学模式有较为全面的认知,能较为客观地评价其现状、优劣及利弊。

2.正式问卷的形成与调研

在小规模样本信效度检验的基础上,我们对问卷各变量的测量题项进行了完善,形成了本书的最终调查问卷(详见附录)。调查问卷和量表正式形成后,笔者与协助访谈问卷人员进行了有关社会调查专业要求和规范的培训,要求他们在访谈时采取平视的态度,说明来意、消除顾虑,营造宽松的氛围,采用无记名方式,尽可能接近被访谈者的内心世界和真实感受。在指导被访谈者填写量表时,要求细致读题,理解题目的意思,填写后注意检查问卷,避免重复作答或漏题,以求获得高质量的回收问卷。

研究实施的当时,浙江省共有高职院校47所。由于浙江警官职业学院、浙江体育职业技术学院、浙江特殊教育职业学院的行业特殊性,将以上3所院校排除在调查范围之外。团队对其余44所高职院校开展了问卷调查,并对其中3所不同类型的具有代表性的高职院校做了深入访谈,历时3个月。截至2018年12月30日,累计回收问卷265份,问卷回收率70.2%。

二、数据统计分析方法

本书主要借助数据统计软件 SPSS26.0 进行数据的统计及分析工作,具体的数据分析方法包括信效度检验、描述性统计分析、多元线性回归分析等。

（一）信效度检验

信效度检验主要是对样本数据的信度和效度进行检验,考察的是数据的质量。

信度即数据是否可靠,一般以克隆巴赫系数（Cronbach's Alpha）这一指标作为判断依据,并结合每项数据与总分的相关系数（corrected item-total correlation）、多元相关系数的平方（squared multiple correlation）等指标对量表题项进行筛选和净化。量表的克隆巴赫系数在 0.8 以上,表示数据可靠性较高;在 0.7 至 0.8 之间,表示尚可接受;低于 0.7,则表示数据信效低,不太可靠。

效度检验包括内容效度检验和结构效度检验。如果量表建立在成熟的理论基础之上,或基于国内外成熟量表的修订,我们可以认为此量表具有较好的内容效度。结构效度需要进行探索性因子分析。本书利用 SPSS 26.0 进行探索性因子分析,首先通过 KMO（Kaiser-Meyer-Olkin）值和巴特利特球形检验（Bartlett test of Sphericity）判断样本是否适合进行因子分析,在适合的前提下,采用方差最大正交旋转法进行因子旋转,因子提取的方差累积贡献率越高,提取的因子数越少,则可认为因子分析的效度越高,此外,还可根据提取的因子与原维度假设是否一致判定数据的结构效度。

（二）描述性统计分析

描述性统计分析主要是计算和分析数据的特征,包括均值、标准差、频数、频率等,目的在于了解样本的数量、平均情况及离散程度等基本信息,发现样本的显著差异及基本规律。

(三)多元线性回归分析

回归分析是在相关分析的基础上对两个及以上变量间的不确定关系做进一步描述。本书借助 SPSS 26.0 软件进行多元线性回归,对理论模型及变量间关系假设进行检验。一般通过决定系数 R^2 或调整后的 R^2 来判断多元线性回归方程的拟合优度。在诊断回归结果是否支持理论假设时,需要对回归方程的多重共线性、序列相关性、异方差性等进行诊断。序列相关问题一般采用杜宾-瓦特森(D-W)检验,如果数据不涉及不同时期,而且各回归模型的 D-W 值接近于 2,则可认为回归方程不存在序列相关问题。异方差问题通过残差项的散点图判断,若散点图呈现无序状态,则可认为不存在异方差问题。多重共线性检验通过容许度(tolerance)和方差膨胀因子(variance inflation factor,VIF)进行检验,一般来说容许度越小、VIF 越大,则可认为多重共线性明显(杜智敏,2010)。

第二节 高职院校县域办学在浙江的实践概况

一、高职院校县域办学的基本情况

(一)尚未在县域办学的高职院校基本情况

调查结果显示,本书所调研的 44 所高职院校中,未开展县域办学的有 26 所,占总数的 59.1%。"高职院校开展县域办学的必要程度"调研结果显示,认为"不太必要""一般""比较有必要"的比例,分别为 29.3%、37.8%、29.3%,表明受调查的高职院校领导及中层干部对是否开展县域办学存在较大的分歧(见表 4-7)。"未开展县域办学或县域办学未能继续进行的主要原因"调研结果显示,主要原因是县域办学与学校发展战略不符,其次是经费、专业与产业匹配、交通、用地等方面的原因(见表4-8)。"未来是否有计划开展县域办学"调查显示另有11所高职院校有计划开展县域办学。而在"如未来开展县域办学,会采取的办学类型",绝大多数选择了"校本部仍在中心城区,在县域设立分校区"。

表4-7 "高职院校开展县域办学的必要程度"调研结果

选项	数量/人	比例/%
完全没必要	0	0
不太必要	24	29.3
一般	31	37.8
比较有必要	24	29.3
非常必要	3	3.7

表4-8 "未开展县域办学或县域办学未能继续进行的主要原因"调研结果

选项	数量/人	比例/%
与学校发展战略不符	37	45.1
经费不足	30	36.6
专业设置与县域产业匹配度低	29	35.4
交通不便	27	32.9
用地困难	18	22.0
政策不支持	6	7.3
其他	6	7.3

(二)已经在县域办学的高职院校基本情况

根据时间调查统计,浙江省采用县域办学的高职院校17所,其中宁波职业技术学院本身为整体迁入型县域办学,同时在宁波市余姚市采用总部—基地型县域办学。因此,根据统计分析,总部—基地型9所,占比50.0%;县域自发型6所,占比33.3%;整体迁入型3所,占比16.7%。基本情况详见表4-9。

表 4-9 已经在县域办学的高职院校基本情况

序号	学校名称	办学类型	县域名称	比例
1	浙江机电职业技术学院	总部—基地型	海宁（长安校区）	
2	浙江建设职业技术学院	总部—基地型	上虞（建筑与艺术）	
3	宁波城市职业技术学院	总部—基地型	奉化（经管环境学院）	
4	浙江国际海运职业技术学院	总部—基地型	岱山（石油化工学院）	
5	温州职业技术学院	总部—基地型	瑞安（瑞安学院）	50.0%
6	浙江旅游职业学院	总部—基地型	淳安（酒店管理）	
7	宁波职业技术学院	总部—基地型	余姚（阳明学院）	
8	浙江工商职业技术学院	总部—基地型	宁海（宁海学院）慈溪（慈溪学院）	
9	浙江医药高等专科学校	总部—基地型	奉化（奉化校区）	
1	台州科技职业学院	县域自发型	黄岩区	
2	义乌工商职业技术学院	县域自发型	义乌	
3	浙江广厦建设职业技术学院（民办）	县域自发型	东阳	
4	浙江横店影视职业学院（民办）	县域自发型	横店	33.3%
5	浙江汽车职业技术学院（民办）	县域自发型	临海	
6	浙江舟山群岛新区旅游与健康职业学院	县域自发型	普陀	
1	杭州科技职业技术学院	整体迁入型	富阳	
2	浙江工贸职业技术学院	整体迁入型	洞头	16.7%
3	宁波职业技术学院	整体迁入型	北仑	

二、高职院校县域办学的运行状况

本书对 17 所开展不同类型县域办学高职院校中 172 位校领导和主要中层干部开展问卷调查，共回收问卷 127 份（61 份由校领导填写，66 份由主要中层干部填写），回收率为 73.6%。

（一）资金及土地来源

在"县域办学资金来源"统计中，资金的来源主要为地方财政、学校投资、企业投资。单独地方财政拨款的6所，单独学校投资的2所，单独行业企业投资的3所，地方财政和学校共同投资的4所，地方财政、学校、行业企业共同投资的2所。总体来看，17所高职院校县域办学的资金投入仍以地方财政拨款为主，占70.6%，其次是学校投资，占41.2%；再次是行业企业投资，占29.4%。在土地来源统计中，13所（占76.5%）高职院校为政府划拨，3所（占17.6%）高职院校与县域内中职院校共用校舍，1所（占5.9%）高职院校采用租赁方式。

（二）校外及校内管理机构

在"县域办学所在县域政府的常设机构设置以及制度文件"的调查统计中，6个（占35.3%）县政府设有常设机构，其中4个县政府制定了县域办学相关的制度和文件。在"学校内部设置专门县域办学管理机构"统计中，7所（占41.2%）高职院校设置了专门管理机构，8所（占47.1%）高职院校出台了相关的制度文件。

（三）院系管理模式及运行体制

在"县域办学的形式"统计中，17所高职院校都是全日制实体办学机构。在"县域办学院系管理模式"统计中，12所（占70.6%）高职院校是行政主导院系管理模式，即院系党总支或学院党政联席会议下的院长负责制度，4所（占23.5%）高职院校是市场主导的院系管理模式，即董事会或理事会领导下的院长负责制。在"县域办学的运行体制"统计中，7所（占41.2%）高职院校是学校垂直制（不独立），8所（占47.1%）高职院校是独立法人，2所（占11.8%）高职院校为半独立（事业部制）。调查显示，浙江省高职院校县域办学的院系管理模式、运行体制都存在较大的差异性，需要因地制宜，以适应当地经济社会发展需求。

三、高职院校县域办学对县域的贡献状况

(一)专业与产业契合度

"学校所设置的专业与县域主要产业结构的契合程度"的调查统计显示,72.4%的调查对象认为其县域办学中专业与产业结构比较或者非常契合,19.7%的调查对象认为契合度一般,仅7.9%的调查对象认为不太契合。这可能与高职院校县域办学的定位有关,往往都是结合当地县域的主导产业进行合作办学,例如,浙江工商职业技术学院与具有中国模具产业城的宁海县开展紧密合作,设立了现代模具学院及模具类相关专业,契合度往往较高。

(二)学术平台与技术研发平台

"县域办学设有学术平台与技术研发平台"的调查统计显示,10所(占58.8%)高职院校设有1—5个学术平台与技术研发平台,3所(占17.6%)高职院校设有6—10个学术平台与技术研发平台。可见,技术研发等平台是高职院校服务县域经济社会的重要平台。

(三)县域办学对县域经济、文化、新型城镇化的贡献

1.经济贡献

"学校县域办学对县域经济发展贡献"的调查统计显示,选择率超过50%的选项,依次为"为县域提供人力资本"(77%)、"学校师生消费拉动当地经济"(67%)、"学校增加县域就业岗位"(53%)、"学校带动周边土地升值"(50%),而代表高校科研社会服务能力的"科技支撑及成果转化"的选择率未能超过50%。可见高职院校为县域经济发展的贡献主要是提供了人力资本,在科技支撑及成果转化方面还存在不足。

2.文化贡献

"学校县域办学对县域文化发展贡献"的调查统计显示,87%的调查对象选择"学校开展志愿者服务、文化下乡、暑期社会实践",参与县域城

市文化建设;57%的调查对象选择"学校面向市民开放各类学术、文化论坛及讲座,发挥高校先进文化传播与引领功能";51.18%的调查对象选择"学校开展县域地方文学、非遗文化专题研究,发挥高校对县域传统文化的挖掘和研究功能";49%的调查对象选择"学校邀请县域文化名人开设传统文化讲座或者选修课程,发挥高校对县域文化传播功能"。可见学校县域办学对县域的文化贡献主要来自学生志愿者的社会实践。

3. 新型城镇化贡献

"学校县域办学对县域新型城镇化发展贡献"的调查统计显示,62%—66%的调查对象选择"学校的县域办学为县域的教育及生活质量(社会城镇化)和创新人才及研发成果(创新与研发)";43%—45%的调查对象选择了"经济城镇化(经济发展、产业结构发展及医疗提升水平)"和"人口城镇化(人口规模及素质)";30%以下的调查对象选择"生态环境城镇化""空间城镇化""生活方式城镇化""城乡一体化"。可见高职院校为县域新型城镇化的贡献呈现多样性。

四、县域对高职院校县域办学的支持状况

（一）县域政府对学校的支持

"县域政府对县域办学的主要支持"的调查统计显示,86%的调查对象选择"土地",57%的调查对象选择"政策",50%的调查对象选择"资金",31%的调查对象选择"交通"。在县域具体政策支持方面,选择率较高的选择项依次为"子女入学"(35%)、"教工住房"(25%)、"教师编制"(24%)。可见土地是县域政府对学校县域办学的最大支持,在子女入学、教工住房等具体政策方面,县域支持较少。

"县域政府与学校的合作"的调查统计显示,"统筹开展产学研合作"的选择率最高,为56%;其次为"将县域办学纳入当地产业与城乡建设规划",为48%;"政府和学校共同组建集团、机构或者平台""双方建立职业教育工作联席会议制度"的选择率都在20%以下。可见,目前县域政府

和学校的合作主要以产学研合作为主。

(二)县域产业(行业、企业)对学校的支持

"县域产业(行业、企业)对学校的支持"的调查统计显示,选择率从高到低,依次为"企业为学校提供实习岗位"(79%)、"企业为学校提供教师挂职锻炼岗位"(65%)、"企业为学校提供科研合作项目"(50%)、"企业为学校提供师资"(44%)、"企业为学校提供实训设施设备"(38%)、"企业为学校提供资金"(30%)。可见校企合作中以提供实习岗位、教师挂职岗位、科研合作项目为主。

"县域产业(行业、企业)参与学校专业建设和教学活动"的调查统计显示,选择率从高到低排序,依次"为订单培养"(69%)、"共同制定人才培养方案"(60%)、"共建实训基地"(58%)、"共建专业、教材、教学项目"(41%)。可见县域办学过程中县域企业参与学校专业建设和教学的程度较高。

"县域对学校校园文化支持"的调查统计显示,选择率从高到低排序,依次为"企业特色文化融入校园"(64%)、"县域传统文化融入校园"(52%)、"创业文化融入校园"(44%)、"创新文化融入校园"(36%)、"创意文化融入校园"(25%)。可见企业特色文化、传统文化及创业文化对学校校园文化的影响较大。

第五章
"推拉"理论视角下高职院校县域办学的实证分析

高职院校对县域经济社会发展到底起到了多大的作用？哪些"推拉"因素促成了高职院校延伸至县域办学？这方面的实证研究还非常少见，本章基于"推拉"理论对相关数据进行分析，"推拉"理论解释高职院校县域办学的局限性。

"推拉"理论认为人口流动的目的是改善生活条件，流入地的那些有利于改善生活条件的因素就成为拉力，而流出地的不利因素就是推力，迁移由这两股力量前拉后推所决定（蔡真亮等，2017）。推力通常是指那些消极因素，因为这些因素促使移民离开原居住地；拉力通常是指那些积极因素，因为这些因素吸引怀着改善生活愿望的移民迁入新的居住地。首先，本章分别对相关量表进行信度分析（办学实施效果、推力因素、拉力因素、遇到困难因素）、效度分析（推力因素、拉力因素、遇到困难因素），针对四个量表的认知结果统计分布比例，进行描述性分析。其次，对推力因素、拉力因素、所遇困难、办学实施效果基于学校类型进行单因素方差分析。最后，对推力因素、拉力因素和所遇困难之间的关系进行回归分析，对推力因素、拉力因素和实施效果之间的关系进行回归分析。

第一节 信效度分析

一、问卷信度分析

分别将问卷中"办学实施效果""推力因素""拉力因素""遇到困难因素"的评分进行可靠性分析,克隆巴赫系数(Cronbach's α)分别为 0.966、0.853、0.856、0.824。克隆巴赫系数越高,说明维度分析结果可信度越高,这些系数表明这些维度的信度非常好。

各维度的项目总计统计中,项目删除后的 Cronbach's α 表明删除该项后,总体的信度所能达到的水平。办学实施效果项目统计结果(见表5-1)显示,删除"学校知名度"后,该项总体的效度为 0.961,由表 5-1 可知,删除项目中的任何一项,总体信度水平均没有超过原来的水平,即问卷的项目设置合理,信度非常高,所有项目都可保留。作为后续的分析项目,具体分析结果见表 5-1—表 5-4。

(一)县域办学实施效果的信度分析

县域办学实施效果量表的总信度为 0.966,在 0.8 以上,说明该量表的信度较好,删除任何一项指标后的信度值都会有所下降(见表 5-1),因此保留所有测量条目。

(二)县域办学推力因素的信度分析

县域办学推力因素量表的总信度为 0.853,在 0.8 以上,说明该量表的信度较好,删除任何一项指标后的信度值都会有所下降(见表 5-2),因此保留所有测量条目。

表 5-1　办学实施效果项目统计

办学实施效果	平均值	项目删除后的 Cronbach's α	Cronbach's α
学校知名度	3.53	0.961	
办学特色	3.95	0.962	
人才培养质量	3.78	0.962	
整体科研能力和社会服务水平	3.60	0.963	
来自县域政府的政策支持和经费等资源	3.17	0.966	
获得的来自县域行业、企业的资源	3.50	0.962	0.966
准确捕捉产业发展需求	3.66	0.962	
产教融合校企合作紧密度	3.73	0.962	
师资队伍建设水平	3.36	0.962	
实训条件改善状况	3.58	0.962	
整体的招生数量和质量	3.36	0.965	
整体的毕业生就业质量	3.66	0.963	

表 5-2　县域办学推力因素项目统计

推力因素	平均值	项目删除后的 Cronbach's α	Cronbach's α
学校办学规模受限	3.47	0.843	
学校办学资金来源渠道受限	3.04	0.834	
学校办学场地及实训条件受限	3.07	0.838	
学校专业设置与区域内产业结构不匹配	2.74	0.826	0.853
校企深度合作难度大	2.92	0.808	
"双师"培养难度大	2.95	0.833	
学生顶岗实习难度大	2.71	0.843	

(三)县域办学拉力因素的信度分析

县域办学拉力因素量表的总信度为0.856,在0.8以上,说明该量表的信度较好,删除任何一项指标后的信度值都会有所下降(见表5-3),因此保留所有测量条目。

表 5-3 县域办学拉力因素项目统计

拉力因素	平均值	项目删除后的 Cronbach's α	Cronbach's α
县域为办学提供政策支持	3.45	0.826	0.856
县域为办学提供土地资源	4.00	0.855	
县域为办学提供财力资源	3.16	0.831	
县域人口密集	2.91	0.836	
县域经济发达,GDP 水平高	3.34	0.838	
县域产业结构和布局与专业相匹配	3.78	0.846	
县域行业、企业与学校联系紧密	3.69	0.838	
县域交通便利	2.98	0.838	

(四)县域办学所遇困难的信度分析

县域办学所遇困难项目量量表的总信度为 0.824,在 0.8 以上,说明该量表的信度较好,删除任何一项指标后的信度值都会有所下降(见表 5-4),因此保留所有测量条目。

表 5-4 县域办学所遇困难项目统计

所遇困难	平均值	项目删除后的 Cronbach's α	Cronbach's α
获得地市级及以上政策、经费、项目难度大	3.18	0.830	0.824
与大型企业或知名企业合作的难度加大	2.99	0.818	
县域办学场所周边配套条件不佳	3.24	0.807	
县域办学日常管理难度加大,办学成本上升	3.30	0.805	
招聘教师难度加大	3.67	0.803	
招生质量难以保障	3.32	0.791	
教师和管理人员抵触在县域办学	3.02	0.809	
县域办学场所的校内实训条件不佳	2.81	0.802	
县域办学场所的基础设施条件不佳(实训条件除外)	2.81	0.802	
县域办学场所的校园文化建设困难	2.64	0.812	

二、问卷效度分析

采用探索性因子分析的方法对问卷进行效度检验,将问卷中推力因素、拉力因素、所遇困难所涉及的 25 个题项进行 Bartlett 检验。由 KMO 和 Bartleff 检验结果(见表 5-5)可知,KMO 为 0.746,当该值为 0.7 以上时,因子的分析效果较好。Bartlett 的球形检验也具有统计学意义,结果显示变量间具有较强的相关性,项目间信息重叠度很高,可以提取公因子。

这里采用方差最大正交旋转法进行因子旋转,由总方差解释表(见表 5-6)可以看出,在旋转前三个公因子后,其方差百分比发生了变化,从大到小的顺序保持不变。旋转后前三个因子的方差贡献率为 53.352%,与旋转前完全相同。因此选前三个因子已足够描述各变量。

表 5-5　KMO 和 Bartlett 检验

KMO 取样适切性量数		0.746
Bartlett 的球形度检验	上次读取的卡方值	2077.354
	自由度	300
	显著性	0.000

表 5-6　总方差解释　　　　　　　　　(单位:%)

组件	初始特征值			旋转载荷平方和		
	总计	方差百分比	累积	总计	方差百分比	累积
1	6.319	25.278	25.278	4.698	18.791	18.791
2	4.348	17.391	42.669	4.344	17.378	36.169
3	2.671	10.682	53.352	4.296	17.182	53.352

进行最大方差旋转后,得到旋转后的因子载荷矩阵(见表 5-7)。

第一公因子在"学校办学规模受限""学校办学资金来源渠道受限"、"学校办学场地及实训条件受限""学校专业设置与区域内产业结构不匹配"、"校企深度合作难度大""'双师'培养难度大""学生顶岗实习难度大"等项目评分上有较大的载荷,可以将该因子命名为"推力因子"。

第二公因子在"县域为办学提供政策支持""县域为办学提供土地资源""县域为办学提供财力资源""县域人口密集""县域经济发达,GDP水平高""县域产业结构和布局与专业相匹配""县域行业、企业与学校联系紧密"、"县域交通便利"等项目评分上有较大的载荷,可以将该因子命名为"拉力因子"。

第三公因子在"获得地市级及以上政府政策、经费、项目难度大""与大型企业或知名企业合作的难度加大""县域办学场所周边配套条件不佳""县域办学日常管理难度加大,办学成本上升""招聘教师难度加大""招生质量难以保障""教师和管理人员抵触在县域办学""县域办学场所的校内实训条件不佳""县域办学场所基础设施条件不佳(实训条件除外)""县域办学场所的校园文化建设困难"等项目评分上有较大的载荷,可以将该因子命名为"困难因子"。

从以上的因子提取中可知,每个题项均落到对应的因素中,表明量表具有良好的结构效度。

表5-7 旋转后的因子载荷矩阵

因素	第一公因子	第二公因子	第三公因子
学校办学规模受限	0.444		
学校办学资金来源渠道受限	0.496		
学校办学场地及实训条件受限	0.569		
学校专业设置与区域内产业结构不匹配	0.776		
校企深度合作难度大	0.777		
"双师"培养难度大	0.783		
学生顶岗实习难度大	0.795		
县域为办学提供政策支持		0.760	
县域为办学提供土地资源		0.505	
县域为办学提供财力资源		0.742	

续表

因素	第一公因子	第二公因子	第三公因子
县域人口密集		0.776	
县域经济发达,GDP 水平高		0.730	
县域产业结构和布局与专业相匹配		0.630	
县域行业、企业与学校联系紧密		0.707	
县域交通便利		0.720	
获得地市级及以上政府政策支持、经费、项目难度大			0.577
与大型企业或知名企业合作的难度加大			0.567
县域办学场所周边配套条件不佳			0.680
县域办学日常管理难度加大,办学成本上升			0.540
招聘教师难度加大			0.776
招生质量难以保障			0.674
教师和管理人员抵触在县域办学			0.501
县域办学场所的校内实训条件不佳			0.521
县域办学场所基础设施条件不佳(实训条件除外)			0.575
县域办学场所的校园文化建设困难			0.381

第二节 描述性分析

一、办学实施效果的描述性分析

由办学实施效果的描述结果(见表 5-8)可知,"办学特色""人才培养质量""产教融合校企合作紧密度"等三项实施效果相对较高,来自县域政府的政策支持和经费等资源,整体的招生数量和质量,师资队伍建设水平实施效果相对较弱。

表 5-8 办学实施效果描述性分析（N=128）

办学实施效果	平均值	标准偏差
学校知名度	3.53	0.980
办学特色	3.95	1.030
人才培养质量	3.78	0.922
整体科研能力和社会服务水平	3.60	1.096
来自县域政府的政策支持和经费等资源	3.17	1.211
获得的来自县域行业、企业的资源	3.50	1.122
准确捕捉产业发展需求	3.66	1.110
产教融合校企合作紧密度	3.73	1.167
师资队伍建设水平	3.36	1.040
实训条件改善状况	3.58	1.084
整体的招生数量和质量	3.36	1.189
整体的毕业生就业质量	3.66	1.104

二、推力因素的描述性分析

对各推力因素进行描述性分析，由分析结果（见表 5-9）可知，"学校办学规模受限"符合度分值最高，"学生顶岗实习难度大"的符合度分值最低。

表 5-9 推力因素描述性分析（N=128）

推力因素	平均值	标准偏差
学校办学规模受限	3.47	0.913
学校办学资金来源渠道受限	3.04	1.053
学校办学场地及实训条件受限	3.07	1.036
学校专业设置与区域内产业结构不匹配	2.74	0.998
校企深度合作难度大	2.92	0.857
"双师"培养难度大	2.95	0.886
学生顶岗实习难度大	2.71	0.997

三、拉力因素的描述性分析

对各拉力因素进行描述性分析,由分析结果(见表5-10)可知,"县域为办学提供土地资源""县域产业结构和布局与专业相匹配"等因素的符合度分值最高,"县域人口密集""县域交通便利"等因素的符合度分值最低。

表5-10　拉力因素描述性分析($N=128$)

拉力因素	平均值	标准偏差
县域为办学提供政策支持	3.45	0.946
县域为办学提供土地资源	4.00	0.905
县域为办学提供财力资源	3.16	1.169
县域人口密集	2.91	0.870
县域经济发达,GDP水平高	3.34	0.890
县域产业结构和布局与专业相匹配	3.78	0.813
县域行业、企业与学校联系紧密	3.69	0.839
县域交通便利	2.98	0.896

四、所遇困难的描述性分析

对所遇困难进行描述性分析,由分析结果(见表5-11)可知,"招聘教师难度加大"的符合度分值最高,"县域办学场所的校园文化建设困难"的符合度分值最低。

表5-11　遇到困难描述性分析($N=128$)

所遇困难	平均值	标准偏差
获得地市级及以上政策、经费、项目的难度加大	3.18	1.046
与大型企业或知名企业合作的难度加大	2.99	1.039

续表

遇到困难	平均值	标准偏差
县域办学场所周边配套条件不佳	3.24	0.771
县域办学日常管理难度加大,办学成本上升	3.30	0.854
招聘教师难度加大	3.67	0.861
招生质量难以保障	3.32	0.887
教师和管理人员抵触在县域办学	3.02	0.943
县域办学场所的校内实训条件不佳	2.81	0.858
县域办学场所基础设施条件不佳(实训条件除外)	2.81	0.729
县域办学场所的校园文化建设困难	2.64	0.791

第三节 差异性分析

一、数据统计分析

(一)办学实施效果统计分析

针对办学实施效果各项提升程度的认知情况进行统计,根据统计结果(见表5-12),从办学实施效果各个指标来看,"办学特色""学校人才培养质量""准确捕捉产业发展需求""产教融合校企合作紧密度""整体科研能力和社会服务水平""实训条件改善状况""来自县域政府的政策""经费等资源""整体的招生数量和质量""整体的毕业生就业质量""来自县域行业、企业的资源"均良好,但"学校知名度"一般,"师资队伍建设水平"一般。

表 5-12　办学实施效果统计分析（$N=128$）

办学实施效果		n	百分比/%	办学实施效果		n	百分比/%
学校知名度	非常小	6	4.70	准确捕捉产业发展需求	非常小	6	4.70
	比较小	6	4.70		比较小	12	9.40
	一般	51	39.80		一般	35	27.30
	比较大	44	34.40		比较大	41	32.00
	非常大	21	16.40		非常大	34	26.60
办学特色	非常小	6	4.70	产教融合校企合作紧密度	非常小	7	5.50
	比较小	6	4.70		比较小	15	11.70
	一般	17	13.30		一般	21	16.40
	比较大	59	46.10		比较大	47	36.70
	非常大	40	31.30		非常大	38	29.70
人才培养质量	非常小	5	3.90	师资队伍建设水平	非常小	6	4.70
	比较小	4	3.10		比较小	17	13.30
	一般	29	22.70		一般	49	38.30
	比较大	66	51.60		比较大	37	28.90
	非常大	24	18.80		非常大	19	14.80
整体科研能力和社会服务水平	非常小	6	4.70	实训条件改善状况	非常小	6	4.70
	比较小	15	11.70		比较小	14	10.90
	一般	31	24.20		一般	35	27.30
	比较大	48	37.50		比较大	46	35.90
	非常大	28	21.90		非常大	27	21.10
来自县域政府的政策支持和经费等资源	非常小	16	12.50	整体的招生数量和质量	非常小	6	4.70
	比较小	21	16.40		比较小	31	24.20
	一般	31	24.20		一般	28	21.90
	比较大	45	35.20		比较大	37	28.90
	非常大	15	11.70		非常大	26	20.30

续表

办学实施效果		n	百分比/%	办学实施效果		n	百分比/%
来自县域行业、企业的资源	非常小	9	7.00	学校整体的毕业生就业质量	非常小	7	5.50
	比较小	14	10.90		比较小	13	10.20
	一般	32	25.00		一般	26	20.30
	比较大	50	39.10		比较大	53	41.40
	非常大	23	18.00		非常大	29	22.70

(二)推力因素的统计分析

针对推力因素各项符合度的认知情况进行统计,其统计的结果见表5-13。相比较而言,在学校办学规模、办学资金、办学场地及实训条件等方面的阻力更为显著,在学校专业设置与区域内产业结构匹配程度、校企深入合作、"双师"培养等方面的阻力较为一般,在学生顶岗实习方面的阻力最小。

表5-13 推力因素统计分析($N=128$)

推力因素		n	百分比/%
学校办学规模受限	完全不符合	4	3.1
	不符合	10	7.8
	一般	51	39.8
	比较符合	48	37.5
	非常符合	15	11.7
学校办学资金来源渠道受限	完全不符合	10	7.8
	不符合	30	23.4
	一般	41	32.0
	比较符合	39	30.5
	非常符合	8	6.3

续表

推力因素		n	百分比/%
学校办学场地及实训条件受限	完全不符合	7	5.5
	不符合	34	26.6
	一般	39	30.5
	比较符合	39	30.5
	非常符合	9	7.0
学校专业设置与区域内产业结构不匹配	完全不符合	17	13.3
	不符合	27	21.1
	一般	62	48.4
	比较符合	16	12.5
	非常符合	6	4.7
校企深度合作难度大	完全不符合	9	7.0
	不符合	21	16.4
	一般	73	57.0
	比较符合	21	16.4
	非常符合	4	3.1
"双师"培养难度大	完全不符合	8	6.3
	不符合	26	20.3
	一般	61	47.7
	比较符合	30	23.4
	非常符合	3	2.3
学生顶岗实习难度大	完全不符合	16	12.5
	不符合	36	28.1
	一般	48	37.5
	比较符合	25	19.5
	非常符合	3	2.3

(三)拉力因素统计分析

本书针对拉力因素各项符合度的认知情况进行统计,其统计的结果见表 5-14。相比较而言,"县域为办学提供土地资源"这一拉力符合程度最高,"县域经济发达,GDP 水平高""县域产业结构和布局与专业相匹配""县域为办学提供财力资源""县域行业、企业与学校联系紧密"县域产业结构与布局与专业相匹配、县域为办学提供财力资源、县域行业、企业与学校联系紧密等拉力因素符合度良好,县域为办学提供政策支持、县域人口密集、县域交通便利等拉力因素符合度一般。

表 5-14 拉力因素统计分析($N=128$)

拉力因素		n	百分比/%	拉力因素		n	百分比/%
县域为办学提供政策支持	完全不符合	3	2.30	县域经济发达,GDP水平高	完全不符合	3	2.30
	不符合	12	9.40		不符合	20	15.60
	一般	58	45.30		一般	43	33.60
	比较符合	35	27.30		比较符合	55	43.00
	非常符合	20	15.60		非常符合	7	5.50
县域为办学提供土地资源	完全不符合	2	1.60	县域产业结构和布局与专业相匹配	完全不符合	1	0.80
	不符合	4	3.10		不符合	10	7.80
	一般	28	21.90		一般	23	18.00
	比较符合	52	40.60		比较符合	76	59.40
	非常符合	42	32.80		非常符合	18	14.10
县域为办学提供财力资源	完全不符合	13	10.20	县域行业、企业与学校联系紧密	完全不符合	2	1.60
	不符合	23	18.00		不符合	12	9.40
	一般	38	29.70		一般	23	18.00
	比较符合	38	29.70		比较符合	78	60.90
	非常符合	16	12.50		非常符合	13	10.20
县域人口密集	完全不符合	4	3.10	县域交通便利	完全不符合	7	5.50
	不符合	38	29.70		不符合	25	19.50
	一般	55	43.00		一般	65	50.80
	比较符合	27	21.10		比较符合	19.50	19.50
	非常符合	4	3.10		非常符合	4.70	4.70

(四)所遇困难统计分析

本书针对所遇到困难各项符合度的认知情况进行统计,其统计的结果见表 5-15。相比较而言,与大型企业或知名企业合作、县域办学场所的校园文化建设等方面的困难较小,县域办学场所周边配套条件、县域办学日常管理及办学成本、县域办学场所的校内实训条件等方面的困难一般,获得地市级及以上政府的经费或项目、招生质量、教师和管理人员对在县域办学的抵触、招聘教师等方面的困难较大。

表 5-15　所遇困难统计分析($N=128$)

所遇困难		n	百分比/%	所遇困难		n	百分比/%
获得地市级及以上政府政策、经费、项目的难度加大	完全不符合	7	5.50	招生质量难以保障	完全不符合	5	3.90
	不符合	29	22.70		不符合	10	7.80
	一般	36	28.10		一般	63	49.20
	比较符合	46	35.90		比较符合	39	30.50
	非常符合	10	7.80		非常符合	11	8.60
与大型企业或知名企业合作的难度加大	完全不符合	5	3.90	教师和管理人员抵触在县域办学	完全不符合	6	4.70
	不符合	42	32.80		不符合	32	25.00
	一般	42	32.80		一般	48	37.50
	比较符合	27	21.10		比较符合	37	28.90
	非常符合	12	9.40		非常符合	5	3.90
县域办学场所周边配套条件不佳	完全不符合	0	0.00	县域办学场所的校内实训条件不佳	完全不符合	11	8.60
	不符合	17	13.30		不符合	27	21.10
	一般	72	56.30		一般	66	51.60
	比较符合	30	23.40		比较符合	23	18.00
	非常符合	9	7.00		非常符合	1	0.80
县域办学日常管理难度加大,办学成本上升	完全不符合	2	1.60	县域办学场所基础设施条件不佳(实训条件除外)	完全不符合	9	7.00
	不符合	17	13.30		不符合	21	16.40
	一般	60	46.90		一般	83	64.80
	比较符合	39	30.50		比较符合	15	11.70
	非常符合	10	7.80		非常符合	0	0.00

续表

所遇困难		n	百分比/%	遇到困难		n	百分比/%
招聘教师难度加大	完全不符合	2	1.60	县域办学场所的校园文化建设困难	完全不符合	9	7.00
	不符合	4	3.10		不符合	44	34.40
	一般	51	39.80		一般	59	46.10
	比较符合	48	37.50		比较符合	16	12.50
	非常符合	23	18.00		非常符合	0	0.00

二、数据差异性分析

（一）办学实施效果的差异性分析

将办学实施效果等多个评分项进行方差同质性检验，检验结果（见表5-16）显示，学校的知名度、整体科研能力和社会服务水平，学校获得的来自县域政府的政策支持和经费等资源，学校获得的来自县域行业、企业的资源，准确捕捉产业发展需求，产教融合校企合作紧密度等评分项的方差同质性检验 p 值都大于0.05，表明在0.05的显著性水平下，方差齐性的假设成立，这些评分项的方差分析结果值得信赖。

学校的办学特色，学校的人才培养质量，师资队伍建设水平，实训条件改善状况，学校整体的招生数量和质量，学校整体的毕业生就业质量等评分项的方差同质性检验 p 值都小于0.05，表明在0.05的显著性水平下，方差齐性的假设不成立。

表5-16 办学实施效果的多个评分项的方差同质性检验

办学实施效果	Levene统计	p
学校知名度	0.170	0.844
办学特色	3.517*	0.033
人才培养质量	4.898**	0.009
整体科研能力和社会服务水平	0.687	0.505

续表

办学实施效果	Levene 统计	p
来自县域政府的政策支持和经费等资源	2.872	0.060
来自县域行业、企业的资源	1.653	0.196
准确捕捉产业发展需求	2.322	0.102
产教融合校企合作紧密度	2.985	0.054
师资队伍建设水平	12.904***	0.000
实训条件改善状况	4.016*	0.020
整体的招生数量和质量	4.825*	0.010
整体的毕业生就业质量	5.163**	0.007

备注：*表示 $p<0.05$，**表示 $p<0.01$，***表示 $p<0.001$。

将"学校知名度""整体科研能力和社会服务水平""来自县域政府的政策支持和经费等资源""来自县域行业、企业的资源""准确捕捉产业发展需求""产教融合校企合作紧密度"等评分项基于三种不同的办学类型进行单因素差异性分析，结果（见表5-17）显示，在0.05的显著性水平下，"学校知名度""整体科研能力和社会服务水平""来自县域政府的政策支持和经费等资源""来自县域行业、企业的资源""准确捕捉产业发展需求等评分项的评分在三种不同办学类型下存在显著的统计学差异（$p<0.05$）。

表 5-17 办学实施效果的多个评分项基于不同办学类型的差异性检验

办学实施效果	办学类型	N	平均值	标准偏差	F	p
学校知名度	总部—基地型	70	3.73	0.99	3.539*	0.032
	县域自发型	39	3.36	0.87		
	整体迁入型	19	3.16	1.01		
整体科研能力和社会服务水平	总部—基地型	70	3.54	1.07	10.042***	0.000
	县域自发型	39	3.26	0.88		
	整体迁入型	19	4.53	1.12		

续表

办学实施效果	办学类型	N	平均值	标准偏差	F	p
来自县域政府的政策支持和经费等资源	总部—基地型	70	3.41	1.04	5.810**	0.004
	县域自发型	39	2.64	1.37		
	整体迁入型	19	3.37	1.16		
来自县域行业、企业的资源	总部—基地型	70	3.44	1.07	3.564*	0.031
	县域自发型	39	3.31	0.98		
	整体迁入型	19	4.11	1.41		
准确捕捉产业发展需求	总部—基地型	70	3.64	1.12	4.791*	0.010
	县域自发型	39	3.38	0.81		
	整体迁入型	19	4.32	1.38		
产教融合校企合作紧密度	总部—基地型	70	3.67	1.24	2.404	0.095
	县域自发型	39	3.59	0.85		
	整体迁入型	19	4.26	1.37		

注：*表示$p<0.05$，**表示$p<0.01$，***表示$p<0.001$。

三种办学类型中，总部—基地型的"学校知名度"更高，获得来自政策支持和经费等资源的水平更高；整体迁入型的学校整体科研能力和社会服务水平、获得来自县域行业、企业等资源的水平，以及捕捉产业发展需求的水平更高。

将学校的"办学特色""人才培养质量""师资队伍建设水平""实训条件改善状况""整体的招生数量和质量""整体的毕业生就业质量"等评分项，基于不同办学类型，采用 Kruskal-Wallis 非参数检验进行检验。检验结果（见表 5-18）显示，办学实施效果中的这些评分项在不同的办学类型中具有显著性差异（$p<0.05$）。

三种办学类型中，整体迁入型学校在"办学特色""人才培养质量""师资队伍建设水平""实训条件改善状况""整体的招生数量和质量""整体的毕业生就业质量"等方面的水平更高。

表 5-18　办学实施效果中多个评分项基于不同办学类型的非参数检验

办学实施效果	办学类型	N	等级平均值	p
办学特色	总部—基地型	70	62.80	0.00
	县域自发型	39	58.82	
	整体迁入型	19	82.42	
人才培养质量	总部—基地型	70	61.46	0.00
	县域自发型	39	55.67	
	整体迁入型	19	93.82	
师资队伍建设水平	总部—基地型	70	64.17	0.00
	县域自发型	39	51.10	
	整体迁入型	19	93.21	
实训条件改善状况	总部—基地型	70	61.94	0.00
	县域自发型	39	55.63	
	整体迁入型	19	92.16	
整体的招生数量和质量	总部—基地型	70	62.95	0.00
	县域自发型	39	48.56	
	整体迁入型	19	102.92	
整体的毕业生就业质量	总部—基地型	70	57.48	0.00
	县域自发型	39	58.92	
	整体迁入型	19	101.82	

(二)推力因素的差异性分析

将推力因素下的多项评分进行方差同质性检验,检验结果(见表 5-19)显示推力因素中的"学校办学资金来源渠道受限""学校办学场地及实训条件受限""学生顶岗实习难度大"等评分项的 p 值都大于 0.05,表明在 0.05 的显著性水平下,方差齐性的假设成立,这些评分项的方差分析结果值得信赖。

推力因素中的"学校办学规模受限""学校专业设置与区域内产业结构不匹配""校企深度合作难度大""'双师'培养难度大"等评分项的 p 值小于 0.05,表明在 0.05 的显著性水平下,方差齐性的假设不成立。

表 5-19 推力因素的多个评分项的方差同质性检验

推力因素	Levene 统计	p
学校办学规模受限	5.224**	0.007
学校办学资金来源渠道受限	0.614	0.543
学校办学场地及实训条件受限	1.328	0.269
学校专业设置与区域内产业结构不匹配	4.332*	0.015
校企深度合作难度大	7.872**	0.001
"双师"培养难度大	6.823**	0.002
学生顶岗实习难度大	2.107	0.126

注：*表示 $p<0.05$，**表示 $p<0.01$。

将推力因素中的"学校办学资金来源渠道受限""学校办学场地及实训条件受限""学生顶岗实习难度大"等评分项基于三种不同的办学类型进行单因素方差分析。分析结果（见表 5-20）显示，在 0.05 的显著性水平下，这三种推力评分在三种不同办学类型的学校中有统计学差异（$p<0.05$）。

三种办学类型中，县域自发型学校在办学资金来源渠道上的推力更为显著，总部—基地型学校在办学场地及实训条件上的推力更为显著，整体迁入型学校在学生顶岗实习难度上的推力更为显著。

将推力因素中的"学校办学规模受限""学校专业设置与区域内产业结构不匹配""校企深度合作难度大""'双师'培养难度大"等评分项，基于不同办学类型，采用 Kruskal-Wallis 非参数检验进行检验。检验结果（见表 5-21）显示，"学校办学规模受限""'双师'培养难度大"等评分项在不同的办学类型中具有显著性差异（$p<0.05$）。

三种办学类型中，校企深度合作难度上的差异较小，但均值均较高，说明三类学校在此方面的推力均比较显著。县域自发型学校在办学规模上的推力更为显著，整体迁入型学校在"双师"培养难度上的推力更为显著。

表 5-20 推力因素中的多个评分项基于不同办学类型的差异性检验

推力因素	办学类型	N	平均值	标准偏差	F	p
学校办学资金来源渠道受限	总部—基地型	70	2.96	1.07	11.987***	0.000
	县域自发型	39	3.56	0.85		
	整体迁入型	19	2.26	0.81		
学校办学场地及实训条件受限	总部—基地型	70	3.34	1.03	6.867**	0.001
	县域自发型	39	2.87	0.86		
	整体迁入型	19	2.47	1.07		
学生顶岗实习难度大	总部—基地型	70	2.66	1.06	5.590**	0.005
	县域自发型	39	2.49	0.76		
	整体迁入型	19	3.37	0.96		

注：*表示 $p<0.05$，**表示 $p<0.01$，***表示 $p<0.001$。

表 5-21 推力因素中多个评分项基于不同办学类型的非参数检验

推力因素	办学类型	N	等级平均值	p
学校办学规模受限	总部—基地型	70	65.03	0.005
	县域自发型	39	74.21	
	整体迁入型	19	42.63	
学校专业设置与区域内产业结构不匹配	总部—基地型	70	65.06	0.805
	县域自发型	39	61.83	
	整体迁入型	19	67.92	
校企深度合作难度大	总部—基地型	70	61.79	0.600
	县域自发型	39	67.82	
	整体迁入型	19	67.66	
"双师"培养难度大	总部—基地型	70	60.49	0.003
	县域自发型	39	59.58	
	整体迁入型	19	89.37	

注：*表示 $p<0.05$。

(三)拉力因素的差异性分析

将拉力因素下的多项评分进行方差同质性检验,检验结果(见表5-22)显示拉力因素中的"县域为办学提供政策支持""县域为办学提供土地资源""县域为办学提供财力资源""县域人口密集""县域经济发达,GDP水平高""县域交通便利"等评分项的方差同质性检验 p 值都大于0.05,表明在0.05的显著性水平下,方差齐性的假设成立,这些评分项的方差分析的结果值得信赖。

拉力因素中的"县域产业结构与布局与专业相匹配""县域行业、企业与学校联系紧密"等评分项的方差同质性检验 p 值小于0.05,表明在0.05的显著性水平下,方差齐性的假设不成立。

表5-22 拉力因素的多个评分项的方差同质性检验

拉力因素	Levene统计	p
县域为办学提供政策支持	1.080	0.343
县域为办学提供土地资源	0.172	0.842
县域为办学提供财力资源	2.675	0.073
县域人口密集	0.644	0.527
县域经济发达,GDP水平高	1.215	0.300
县域产业结构与布局与专业相匹配	17.100***	0.000
县域行业、企业与学校联系紧密	5.659**	0.004
县域交通便利	0.556	0.575

注:** 表示 $p<0.01$,*** 表示 $p<0.001$。

将拉力因素中的"县域为办学提供政策支持""县域为办学提供土地资源""县域为办学提供财力资源""县域人口密集""县域经济发达,GDP水平高""县域交通便利"等评分项基于三种不同的办学类型进行单因素方差分析。分析结果(见表5-23)显示,在0.05的显著性水平下,"县域为办学提供政策支持和经费等资源""县域为办学提供土地资源""县域为办学提供财力资源""县域人口密集"四种拉力评分项在三种不同办学类型的学校中有统计学差异($p<0.05$)。

三种办学类型中,总部—基地型学校在"县域为办学提供政策支持""县域为办学提供财力资源""县域人口密集"等方面的拉力更为显著;整体迁入型学校在"县域为办学提供土地资源"上的拉力更为显著。

表 5-23　拉力因素中的多个评分项基于不同办学类型的差异性检验

拉力因素	办学类型	N	平均值	标准偏差	F	p
县域为办学提供政策支持	总部—基地型	70	3.79	0.87	11.855***	0.000
	县域自发型	39	3.08	0.84		
	整体迁入型	19	2.95	0.97		
县域为办学提供土地资源	总部—基地型	70	4.09	0.91	9.958***	0.000
	县域自发型	39	3.56	0.68		
	整体迁入型	19	4.58	0.90		
县域为办学提供财力资源	总部—基地型	70	3.59	1.03	12.226***	0.000
	县域自发型	39	2.74	1.25		
	整体迁入型	19	2.47	0.84		
县域人口密集	总部—基地型	70	3.07	0.89	6.097**	0.003
	县域自发型	39	2.92	0.81		
	整体迁入型	19	2.32	0.67		
县域经济发达,GDP水平高	总部—基地型	70	3.17	0.93	2.749	0.068
	县域自发型	39	3.51	0.76		
	整体迁入型	19	3.58	0.90		
县域交通便利	总部—基地型	70	3.03	0.87	0.208	0.812
	县域自发型	39	2.95	0.97		
	整体迁入型	19	2.89	0.88		

注:** 表示 $p<0.01$,*** 表示 $p<0.001$。

将拉力因素中的"县域产业结构和布局与专业相匹配""县域行业、企业与学校联系紧密"等评分项,基于不同的办学类型,采用 Kruskal-Wallis 非参数检验进行检验。检验结果(见表 5-24)显示,"县域产业结构和布局与专业相匹配""县域行业、企业与学校联系紧密"等评分项在不同的办学类型中不具有显著性差异($p>0.05$)。

表 5-24 拉力因素中多个评分项基于不同办学类型的非参数检验

拉力因素	1.2 办学类型	N	等级平均值	p
县域产业结构和布局与专业相匹配	总部—基地型	70	63.36	0.610
	县域自发型	39	68.56	
	整体迁入型	19	60.34	
县域行业、企业与学校联系紧密	总部—基地型	70	61.17	0.409
	县域自发型	39	69.72	
	整体迁入型	19	66.05	

(四)所遇困难的差异性分析

将高职院校县域办学所遇困难的多项评分进行方差同质性检验,检验结果(见表 5-25)显示,所遇困难中的"获得地市级及以上政策支持、经费、项目的难度加大""县域办学场所周边配套条件不佳""县域办学日常管理难度加大""办学成本上升""招聘教师难度加大招生质量难以保障""教师和管理人员抵触在县域办学""县域办学场所的基础设施条件不佳(实训条件除外)"等评分项的方差同质性检验 p 值都大于 0.05,表明在 0.05 的显著性水平下,方差齐性的假设成立,这些评分项的方差分析结果值得信赖。所遇困难中的"与大型企业或知名企业合作的难度加大""县域办学场所的校内实训条件不佳""县域办学场所的校园文化建设困难"等评分项的方差同质性检验 p 值小于 0.05,表明在 0.05 的显著性水平下,方差齐性的假设不成立。

将所遇困难中的"获得地市级及以上政策支持、经费、项目的难度加大""县域办学场所周边配套条件不佳""县域办学日常管理难度加大""办学成本上升""招聘教师难度加大""招生质量难以保障""教师和管理人员抵触在县域办学""县域办学场所的基础设施条件不佳(实训条件除外)"等评分项,基于三种不同的办学类型进行单因素方差分析。分析结果(见表 5-26)显示,在 0.05 的显著性水平下,"获得地市级及以上政策、经费、项目的难度加大""县域办学场所周边配套条件不佳""招聘教师难度加大""招生质量难以保障""教师和管理人员抵触在县域办学"等五种评分项在三种不同办学类型学校中有统计学差异（$p<0.05$）。

表 5-25　所遇困难的多个评分项的方差同质性检验

所遇困难	Levene 统计	p
获得地市级及以上政策支持、经费、项目的难度加大	0.210	0.811
与大型企业或知名企业合作的难度加大	3.533*	0.032
县域办学场所周边配套条件不佳	0.181	0.835
县域办学日常管理难度加大,办学成本上升	1.811	0.168
招聘教师难度加大	0.193	0.824
招生质量难以保障	1.662	0.194
教师和管理人员抵触在县域办学	0.808	0.448
县域办学场所的校内实训条件不佳	5.509**	0.005
县域办学场所的基础设施条件不佳(实训条件除外)	2.821	0.063
县域办学场所的校园文化建设困难	3.701*	0.027

注：* 表示 $p<0.05$，** 表示 $p<0.01$，*** 表示 $p<0.001$。

表 5-26　所遇困难的多个评分项基于不同办学类型的差异性检验

所遇困难	办学类型	N	平均值	标准偏差	F	p
获得地市级以上政策、经费、项目的难度加大	总部—基地型	70	3.06	0.883	23.188***	0.000
	县域自发型	39	3.87	0.978		
	整体迁入型	19	2.21	0.787		
县域办学场所周边配套条件不佳	总部—基地型	70	3.07	0.786	3.986*	0.021
	县域自发型	39	3.46	0.720		
	整体迁入型	19	3.42	0.692		
县域办学管理难度加大,办学成本上升	总部—基地型	70	3.31	0.941	0.436	0.648
	县域自发型	39	3.21	0.767		
	整体迁入型	19	3.42	0.692		

续表

所遇困难	办学类型	N	平均值	标准偏差	F	p
招聘教师难度加大	总部—基地型	70	3.39	0.804	17.924***	0.000
	县域自发型	39	4.28	0.724		
	整体迁入型	19	3.47	0.697		
招生质量难以保障	总部—基地型	70	3.19	0.873	7.656**	0.001
	县域自发型	39	3.74	0.818		
	整体迁入型	19	2.95	0.780		
教师和管理人员抵触在县、域办	总部—基地型	70	3.04	0.892	4.692*	0.011
	县域自发型	39	2.74	0.880		
	整体迁入型	19	3.53	1.073		
县域办学场所的基础设施条件不佳（实训条件除外）	总部—基地型	70	2.77	0.802	0.270	0.764
	县域自发型	39	2.85	0.630		
	整体迁入型	19	2.89	0.658		

注：*表示 $p<0.05$，**表示 $p<0.01$，***表示 $p<0.001$。

将所遇困难中的"与大型企业或知名企业合作的难度加大""县域办学场所的校内实训条件不佳""县域办学场所的校园文化建设困难"等评分项，基于不同办学类型，采用 Kruskal-Wallis 非参数检验进行检验。检验结果（见表5-27）显示，"与大型企业或知名企业合作的难度加大""县域办学场所的校园文化建设困难"等评分项在不同的办学类型学校中具有显著性差异（$p<0.05$）。

三种办学类型中，县域自发型学校在与大型企业或知名企业合作上的困难更为显著，总部—基地型学校在县域办学场所校园文化建设上的困难更为显著。

表 5-27 所遇困难中多个评分项基于不同办学类型的非参数检验

所遇困难	1.2 办学类型	数字	等级平均值	p
与大型企业或知名企业合作的难度加大	总部—基地型	70	59.45	0.011
	县域自发型	39	78.54	
	整体迁入型	19	54.29	
县域办学场所的校内实训条件不佳	总部—基地型	70	61.20	0.382
	县域自发型	39	70.65	
	整体迁入型	19	64.03	
县域办学场所的校园文化建设困难	总部—基地型	70	70.39	0.017
	县域自发型	39	63.40	
	整体迁入型	19	45.05	

注：*表示 $p<0.05$。

第四节 回归分析

一、推力因素、拉力因素与所遇困难之间的回归分析

本章将推力因素、拉力因素评分总体情况视为自变量，将所遇困难因素评分情况视为因变量，纳入模型进行线性回归分析。分析结果（见表 5-28）可知，模型的显著性检验 p 值为 0.000，小于 0.05，表示模型具有显著性意义，即采用回归分析进行建模能够通过这两个自变量对所遇困难总体评分进行预测。模型的 R^2 为 0.301，说明这两个自变量能够有效解释因变量 30.1% 的变异。自变量中推力因素的系数显著性检验 p 值小于 0.05，即该自变量可以有效预测因变量的变异，对应的回归系数分别为 0.428，即推力因素每增加 1，所遇困难的总体评分就增加 0.428。拉力因素的系数为负，表明拉力因素对所遇困难具有负向作用，拉力作用增大，所遇困难减小，但是该因素的系数显著性检验 p 值大于 0.05，即该自

变量对预测因变量的效果不显著。

表 5-28　回归分析检验结果

变量	B	标准误	β	t	显著性	R^2	F	p
所遇困难	1.939***	0.276		7.017***	0.000			
推力因素	0.428***	0.058	0.548***	7.324***	0.000	0.301	26.87***	0.000
拉力因素	−0.035	0.063	−0.041	−0.552	0.582			

注：*** 表示 $p<0.001$。

二、推力因素、拉力因素与实施效果之间的回归分析

本章将推力因素、拉力因素评分总体情况视为自变量，将实施效果评分情况视为因变量，纳入模型进行线性回归分析。分析结果（见表5-29），模型的显著性检验 p 值为 0.000，小于 0.05，表示模型具有显著性意义，即采用回归分析进行建模能够通过自变量对实施效果总体评分进行预测。模型的 R^2 为 0.362，说明这两个自变量能够有效解释因变量 36.2% 的变异。自变量中的拉力因素的系数显著性检验 p 值小于 0.05，即该自变量可以有效预测因变量的变异，对应的回归系数分别为 0.862，即拉力因素每增加 1，其实施效果的总体评分就增加 0.862。推力因素的系数为负，表明推力因素对实施效果具有负向作用，推力作用增大，实施效果减小，但是该因素的系数显著性检验 p 值大于 0.05，即该自变量对预测因变量的效果不显著。

表 5-4-2　回归分析检验结果

变量	B	标准误	β	t	显著性	R^2	F	p
实施效果	0.663	0.447		1.484	0.140			
推力因素	−0.011	0.095	−0.008	−0.112	0.911	0.362	35.5***	0.000
拉力因素	0.862***	0.102	0.602***	8.425***	0.000			

注：*** 表示 $p<0.001$。

第五节 "推拉"理论解释高职院校县域办学

一、县域办学的"推力"解释

在县域办学的推力作用中,存在正向推力与负向推力(阻力)两个对立的作用,前者包括宏观层面的政府政策导向、中观层面的学校发展受限以及微观层面的迁出迁入区的资源禀赋落差,后者包括县域办学的集聚黏性、空间成本。

(一)正向推力体系

1. 政策导向

高职院校延伸到县域办学,国家宏观政策导向是主要的"推力"因素。党的十九大报告明确提出,要完善职业教育和培训体系,深化产教融合、校企合作;《高等职业教育创新发展行动计划(2015—2018)》也明确提出"坚持产教融合、校企合作,推动高等职业教育与经济社会同步发展"的行动途径;2019年1月出台的《国家职业教育改革实施方案》明确提出,职业院校应主动与当地企业在人才培养、技术创新、就业创业、社会服务、文化传承等方面开展合作。可见,随着经济社会进入发展"新常态",国家宏观政策导向开始要求区域政府将高职教育纳入地区发展总体规划,区域与高职院校的关系越来越紧密,县域办学也是落实产教融合政策最为直接有效的举措之一。

2. 发展受限

2018年,全国拥有职业院校1.17万所,年招生928.24万人,在校生2685.54万人,其中,高职(专科)院校1418所,年招生368.83万人,在校生1133.7万人,招生和在校生分别占高等教育的46.63%、40.05%。根据西方经济学原理,随着高职教育规模的扩大,学校对教育资源的使用效率将不断提升,进入规模报酬递增阶段,直至学校得到了由规模扩大带来的效益递增的全部好处,规模报酬保持在最优阶段。在这以后,学校若继续扩大发展规模,而资源环境不变,教育边际效益会开始下降,进入规模报酬递减阶段(高鸿业,2010)。因此,学校发展规模受限推动了高职院校县域办学。从现有办学状况来看,高职院校在县域办学基础配套设施一应俱全,很大程度上解决了原有办学资源短缺的问题。

3. 禀赋落差

要素禀赋包括劳动力、资本、土地、管理等各种生产要素。具体到职业教育,主要是指促进职业学习者职业道德和职业能力发展的有形的和无形的各种要素(田秀萍,2010)。区域条件、管理体制和供给方式的差异决定了职业教育要素禀赋的落差,使得不同学校获取同一要素的区域成本存在较大不同,这是促成高职院校到县域办学最直接的原因之一。当高职院校办学投入既定时,获取要素成本越低,办学可能性边界越外扩,办学回报率越高,则学校越有可能从要素成本高的中心城区迁至成本低的非中心县(市、区)。假设某高职院校办学需要 X、Y 两种职业教育要素,在中心城区,由于要素价格较高,用既定的成本能买到的 X、Y 数量组合均位于等成本线 X_1、Y_1,这时学校在切点 D(选择要素最优要素组合)所对应的等产量线为 Q_1,然而,在非中心县(市、区),由于要素价格较低,在最优要素组合原则下,学校选择 E 点的要素数量组合。显然,E 点的要素数量和产出数量均大于 D 点的(见图 5-1)。

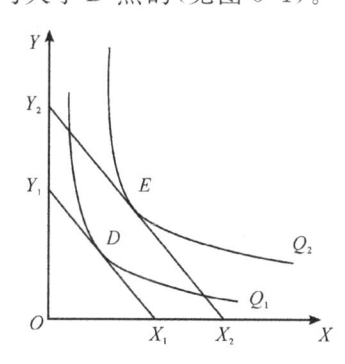

图 5-1 高职院校县域办学禀赋落差影响分析

（二）负向推力（阻力）体系

负向推力（阻力）是县域办学推力的反方向作用力，对推力具有抵消作用。在高职院校县域办学机制形成过程中，主要有两种负向推力：一是集聚黏性。县域办学个体（整体或部分）迁出前与中心城区职业教育资源组合形成地理空间集聚，隐含着区域内资源个体间的互动关系，形成显著的低交易成本优势，县域办学个体在迁出前从中享受正外部性，这是高职院校做出迁出决策时的重要顾虑。二是空间成本。主要包括空间距离所产生的信息、运输、仓储、库存、装卸搬运以及人员流动等会计成本和机会成本。

二、县域办学的"拉力"解释

在县域办学拉力作用中，存在正向拉力与负向拉力（斥力）两个对立的作用体系，前者包括宏观层面的县域经济发展需求、中观层面的县域优惠政策吸引以及微观层面县域办学环境的改善，后者集中体现为县域办学客观上的条件达标度与主观上的观念更新度两个方面。

（一）正向拉力体系

1.经济发展需求

职业教育与区域经济社会发展的关系更为密切、更为直接，职业教育的发达程度，标志着一个区域的经济发展水平和教育现代化水平（杨进，2017）。提高职业教育的办学水平，可以造就更多技术技能人才和高素质劳动力，成为县域科学技术转化为现实生产力的重要桥梁和纽带，推动县域经济发展。20 世纪 90 年代，美国大部分地区适龄人口增加缓慢，为满足地方经济发展对人力资源的需求，出现了一批相互作用大学（interactive university），形成了学校发展与产业升级紧密结合的发展机制（王保华等，2003）。根据西方发达国家的经验，人口超过 50 万的区域就应拥有一所大学（蔡真亮等，2017）。浙江大部分县域的人口都已超过 50 万，GDP 规模达几百亿元，产生了通过高职教育集聚人力资源、助力产业转型、推进新型城市化建设的强烈需求。

2.优惠政策吸引

优惠政策主要指县域政府为吸引高职院校县域办学在土地、资金、人才引进等方面实施的优惠激励政策。这些政策不但充实了高职院校的办学投入,提升了办学质量,还激励了学校增加自身投入,最终使县域职业教育资源总量达到一个较高水平。假设将县域办学要素投入分为两类:一类是县域政府可以提供优惠资助要素的投入,另一类是其他要素投入。若高职院校得到政策优惠前的办学等成本线为 S_1,等产量线为 Q_1,点 B_1 为学校办学效益最大化的生产要素组合。得到县域政府政策优惠后,学校所面临的等成本线将发生变化。由于政府的资助,使得学校办学投入下降,等成本线由 S_1 变为 S_2,均衡点也从 B_1 移动到 B_2,这时的办学投入从 X_1 点移至 X_2 点,政府投入和其他投入都有所增长,即学校的办学总投入增加(见图5-2)。由此可见,县域政府的优惠政策对高职院校县域办学行为具有显著的吸引拉力。

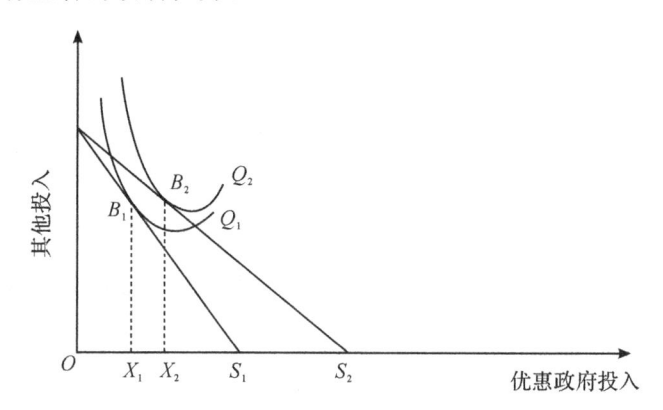

图 5-2 优惠政策对高职院校县域办学的拉力作用机理

3.产业环境助力

职业教育是指使受教育者获得某种职业或生产劳动所需要的职业知识、技能和职业道德的教育,面向职业,培养职业能力和素养,体现职业教育质的规定(于成,2008)。也就是说,"技术技能职业性"是职业教育区别于其他教育类型和社会活动的本质属性(欧阳河,2006),而"技术技能职业性"的土壤必须源于产业发展环境,职业教育发展附着于产业发展,与产业发展相适应。"适应性"作为职业教育另一个重要属性,强调职业教育对产业变化与职业变化的适应性改变(南海,2004)。长期以来,职业教育备受垢病的主要原因在于其培养的人才与社会需求脱节。根据产业发展的要求对职业教育的定位、目标、布局、结构进行重新设计,将大大提升职业教育的办学质量和社会效益,促进职业教育可持续发展。综上所述,迁入区与学校发展相适应的产业环境成为高职院校县域办学的主要动机之一。

(二)负向拉力(斥力)体系

负向拉力(阻力)体系是县域办学正向拉力体系的反方向作用,对正向拉力体系具有抵消作用。在高职院校县域办学机制形成过程中,主要包括两种负向拉力:一是条件达标度。高职院校县域办学条件包括项目立项、经费支持、土地审批、教师队伍建设等诸多方面,办学条件达不达标、成不成熟是县域高职教育培养能力、服务能力提升的关键。在非中心县(市、区)办大学总体上还是处于试验阶段,办学客观条件达标度成为高职院校县域办学考虑的首要问题。二是观念更新度。在县(市、区)一级区域环境中,"学而优则仕""操作工人低人一等"等传统职业观念还一定程度上存在,如果这一社会观念不及时更新,高职院校县域办学仍然面临较大压力。

三、"推拉"理论解释高职院校县域办学的局限性

用"推拉"理论分析高职院校深入县域进行合作办学的现象,既受到了国家教育政策和乡村振兴战略等"推力"因素,又受到了县域市场需求和产业转型发展需求等"拉力"因素的影响,同时也受到县域办学与城区办学的差异性条件等"中间障碍"因素的影响。同时,用"推拉"理论在解释县域合作办学上还存在一定的局限性。

(一)难以科学判定"推力"和"拉力"大小的问题

"推拉"理论仅能分析高职院校深入县域进行合作办学存在哪些"推

力"因素和哪些"拉力"以及因素。但是无法科学判定"推力"和"拉力"本身的大小,以及学校在城区办学的"推力"大小,如办学规模受限程度、专业设置与区域内产业结构不匹配程度、校企深入合作难度等;同样,也存在难以科学判定县域对学校"拉力"的大小,如县域经济发展程度、产业结构需求大小、县域交通便利程度等。这些问题都需要研究者深入高校和县域进行调查,做个案的详细访谈,运用"三螺旋"空间演化理论构建起县域"高校—政府—产业"的协同互动模型,详细阐述"推力""拉力"的实际状况和作用大小。

(二)难以突破县域办学"中间障碍"因素的问题

"推拉"理论仅能分析高职院校深入县域进行合作办学存在哪些"中间障碍"因素,如"教师和管理人员对在县域办学有抵触情绪""县域办学日常管理难度加大,办学成本上升""获得地市级及以上政府政策支持、经费、项目的难度加大""县域办学场所周边配套的政治、经济、文化环境和基础设施条件不佳""招聘教师难度加大""学校生源质量难以得到保障""县域办学场所的校园文化建设困难"。这些问题仍然需要研究者针对有代表性的个案进行详细质性研究,运用"三螺旋"空间演化理论构建起高校与县域的协同体系,详细阐述如何突破县域办学过程中的"中间障碍"因素。

(三)定量分析很难探究县域办学背后的隐含原因

"推拉"理论提供的定量数据分析,可用于探究"推力"和"拉力"因素对高职院校县域办学现象是否存在影响以及影响的大小,但对这种影响存在与否和贡献大小背后隐含的原因缺乏解释力。高校和县域不仅是我们的研究对象,他们本身也是有想法有意识的社会行动者。因此,我们需要找到另外一种理论和研究方法去探究"推拉"理论影响下高职院校与县域办学的深层次原因,更好地形成"人才共育""过程共管""成果共享"的县校合作办学机制,既促进县域经济社会发展,又有利于高职院校转型发展。

第六章
浙工商院县域办学过程分析与主要发现

本章以浙江工商职业技术学院为案例样本,全面梳理其发展历程,着重分析初始阶段、实施阶段、巩固与调整阶段和自我发展与改革阶段中创新空间、知识空间和共识空间"三空间"的变化和互动,从"三螺旋"理论与"推拉"理论整合的视角总结出渐进型县域办学模式的关键特征和"三空间"的互动形式。

第一节 概述与发展历程

浙工商院的前身是创建于1914年的宁波公立甲种商业学校,经过百余年的风风雨雨,学校形成了深厚的办学底蕴和鲜明的办学特色。20世纪末21世纪初,在"面向21世纪教育振兴行动计划"等科教兴国战略大背景下,浙江省宁波市大力鼓励和促进发展总部经济,出台《关于加快总部经济发展的实施意见》等制度,引导区域合作发展,带动产业转型升级,提升城市服务能力,发挥中心城市的辐射带动功能。浙工商院依托宁波总部经济发展格局,积极围绕宁波区域特色产业集群,突破办学的空间限制,分别在宁波大市区内的宁海县(模具产业集群)、慈溪市(小家电产业集群)、江北区(电子商务产业集群)等一些优势制造业和现代服务业集聚区建立"产学研基地"和"特色产业学院",在产业集群核心区域建设集人才培养、技术研发和社会服务于一体的综合性产学研基地或产业学院,以及在城区建设综合性社区服务型基地,积极开展产学研合作和实践基地建设,大大提升了浙工商院技术技能人才培养质量以及技术研发能力和社会服务能力。

纵观浙工商院发展轨迹和办学成效,可以清晰地发现其突破地域限制和实现区域特色发展的完整脉络(见表6-1、图6-1)。学校与宁海、慈溪、鄞州、江北等地开展县(市、区)校紧密合作,先后建成宁海产学研基地和慈溪产学研基地,基本实现了"一体两翼"的办学格局。其中宁海产学研基地探索创新了办学模式,即"总部—基地"县校合作办学模式,将产学研合作的内涵扩展到了人才培养、技术研发和服务社会,走出了一条政、产、学、研、用相结合的协同创新发展之路,实现了学校、政府、行业、企业、产业园区多方共赢。正如原校党委书记蔡泽伟所述:"解读浙工商院15年来的发展历程,秉承'传承宁波商帮精神,培养现代商帮人才',对接区域产业深化县校合作呈现为学校特色办学的一条主线。通过加强构建现代产教融合产业学院,促进了县域经济转型与产业升级,同时也使学校办学质量得到稳步提升。"

表6-1 案例院校基本情况

学校名称	浙江工商职业技术学院	学校简称	浙工商院
学校类别	财经类	举办方	浙江省交通投资集团
创办时间	2001年	本部所属区域	浙江省宁波市海曙区
属性	浙江省示范性高职院校 浙江省优质建设高职院校	办学特征	总部+基地,产业起主导作用
县域办学现状	浙工商院是浙江省首批成立的四所全日制普通高等职业院校之一,前身为"宁波公立甲种商业学校",创建于1914年。学校先后与宁海、慈溪、余姚、鄞州、江北等县(区、市)开展县校合作办学,建成宁海学院(宁海产学研基地)和慈溪学院(慈溪产学研基地),最后形成了"一体多翼"的办学格局。将产学研合作的内涵扩展到了人才培养、技术研发、服务社会,走出了一条政、产、学、研、用相结合的协同创新发展之路,实现了学校、政府、行业、企业、产业园区多方共赢,被中国青年报、光明日报等媒体评价为"中国高职教育的'宁海模式'""专家学者解读高职院校县校合作模式的范本"		

注:创办时间均从确定为现校名起计算,数据截至2018年12月31日。

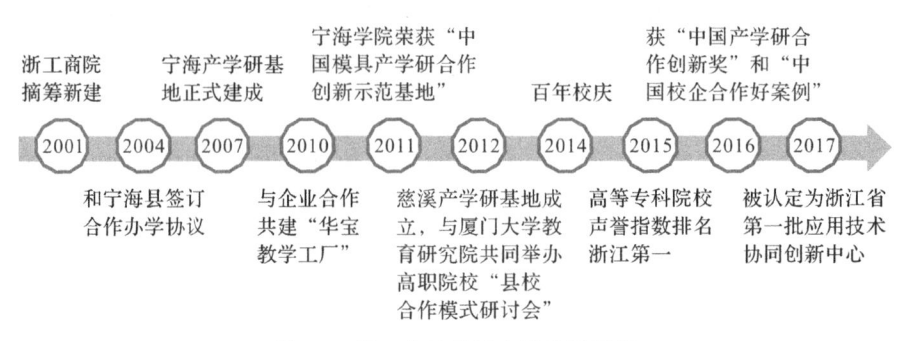

图 6-1 浙工商院县域办学发展历程

时间轴:
- 2001 浙工商院摘筹新建
- 2004 和宁海县签订合作办学协议
- 2007 宁海产学研基地正式建成
- 2010 与企业合作共建"华宝教学工厂"
- 2011 宁海学院荣获"中国模具产学研合作创新示范基地"
- 2012 慈溪产学研基地成立,与厦门大学教育研究院共同举办高职院校"县校合作模式研讨会"
- 2014 百年校庆
- 2015 高等专科院校声誉指数排名浙江第一
- 2016 获"中国产学研合作创新奖"和"中国校企合作好案例"
- 2017 被认定为浙江省第一批应用技术协同创新中心

第二节 四个发展阶段的"三空间"互动

一、初始阶段(1999—2003年):"知识空间"储备与积累

浙工商院自2001年正式创办以来陆续新增了一些机械类工科专业,专业结构由最初的"以商为重"向"工商并重"转变。"如何让新增工科专业紧密对接地方产业,服务区域经济发展,是学校战略发展的一个关键所在,也是摆在全校教职工面前的当务之急"(Z1)。可见,学校办学业绩、管理水平、教学质量及社会影响力的不断提高,为学校对外开展合作办学奠定了基础(见单元案例一)。"中国模具看宁波,宁波模具看宁海",宁海县数控模具产业已经形成自己的产业集群,但是产业从业人员的专业素质与产业发展要求不匹配,特别是高技能人才的匮乏已经成为制约宁海先进制造业发展的瓶颈。为了满足区域经济发展和产业升级对人才的需求,亟须建立资源的共建共享机制,实行教育和产业资源的实质性融合(见单元案例二)。

第六章 浙工商院县域办学过程分析与主要发现

表 6-2 初始阶段浙工商院县域办学过程分析

单元案例	时间	动力类型	典型事件描述	状态特征
一	2001年	正向推力	秉承"传承宁波商帮精神,培养现代商帮人才"的理念,不断开辟合作办学的新渠道,不断创新专业人才培养的新模式。但是,随着规模扩大,办学场地成了影响学校发展的重要制约因素	知识积累
二	2001—2003年	正向拉力	宁海县模具产业的发展面临着国内外的激烈竞争,模具产业急需要转型升级,同时模具企业面临着技术技能人才短缺、技术创新后劲不足等困境	教育资源禀赋落差

单元案例一

浙江省宁波商业学校（浙江商院前身）占地面积仅 28 亩,建筑面积 22.5 亩,按当时浙江省中专学校办学水平评估标准只能评为 C 级,由于学校在办学业绩、管理水平、教学质量及社会影响力等方面有突出的表现,得到评估专家的认可,最后以 92.2 分获评 A 级学校,但是办学规模、办学场地已经严重影响到学校的发展。1999 年,在全国发展高等教育的大背景下,浙江省宁波商业学校在主管部门（浙江省商业厅）和当地政府的支持下,由一所公办中专学校升格为高职院校,成为浙江省人民政府首批成立的四所全日制公办普通高等职业院校之一。筹建初期,第一批招收了市场营销、计算机应用技术、应用电子三个专业的高职学生,至 2001 年学校正式成立,新校区建设完成了一期 46845 平方米、二期 26195 平方米的教学和生活设施,学校下设六个系部,共有在校学生 4200 余名,一座现代化的高等学校初具规模。（ZT）学校紧紧抓住我国高等教育迅速发展的机遇和宁波市经济快速发展急需大批高等技术应用型人才的独特条件,秉承"传承宁波商帮精神,培养现代商帮人才"的办学理念,借鉴国内外先进的办学经验,不断开辟合作办学的新渠道,采用订单培养、进厂建校、引企进校等合作方式,与雅戈尔集团、太平鸟集团、奥克斯集团以及洛兹集团等知名企业开展"点对点"的校企合作,不断探索创新专业人才培养模式。同时,作为全国高职院校人才培养工作水平评估优秀学校和浙江省示范性高等职业院校,学校设立了"创建特色鲜明、全省前列、国内知名的高职院校"的办学目标。

从本单元案例可以看出,浙工商院作为浙江省首批成立的四所全日制公办普通高职院校之一,办学历史悠久、底蕴深厚、实力雄厚,为学校的进一步创新发展奠定了坚实基础。但是,随着办学规模的扩大,办学场地成了影响学校发展的重要制约因素,20世纪末,在主管部门(浙江省商业厅)和宁波市人民政府的支持下,400余亩的新校区落成,一定程度上缓解了学校的办学瓶颈,但是,随着学校升格与办学规模继续扩大,办学场地还是制约了学校的发展。

单元案例二

浙江省宁海县是中国模具生产基地和中国模具产业基地,有"模具之乡"之称,中国第一套双桶洗衣机模具、第一套43英寸液晶电视机模具、第一套汽车油箱模具均出自宁海。宁海模具制作优良,闻名国内外,有"中国模具看宁波,宁波模具看宁海"一说,可见宁海模具在国内外的影响力和地位。2001年,国家轻工业联合会和宁海县政府联合创建了规划面积4500亩的"中国(宁海)模具城",但是,随着人们对产品品质要求的不断提升,宁海模具产业面临创新型产品研发不足、高素质技术技能人才和商贸类人才紧缺等系列问题。"宁海模具产业的发展面临着国内外的激烈竞争,迫切需要转型升级,而企业面临着人才短缺、技术创新后劲不足等困境,一技难求的现实情况成了当地企业发展的拦路虎。"(Z2)

从该单元案例可以看出,宁波在产业转型升级过程中,大力发展先进制造业和现代服务业,总部经济表现为区域性制造业和生产性服务业的产业集聚,有力地促进了宁波由"制造"向"智造"的转型。宁海模具制作优良,闻名国内外,被誉为"模具王国""模具之乡",可见宁海模具在国内外的影响力和地位,宁海良好的产业基础形成了机电(模具)专业发展与本部的教育资源禀赋的落差。

二、实施阶段(2004—2009年):"共识空间"形成

2007年,浙工商院宁海产学研基地正式建立,标志着政、校、企三方逐渐形成共识,不仅让宁海模具产业获得源源不断的智力支持,也让浙工商院获得了更大的办学空间和办学活力,形成了"总部—基地"县校合作办学模式。这标志着学校"一体两翼"的"总部—基地"办学模式进入实质性进展阶段,实现教育资源与产业资源跨时空的最佳耦合,共同培养服务于区域经济社会发展的高技能人才(见单元案例三)。在探索产学研基地的合作模式中,宁海县人民政府在配套资金、土地划拨、设施建设、教师公寓建设等方面提供政策支持和资金保障,基地则主要承担政策咨询、技术研发和人才培养等功能(见单元案例四)。基地在的建设和运作过程中,实现了与政府、产业园区和社区的多方联动,并以模具制造特色产业为依托,建设了模具教学工厂(见单元案例五)。

表6-3 实施阶段浙工商院县域办学过程分析典型证据

单元案例	时间	动力类型	典型事件描述	状态特征
三	2004年	正向拉力	政府为县域办学提供土地、资金等政策支持,学校与宁海县人民政府签署合作协议,在中国(宁海)模具城建立宁海机电产学研基地	利益共识达成
四	2007年	正向推力	根据市政府规划,办学向周边拓展,老校区置换,宁海校区建成面积150亩,增加工科专业;成立宁海产学研基地教学工厂理事会,以更好地推进产学研合作	突破地域限制
五	2009年	正向拉力	县域产业基础与学校专业结构高度契合,通过"进厂建室"建立模具教学工厂,实现教学的真学真做	选择最优合作效益

单元案例三

2004年,学校和宁海县政府签订合作办学协议,共同打造产学研基地,基地总投资1.5亿元,宁海县政府投入0.5亿元,相关企业投入900多万元,2007年一期工程竣工正式投入使用。(ZR)为了吸引高校在县域

办学,县政府在土地、资金、政策等方面给予大力支持,按照分管县领导的话讲,就是下了"血本",充分体现了县政府对吸引高职院校县域办学的渴求和决心。"县域办学之后,怎么去吸引人才?怎么留住他们?他们的住房问题怎么解决?子女教育问题怎么解决?这些都是地方政府必须考虑的,我们需要转化为'保姆'式服务员角色。"(Z2)与此同时,学校还在慈溪市(小家电产业)块状经济的主要聚集区建设产学研基地,"一体两翼"的"总部—基地"办学模式正式形成。首先,在合作框架方面,通过与企业、协会(学会)、政府的"点、线、面"合作,在企业、行业、产业园区三维度同步推进,使"县校合作"从单一的科技合作走向一体化合作,向纵深发展。其次,在人才培养方面,"充分发挥总部教育资源和基地产业资源相结合的优势,实行'总部学习一年,基地学习两年'的教学工厂人才培养模式,并着力解决他们在基地学习和生活不方便的问题"(Z4)。最后,在专业发展方面,与地方产业开展紧密合作,模具设计与制造专业、应用电子技术专业等得到快速发展,校企合作实训基地建设不断推进。

从该单元案例可以看出,通过完善优惠政策、资金分配制度、基础设施和文化环境,找准与县域的利益共融区,优化"总部—基地"办学机制,增强其辐射功能,将宁波中心城市资源优势有效转化为迁入区宁海县和慈溪市的区位优势,实现中心城区与迁入区的资源共享、共生发展,满足县域经济社会的发展需要。

单元案例四

宁海产学研基地采用政、校、企三方共建共享合作方式,县政府提供政策和资金支持,学校提供场地、师资和学生等教育和人力资源,企业则投入标准化的模具生产线,建立标准化精密模具制造教学工厂,将实际的企业环境引入教学情境之中,将两者融合在一起。"对于政府来讲,政、校、企合作,首先是政策支持,包括大学的引进政策、人才的政策等;其次是前期资金的投入,'筑巢引凤'需要硬件设施和平台建设;最后是机制构建,包括合作机构如何设置、方式如何运行等。"(Z2)为了更好地开展产学研合作,浙工商院成立了宁海产学研基地教学工厂理事会,成员由学校和企业的负责人组成，下设教学工厂管理办公室、校企联合研发中心和校企文化管理办公室，分别负责常规教学、校企合作与文化建设等事务。其具体的分工是：教学工厂管理办公室主要负责教学与生产的计划安排，以及对教师、学生和企业员工的再培训；校企联合研发中心负责教学工厂新产品的研发和行业标准、新技术的推广引进；校企文化管理办公室主要负责校园文化和企业文化相融合的活动实施及效果评价(ZT)。

从该单元案例可以看出，浙工商院健全了总部与基地的分工协调机制，由校企领导牵头成立理事会，充分协调好办学资源和企业资源的共享，实现了学校教学与企业生产、师生科研与企业研发、校园文化和企业文化的融合。县域政府在争取高职教育引力时，也在极力化解高职院校县域办学过程中的斥力因素，主要表现为宏观方面的校地融合度以及微观方面的条件达标度。在职业教育服务区域发展的大背景下，县域办学反映了高职院校主动适应经济社会发展和进行教育模式创新的革新之路。

单元案例五

浙工商院深化县域产业基础与专业结构方向的高度契合，通过"进厂建室"建立模具教学工厂，实现教学的真学真做。"从学校办学机制来说，包括课程的设置、学生的培养模式，都需要一些创新，应该说是根据需求的变化做一些创新，这也是一种供给侧结构性改革。"(Z5)一方面，学校需要做大做强模具设计与制造、数控技术、机电一体化等制造类专业；另一方面，宁海县在模具、文具、灯具等特色产业方面具有明显优势，双方合作可以很好地实现互助互补。首先，在实训场地建设方面，基地建立了模具、数控、机电一体化实训室16个，校外实训基地18个，同时将工厂引入基地特设的标准厂房，为专业学生打造了全新、真实的实训模式。"教学与生产实现了零距离：把课堂搬进工厂车间，利用模具企业设备先进、种类众多优势，让学生直接在工厂实习、上课。"(Z7)其次，在师资配套方面，学校派专业教师进驻教学工厂基地，定期实行学院与教学工厂教师轮换。最后，从教师业绩考核、配偶工作、子女教育等实际问题出发，出台各种激励措施提高教师的积极性，鼓励教师参与县域产业发展，主动往行业、企业跑，解决产业发展中的实际困难。

从该单元案例可以看出，浙工商院现阶段的县域办学结果主要体现在通过紧密结合县域产业发展需求，立足自身发展实际，以"总部—基地"的方式稳健地推进县校合作办学，体现了产业在其中的核心地位。面对办学规模扩大和场地受限的困境，学校以"基地"为支点，利用"总部"与"基地"教育资源禀赋落差，积极向周边区域扩散。同时，以新的办学区域的需求和资源为依托，学校与地方共同创造条件支持县域办学。

三、巩固与调整阶段(2010—2014年)："共识空间"强化

在这一阶段，浙工商院的办学规模和专业结构出现大幅调整，在大胆探索合作办学管理体制机制的基础上，进一步拓展县校合作办学范畴，建立了慈溪产学研基地。为应对迁出区阻力和迁入区斥力，学校深化人事制度改革，实行"精简高效、人岗相适、打破身份、能上能下"的校院二级管理模式，在县校合作方式上做了进一步的尝试(见单元案例六)。在县域产业主导作用下，学校积极推进教学实训基地的规范化建设和精品课程建设项目，体现了较强的职业教育产业匹配识别能力(见单元案例七)。学校还在宁海模式的基础上建立了慈溪产学研基地，与慈溪市产业发展的政策定位、现状和趋势相对应，并进行动态调整，在政、校、企合作上得到进一步拓展与巩固(见单元案例八)。

表6-4　巩固与调整阶段浙工商院县域办学过程分析

单元案例	时间	动力类型	典型事件描述	状态特征
六	2010年	负向推力（阻力）	空间距离产生的物流、管理成本限制了产学研基地的发展,总部与基地定位不清,信息交流不畅通	空间成本
七	2010—2012年	正向推力	产教研进一步融合,共建华宝教学工厂和阳超教学工厂,通过引厂入校,提供了真实的企业环境和运行模式	对接特色产业
八	2012年	正向拉力	在宁海产学研基地建设基础上,与慈溪市教育局签订合作协议,共建慈溪产学研基地	选择最优合作效益

单元案例六

产学研基地这一办学模式的优势在于,可以通过对需求、资源等的整合,形成政、校、企优势互补、资源共享的合力,进而实现各方利益主体多赢共赢。但是,在实际推进过程中也遇到了各种各样的困境和发展瓶颈,因观念问题、利益问题、政策问题和层次问题等方面的差异形成了合作办学的阻力,特别是学校总部与基地之间在管理体制机制方面的问题限制了基地的发展。首先,基地定位模糊,存在两套管理班子,它们的利益追求、关注点和出发点都不同,相互间的信息沟通也不顺畅。其次,异地办学给师生带来了诸多不便。"教师在总部、基地两头奔波,教务处尽可能安排一整天都在基地上课,虽然在基地安排了教师宿舍,可是家庭毕竟还是在宁波市区,基本上都是匆匆来匆匆回,增加了工作时间。"(Z6)同时,基地教师的薪酬设计不科学,不能有效发挥他们的积极性。学生入驻基地,生活不方便,大学文化氛围缺乏,与学校总部存在较大差距,而且毕业生留在宁海就业的动力不足,这与宁海县政府想提高人力资源质量的初衷相悖。再次,企业参与度较低,行业协会没有很好地参与到基地建设中来,仅仅依靠几家公司负责人的企业家情怀和社会责任心显然不够,企业的合作意愿直接影响产学研合作的质量。

从该单元案例可以看出,高职院校县域办学虽然为其专业建设与发展提供了产业基础,但各专业之间存在密不可分的联系,因空间距离而人为割裂这个联系,不利于专业之间的合作和融合,也影响专业教学质量的提升。同时,因空间距离而产生教学、行政管理成本提高,也导致沟通联系和专业学术交流不便,这些都是访谈过程中专业负责人和教师反映的较为突出的问题。

单元案例七

县域政府在政策和资金支持方面为高素质技术技能人才培养和经济社会发展发挥着牵线搭桥的作用。"职业教育与地方经济发展互促互利和同频共振。地方产业的发展,特别是龙头企业的发展和民营企业的发展都需要人才和技术的支撑。"(Z1)鉴于上述需求,首先,由宁海县政府牵头,学校先后于 2010 年和 2012 年与模具龙头企业——宁波市华宝塑胶模具有限公司和宁海县阳超模具厂合作,共建共享"华宝教学工厂"和"阳超教学工厂"。学校通过引厂入校,提供了真实的企业环境和运行模式,学生通过工学交替达到"真学真做"。其次,进一步规范生产性实训基地的运行。2011 年,"宁海机电学院与中国(宁海)模具城联动示范区——与产业园区共建二级学院"入选宁波市地方政府促进高等职业教育发展综合改革试点项目。再次,专业与企业共同开发课程,将企业设计制造标准和规范融入教学工厂的教学和课程内容之中,"校企合作开发课程'塑料模具制造''模具设计与制造综合实践',其中,'塑料模具制造'还入选了浙江省精品课程,以实现共同培养模具设计与制造专业特长生的目的"(Z6)。

从该单元案例可以看出,为了真正实现总部与基地之间的优势互补和资源共享,学校需要推动教师在学校与合作企业之间的双向兼职互聘,打造一支专兼结合的高水平"双师"型教学团队。同时,做优做精社会服务和文化引领,通过人才培养与培训、技术研发咨询与服务、文化传承与服务全方位融入县域经济社会。

单元案例八

在宁海模式的基础上,浙工商院与慈溪市合作共建了慈溪产学研基地(慈溪学院)。慈溪市政府非常重视与高校的合作办学,作为当地政府引进的第二家高校,慈溪产学研基地精准合作与服务定位,从自身优势出发选择合作项目。"一个县级市办大学并不是一味要追求高大上、追求噱头,主要还是为了促进本地的经济社会发展。"(Z2)慈溪学院是为适应慈溪市经济发展和社会需求而建立的特色产业学院,主要目的是培养具有较强实践能力的应用型技术人才。在政府层面上,硬件设施上基本上都是"交钥匙"工程,针对人才的住房、医疗、子女教育问题制定了非常优惠、周到的政策,大力支持高校的科研投入、技术转化和人才培养。同时,慈溪市专门设立了高校校企合作办公室,便于地方政府与高校的沟通协调,积极推进校企紧密合作。首先,吸取前期县校合作办学实践经验,通过设立"产学一体工作室"的方式促进产学研项目落地并实施,完善基于企业真实项目的专业人才培养模式。其次,吸引企业参与基地建设,根据企业对技术技能人才的需求和对技术技能培训的建议,开展智能制造、工业互联网等方面的技术培训,提升企业员工的先进技术水平,助力中小企业的产业升级、技术创新和产品品质提升。

从该单元案例可以看出,区域发展定位急需教育资源的合理配置。慈溪市毗邻上海、杭州,位于长三角核心区,制造业发达,无论是从经济发展、城市文化、社会品质还是从民生发展需要来看,都亟须完善区域现代职业教育体系,对技术技能人才需求很大。"市委、市政府一直想创办大学,对我们的产业发展有一个技术支撑,这些技术支撑不仅包含技术成果,还包括产生这些技术成果的各类人才。"(Z6)

四、自我发展与改革阶段(2015年至今):"创新空间"强化

通过创新和实践政、校、企三方"共建、共管、共享"联动机制,浙工商院不仅取得了一系列产学研成果,而且学校组织结构也发生了变革,"在跨域的具体情境化场所中实行教学,学校不仅作为育人的主体,还向社会、用人单位延伸"(Z3),产生了更加多元、灵活与开放的办学形式。产学研基地将产业的功利性需求与教育的人本性需求整合起来,对实际工作过程进行系统化处理,让企业获得了人才资源和智力支撑,形成良性循环(见单元案例九)。"这些平台都是开放和共享的,老师可以进创业园孵化项目,学生可以进这些平台进行技术研发。"(Z1)在一定范围内促进区域自主创新能力提升,同时对周边地区产生辐射效应,同时,促进学校发展战略和办学模式转型,从传统高职院校向特色创业型大学转变,深化县校共生发展(见单元案例十)。

表 6-5　自我发展与改革阶段浙工商院县域办学过程分析

单元案例	时间	动力类型	典型事件描述	状态特征
九	2015 年	正向拉力	通过技术协同攻关和转让、校企合作办学的制度安排、多维组织的构建,取得了一系列产学研成果,获得了媒体的争相报道;设立产业学院,县域产业与专业发展高度契合	政校企合作良性运转
十	2016 年	正向推力	进一步深化县校合作、协校合作和校企合作,设立建设特色创业型大学的发展目标	强化引导

单元案例九

浙工商院通过加强与县(市、区)的全面合作打造高水平的服务平台,继续助推区域经济发展和产业转型升级,实现校地双赢。首先,深入实施宁海产学研基地"十二五"发展战略规划,主要包括:产学研进一步延伸,由先进制造业拓展到现代服务业,共建徐霞客旅游学院;实现中高职一体化,建立宁海现代职业教育集团;打造国家级创新孵化平台,共建宁海模具创业孵化中心;建立和完善工业(产品)设计、企业管理咨询等四大服务中心。其次,继续深入推进与宁波市汽车制造、家用电器等支柱产业开展人才培养、技术研发与服务的对接,进一步提高学校的专业人才培养质量与社会服务能力。再次,与厦门大学等高校和科研机构开展合作办学,深化与宁波市内各县(市、区)的战略合作,研究、实践并完善县校合作办学体制机制。"一所大学和地方的合作发展,其张力、内涵会以几何级数向外拓展和发展壮大。"(Z1)县校合作办学逐步推广辐射到其他县(市、区),"总部—基地"办学模式得到进一步深化和完善。

从该单元案例可以看出,随着县校合作办学的逐步深入,产学研基地成为当地的技术技能人才培养中心、技术研发转化中心和企业员工培训中心,达到发展县域创新企业、吸引产业人才、塑造产业竞争优势的目的,知识空间通过感知创新空间的运行,并对感应情况进行综合评估,形成良性循环,为下一步县域办学决策提供重要的依据。

单元案例十

通过深化县校合作、协校合作和校企合作,浙工商院设立了独立的科研机构,"健全科研与社会服务体系,深化与宁海、慈溪的合作,全力推进与海曙的共生发展,盘活本部资源,为学校争取更多更好的办学资源,更好地服务区域经济发展和产业转型升级"(Z2)。首先,为中小企业提供人才支撑,建立教授工作站、企业人才储备库和企业员工培训中心等人才服务平台,围绕企业的实际问题开展管理流程优化改造、应用型技术研发及产品外观设计、推广运用新工艺和新标准,大大提升中小企业的综合竞争力。其次,深化与企业的创新性合作,如与旷世居家用品有限公司、恒特汽车零部件有限公司、博虹机械制造开发有限公司等30多家企业开展人才培养、员工培训、技术研发和技术服务方面的合作,横向科研资金达290万元,合作申报并取得国家授权专利达30多项,还攻克了上海核工业研究院"水下加工的数控电火花成型机"项目的技术难题(ZT)。再次,培养了大批产业急需、技能过硬的技术型人才。浙工商院在2015年高等专科院校声誉指数排名中位居浙江第一,2016年获"中国产学研合作创新奖"和"中国校企合作好案例",连续四年获得"中国产学研合作促进奖"。

从该单元案例可以看出,通过深化"总部—基地"县校合作办学模式,浙工商院取得了一系列的教学科研成果和奖项,获得光明日报、中国青年报等媒体的争相报道,其办学模式被称为具有中国高职教育特色的"宁海模式",成为专家解读高职院校县校合作模式的范本。随着县校合作办学的深入,学校不断推进治理能力和体制机制等内生因素的改革,逐渐向特色创业型大学进阶。

第三节　渐进型县域办学模式的关键特征和空间互动分析

浙工商院县域办学结果主要体现在通过紧密结合县域发展需求,立足自身发展实际,以"总部—基地"的方式稳健地推进,体现了产业在其中的核心作用。一方面,面对办学规模扩大和场地受限的矛盾,学校以"基地"为支点,利用"总部"与"基地"教育资源禀赋落差,积极向周边区域扩散。同时,依托新的办学区域的产业需求和资源禀赋,学校与地方共同创造条件支持县域办学。因此,"总部—基地"县校合作办学模式不仅丰富了产教融合、校地合作的内涵,而且又有效规避了来自中心城区高校的生存挤压,大大拓展了学校发展空间。同时,"基地"通过发挥地域资源优势,与"总部"教育资源实现整合与共享,使扩散效应达到良性循环。另一方面,通过完善优惠政策、资金分配制度、基础设施、文化环境和服务理念,找准与县域的利益共融区,优化县域办学"总部—基地"体制机制,增强其辐射功能,将宁波中心城市资源优势有效转化为迁入区宁海县和慈溪市的区位优势,实现中心城区与迁入区的资源共享、共生发展,满足县域经济社会的发展需求。

浙工商院在迁出区弱推力(正向推力弱、阻力强)、迁入区强拉力(正向拉力强、斥力弱)的动力作用下,确立了县域产业在县域办学中的核心地位,保障了项目初始阶段教育资源和政策支持,促进知识积累。可以说,选择渐进型县域办学模式的高职院校具有较强的职业教育产业匹配识别能力,在县域产业主导下,在项目实施阶段,由"知识空间"转向"共识空间"再进一步转为"创新空间",逐步实施县域办学(见图6-2)。

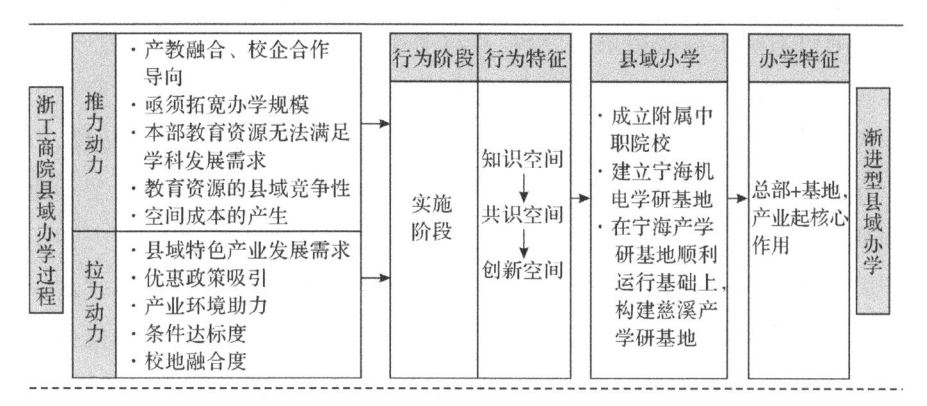

图 6-2　浙工商院县域办学模式与关键特征

渐进型县域办学实质上体现了一种从母体得到新物质的衍生机制。在丰富的知识积累基础上，为分析问题和制订计划提供场所，为县域办学提供所需资源，为应对迁出区阻力、迁入区斥力等冲突或危机、环境的剧烈变化提供解决方案。在上述过程中，"知识空间"经过"共识空间"转化为"创新空间"，县域办学逐步深化，最终成为县域技术技能人才培养中心、技术研发转化中心和企业员工培训中心，达到发展县域创新企业、吸引人才、塑造产业竞争优势的目的。在后期的自我持续发展与改革阶段，"知识空间"通过感知"创新空间"（通过调查分析产业发展状况、市场需求、企业满意度、学生学业等）的运行，并对感应情况进行综合评估，作为下一步县域办学决策的重要依据（见图 6-3）。

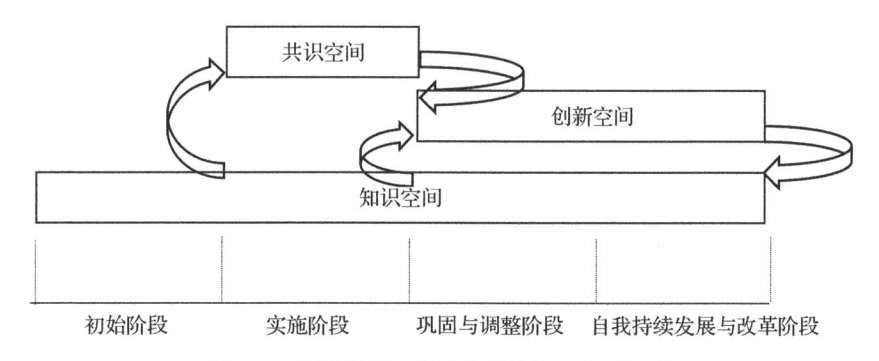

图 6-3　渐进型县域办学模式的"三空间"互动

通过对浙工商院案例的分析,可以看出:第一,在迁出区弱推力(正向推力弱、阻力强)和迁入区强拉力(正向拉力强、斥力弱)条件下,具有一定知识基础和较强职业教育产业匹配识别能力的高职院校,引发高校、产业、政府"三螺旋"互动平衡状态的变化,驱动高校通过办学模式的变革重构县域办学"三螺旋"的组织安排。第二,高职院校遵循"知识空间—共识空间—创新空间"三个空间交互强化的顺序,"三螺旋"共同空间中,"共识空间"在县域办学实施阶段作用于"知识空间"与"创新空间"的转换而构建县域办学机制,具体体现在产业在高校、产业、政府"三螺旋"互动的定点启动提供核心的动力机制,在县域产业主导作用下,通过在实施阶段不断增强高校、产业、政府的共识,弱化阻力和斥力,强化拉力和推力,将共识逐步落实转化为创新机制和平台,最后在后续的办学过程中通过三个空间实现交互强化。第三,高职院校不同的县域办学机制表现为对原有办学模式的批判性继承或重塑,并基于新的"三螺旋"互动平衡对办学模式进行主观建构,通过"三螺旋"的感应与调节机制实现办学模式的更新,即以学校本部为总部,通过试验持续、渐进地在产业集聚区设立校企合作的实训(实践)基地,通过发挥基地在区域产业集群中的触角作用和对总部产学研功能的延伸,获取产业的办学资源,最终培养满足县域经济社会发展要求的高素质技术技能人才。

第七章 宁职院县域办学过程分析与主要发现

本章以宁波职业技术学院为案例样本,全面梳理其发展历程,着重分析初始阶段、实施阶段、巩固与调整阶段和自我发展与改革阶段中创新空间、知识空间和共识空间"三空间"的变化和互动,从"三螺旋"理论与"推拉"理论整合的视角总结出先锋型县域办学模式的关键特征和"三空间"互动形式。

第一节 概述与发展历程

1999年,宁波职业技术学院由宁波中等专业学校和宁波市职工业余大学合并升格成立,老校区占地面积仅有35亩,位于宁波市江东区(中心城区),在北仑区政府的土地、经费等优惠政策支持下,学校整体迁入北仑区(详见表7-1)。目前,学校与北仑区已形成全面战略合作关系,紧紧围绕区域经济发展需求,与宁波各级政府和部门携手成立宁波开发区数字科技园、宁波服务外包学院以及宁波市现代服务业产业基地、人力资源开发服务基地、科技创新服务中心、大学生创业园和中小微企业创业基地,办学业绩得到业内广泛认可。宁职院依托北仑区政府和当地企业,创新政、校、企三方联动的合作办学体制,不断深化产教融合、校企合作,充分发挥董事会在整合社会资源办学、推动校企合作育人等方面的作用,最终确立了"地市共建、区校合作、院园融合"的办学体制和产学合作机制(见图7-1、表7-1)。

表 7-1　案例院校基本情况

学校名称	宁波职业技术学院	学校简称	宁职院
学校类别	综合类	举办方	宁波市人民政府
创办时间	1999 年	本部所属区域	浙江省宁波市北仑区
属性	国家示范性高职院校 浙江省重点建设高职院校	办学特征	整体迁入，政府起主导作用
县域办学现状	1999 年，宁职院由宁波中等专业学校和宁波市职工业余大学合并升格成立，在北仑区政府（宁波经济技术开发区）支持下整体迁入北仑区，成为北仑区唯一一所全日制高等学校。2005 年获评"全国职业教育先进单位"，2006 年获评首批"国家示范性高等职业院校"，2015 年获评"全国首批现代学徒制试点院校"，2017 年获评"全国第二批深化创新创业教育改革示范高校"，2017 年成为浙江省五所重点建设高职院校之一。经过近 20 年的发展，创新政、校、企三方联动的合作办学体制，充分发挥董事会在整合社会资源办学、推动校企合作育人等方面的作用，创造性地确立了"地市共建、区校合作、院园融合"的办学体制，建立了与区域产业高度匹配的应用化工类、智能装备制造类、港口物流电商类、电子信息类等特色优势专业		

注：创办时间均从确定为现校名起计算，数据截至 2018 年 12 月 31 日。

宁职院 2005 年获评"全国职业教育先进单位"，2006 年获评首批"国家示范性高等职业院校"，2015 年获评"全国首批现代学徒制试点院校"，2017 年获评"全国第二批深化创新创业教育改革示范高校"，2017 年成为浙江省五所重点建设高职院校之一（见图 7-1）。正如宁职院前党委书记、执行院长苏志刚所说："政府通过董事会实行对学校的有效管理，董事长由市政府任命，院长由市政府提名、董事会聘任。如果不是这样的创新体制，我们单靠政府财政投入，短时间内很难取得大的发展。"（NR）目前，宁职院以"校企合作有效化、教育信息化、办学国际化"和"跨界、跨境、跨专业"的"三化三跨"为学校新一轮内涵发展战略，其发展过程为本书提供了充足、鲜活的证据。

1999	2005	2006	2009	2015	2017
宁职院合并组建	全国职业教育先进单位	首批国家示范性高等职业院校	国务院扶贫办东西扶贫协作人力资源建设基地	全国首批现代学徒制试点单位	全国第二批深化创新创业教育改革示范高校

图 7-1　宁职院县域办学发展历程

第二节 四个发展阶段的"三空间"互动

一、初始阶段(1999—2001年):建立共识空间

纵观宁职院发展轨迹,一方面,学校充分利用区域优势、产业优势、人才需求优势,满足当地相关产业人才和技术服务急需;另一方面,宁波市政府与学校合作创立董事会管理体制,汇聚政、产、学多方资源,为推动学校高速发展奠定了基础。具体而言,宁职院在初级阶段(见表7-2)主要开展了三个方面的政、产、学合作:1999年创校之初的办学定位探索(见单元案例一);建校初期与当地行业产业达成合作利益共识(见单元案例二);2001年学校与地方政府达成共识,创新学校管理体制,成立了校董事会(见单元案例三)。

表7-2 宁职院初始阶段县域办学过程分析

单元案例	时间	动力类型	典型事件描述	状态特征
一	1999年	正向推力	北仑区(宁波经济技术开发区)发展急需高校资源支撑	政府区域规划导向
二	2000—2001年	正向拉力	县域发展需求:北仑区经济迅速发展,对人力资源和创新资源的需求不断增长	教育资源禀赋落差
三			政策环境营造:创新办学体制机制,成立董事会	优惠政策与体制机制创新

单元案例一

1999年,宁波职工业余大学、宁波(李惠利)中等专业学校合并升格为宁波职业技术学院。成立初期,学校积极主动寻求机会开展合作办学。2001年2月,中德合作上海职教研究所和宁波职业技术学院科研基地挂

牌,中德职业教育合作有着40年的悠久历史,有着坚实的合作基础,德国安排当地高校、职业教育研究机构和相关企业的专家和学者数千人到中国,为国内职业教育领域提供智力支持,开展形式多样的职业教育服务。同时,中国职业教育领域人员也长期赴德国考察学习。这种成熟的合作机构有利于宁职院学习和引进德国先进的职业教育经验与模式,从而推进学校教育教学改革,提高学校科研水平和人才培养质量,为学校进一步服务社会、服务区域经济发展奠定了理论基础。

宁职院紧紧围绕国家职业教育的发展方向,面向区域经济社会发展需求,积极开展市场调研,结合当地产业发展,对原有专业结构进行重新整合和调整,培养地方经济发展急需的技术技能人才,为开发区招商引资提供软件和智力支持。最终,宁职院在办学过程中构建起了学校、企业、政府三方联动,合作育人、合作就业、合作办学"三位合一"的办学模式,确立了"和而不同"的校训和"勤、信、实"的校风。面向未来,学校以培养技术应用型人才、服务区域技术创新、推动文化传承为己任,努力建成社会满意度高、特色鲜明、具有较高知名度的国内一流职业技术学院。

从该单元案例可以看出,宁职院成立初期,面对办学层次、办学规模、办学场地等方面的困境,积极主动地抓住20世纪末"三改一补"大办高职教育的契机,在宁波市北仑区经济发展需求、优惠政策吸引、产业环境助力等拉力因素的作用下,克服集聚黏性、空间成本等阻力,充分利用迁入地和迁出地的教育资源禀赋落差,调整专业结构,深入县域开展政府、学校、企业三方紧密合作,最终实现学校县域办学的跨越式发展。

单元案例二

1984年,位于北仑区的宁波经济技术开发区获批成立,总面积29.6平方公里,开发区在浙江乃至全国的地位举足轻重,在全国国家级开发区中面积最大,在综合评比中名列前茅。在开发区招商引资过程中,高等教育资源成为招商引资的关键要素。宁职院老校区已经不能满足学校进一步发展的需求,亟须建设新校区。为此,宁职院依托宁波经济技术开发区

(北仑区)的产业优势,走产学研结合、校企合作的办学之路,开发区(北仑区)在政策、资金、土地等方面积极为学校发展提供大力支持,同时动员当地企业积极支持学校发展。学校董事会章程对董事会的职责做了明确规定:宁职院的建设资金由宁波经济技术开发区和宁波市教育局共同负责,其中,宁波经济技术开发区利用自身优势,为学校推荐合作企业,面向区内外各企业为学校做宣传,扩大宁职院的影响力;宁职院职工在职培训工作则由市总工会负责并指导学校开展;学校系部发展规划和人才培养方案,企业管理层也参与制定,同时,企业为学校落实学生顶岗实习岗位、接纳优秀毕业生就业、提供奖学金(N2)。自董事会成立以来,用于学校建设的资金共6.75亿元,其中宁波市教育局与宁波经济技术开发区各为学校筹集资金1亿元,宁职院自筹资金1.5亿元,企业投入1500万元。学校新图书馆建设投入2.5亿元,其中宁波经济技术开发区投入1.5亿元,市政府投入1亿元。同时,为了支持学校打造国家示范性高等职业院校,宁波市政府配套投入了6000万元。

从该单元案例可以看出,宁波经济技术开发区是宁波经济最为活跃的区域之一,拥有上千家优质企业资源,在快速发展过程中,明显意识到人力资本短缺导致经济发展缺乏支撑。宁职院在北仑区产业环境助力等正向拉力作用下,同时在办学土地瓶颈的推力作用下,整体迁入北仑区,很大程度上促进了宁职院的迅速发展。

单元案例三

宁职院与宁波市政府合作创新管理体制,在学校管理上达成共识。2000年8月,经宁波市政府批准,宁职院董事会正式成立,实行对学校的有效管理。董事会成员来自市政府机构、宁波经济技术开发区、企业管理人员以及社会名流等,为学校发展献计献策。宁职院充分发挥董事会作用,在创新学校管理体制、校企合作机制以及加快科技产学研基地建设方面取得了突出成效,进一步深化了校企合作,提高了人才培养质量,提升了服务区域经济社会发展的能力。新型办学体制在创建学校的过程中显示出一定的活力和优越性,董事会管理体制使宁职院在创建初期实现了资金来源多元化,提供了经费保障。市政府通过董事会实现了对学校的有效管理。宁职院的成立本身就是办学体制创新的结果。"政府通过董事会实行对学校的有效管理,董事长由市政府任命,院长由市政府提名、董事会聘任。如果不是这样的创新体制,单靠政府财政投入,短时间内很难取得大的发展。"(N1)在学校建设资金的筹备上,董事会发挥了关键性作用。2001年5月,一届三次董事会审议并通过新校区建设方案、《宁职院分配制度改革实施办法》和《宁职院引进人才住房安置意见》,讨论了新校区建设资金的筹措问题;9月,宁职院一届四次董事会召开,会议审议并通过新校区建设方案,成立新校区建设领导小组。

从该单元案例可以看出,宁职院与当地政府达成共识,成立董事会,创新办学体制。宁职院与当地政府充分达成利益共识,在优惠政策和环境的正向拉力作用下,克服空间成本等阻力因素,充分发挥董事会在整合社会资源办学、推动校企合作育人等方面的作用,创造性地确立了"地市共建、区校合作、院园融合"的办学体制和产学合作机制。

二、实施阶段(2001—2007年):形成知识空间

在实施阶段,宁职院创新校企合作体制机制,创新育人模式,由传统的浅度合作转向深度合作,与企业实现互惠共赢。一方面,办学能力进一步得到企业的认同,教学质量、教师教学能力均得到明显提升,同时增强了教师服务企业的能力和水平,提升了企业对学校的依赖程度;另一方面,满足了产业与社会对人才的需求,为企业提供了充足的人才支持,促进了产业的快速发展,校企合作形成良性循环(N6)。

政、校、企深度合作主要体现在两个方面(见表7-3):一是充分发挥董事会在整合社会资源办学、推动校企合作育人等方面的作用,确立办学宗旨(见单元案例四);二是结合区域优势、产业优势,积极与当地产业、企业开展合作(见单元案例五)。

表 7-3　实施阶段宁职院县域办学过程分析

单元案例	时间	动力类型	典型事件描述	状态特征
四	2001—2003年	正向推力	老校区限制了学校办学规模,限制了学校专业拓展,需优化专业结构	办学场地受限
五	2003—2007年	正向拉力	北仑区政府为县域办学提供土地、资金等政策支持,处于宁波经济最活跃的开发区内有上千家优质企业资源	政、校、企合作,形成知识空间
		负向拉力	经费、土地、设备等办学基本条件较好	

单元案例四

宁职院是两所学校合并升格而来的,硬件设施设备老化,办学资金短缺,高职办学管理经验不足,对高职教育没有深刻的理解。对此,宁职院充分利用各类资源和优势,努力实现办学定位与区域发展有机融合,以此推动学校建设走出困境。首先,在硬件设施设备方面,宁波市和北仑区两级政府给予大力支持,开发区专门划出 700 余亩土地用于学校新校区建设,解决了学校的办学用地问题。其次,在学校管理方面,宁波市政府与学校合作创新管理体制,成立宁职院董事会,董事会主要决定学校发展规划及重大项目建设,进行宏观管理,董事会管理体制使宁职院创建初期实现了办学经费来源多元化,提供了资金保障。再次,在内涵建设方面,"学校办学首先要搞清楚定位,明确要办什么样的学校,要培养什么样的人才"(N1),这是大多数合并成立的学校所遇到的问题。宁职院整体迁至北仑区后,通过对所在地的区位优势、产业结构、人才需求、地方政策的分析,结合高职院校服务区域经济发展的定位,最终明确学校的办学宗旨为"立足北仑、融入北仑、服务北仑、协同发展"。

从该单元案例可以看出,宁职院充分发挥董事会作用,在土地、资金等方面得到大力支持,充分利用优惠政策吸引、政府大力投入等拉力作用,结合区域产业特点和经济发展定位,充分对接县域产业等推力作用,在专业设置上、内涵建设上做出调整,最终改变以商科为主的专业结构,确立立足县域发展的办学宗旨(N5)。

> 单元案例五

宁职院结合区域优势和产业优势,积极与当地产业、企业寻求合作。合作初期,合作模式较为传统单一,紧密度欠缺,企业主要扮演"用人单位"角色,专业人才培养方面的参与度不够,缺乏可持续的育人理念,同时学校专业教师的行业敏感度也较低,人才培养滞后于行业和企业的发展。"十一五"期间,宁职院逐步深化校企合作办学理念,在学校所有专业全面推开校企深度合作育人模式,建立实践教学基地,目前参与学校合作办学的企业已经达到 500 多家。

在合作模式方面,宁职院成立专门机构——产学研工作指导委员会,负责学校校企合作、教学科研和社会服务等方面的指导工作,要求各分院(系)成立产学研工作领导小组。同时,创新工学交替、产学结合的人才培养模式,校企合作得到深化,校企合作紧密度和人才培养质量不断提高,提升了学校服务区域经济社会的能力,创建了"现代高职教育宁波北仑模式",通过合作办学、合作育人、合作就业"三位合一"实现了政府、企业、学校三方联动。宁职院各分院(系)、各专业充分利用自身优势,结合开发区(北仑区)内企业需求,积极开展有针对性的人才培养和科技服务,通过人才培养、技术研发、科技服务和培训实现了与北仑区发展需求的有机结合,并将自身打造成开发区招商引资的靓丽名片。

在实践教学基地建设方面,学校各专业建设了集教学、实习、实训和生产于一体的生产性实践教学平台,实现引厂入校、引设备入校,企业为学生实践提供场地和指导。例如,宁波海天集团出资 1000 多万元在校内建设实训大楼——海天大楼,购置了价值 600 多万元的机床设备;应用电子技术专业与宁波华祐微电脑有限公司合作,建成了现代电子产品生产工艺实训基地,建立教学与生产有机结合的波峰焊流水生产线、SMT 自动贴片生产线和手工贴片生产线(NI)。在专业人才培养方面,宁职院专门面向行业及企业界人士设立产学研合作贡献奖,提高企业参与人才培养的积极性。例如,宁职院第四届产学研合作贡献奖授予宁波海天集团精工公司的总工程师田哲,因其在现场实践教学、指导学生参加技能竞赛方面业绩突出。像田哲这样积极参与专业教学改革、推进产学合作、引社会和企业资源进学校的企业界人士还有很多。宁波海天集团与学校机电系共同开发课程、安排教学内容和设计教学过程,派出20多位技术人员进校担任兼职教师。在制定学校系部发展规划和专业人才培养方案,以及奖学金设立、顶岗实习、学生就业等方面,企业管理层、董事都会参与其中,并起到关键性作用(NF)。

从该单元案例可以看出,宁职院主动与当地企业寻求合作,在人才培养、科研攻关、课程开发等方面与企业形成共识,利用塑造创新环境的拉力作用,克服政校企合作良性运转面临的斥力,全校各个专业通过引厂入校、企业界人士参与课程开发和人才培养方案制定、与企业合作进行产品开发等方式,实现与企业的深度合作,从而达到连续性利益共享。

三、巩固与调整阶段(2008—2015年):迈向创新空间

宁职院在办学过程中形成了"三位合一"的办学模式,通过"合作办学、合作育人、合作就业"实现了政府、学校、企业"三方联动",不断深化学校内涵建设,形成鲜明的办学特色,构建政产学共谋共赢共发展的运行机制,培养人才更具针对性和实用性,社会认同度高,有效提升了学校的声誉。这种"三三模式"是对高职教育办学模式的有益探索,丰富了我国高职教育办学模式的内涵,为高职教育构建政府、企业、学校多方共赢、建立合作机制提供了经验。

在巩固和调整阶段,政府、学校、企业进一步深度融合。2008年,宁职院与开发区、宁波信息产业局和中国科学院华建集团合作成立了宁波经济技术开发区数字科技园(见表7-4)。

表7-4 巩固与调整阶段宁职院县域办学过程分析

单元案例	时间	动力类型	典型事件描述	状态特征
六	2008年	正向拉力	学校的影响力和办学水平不断提升,产教融合进一步深化,与开发区、宁波信息产业局和中国科学院华建集团合作成立"宁波经济技术开发区数字科技园"	政校企深度融合

单元案例六

2008年，宁职院联合中国科学院华建集团、宁波经济技术开发区、宁波信息产业局，在西校区成立了"宁波经济技术开发区数字科技园"，利用数字科技园这个平台吸引区内企业积极参与学校专业建设、课程建设、实训教学和教师队伍建设。"学校邀请企业技术骨干担任专业带头人和兼职教师，同时鼓励校内教师下企业挂职锻炼，企业则为专业教师挂职提供岗位和技术指导；企业通过各种方式积极参与专业人才培养，成效明显，同时企业也积极为学生提供顶岗实习岗位，安排员工对学生进行实训和毕业设计指导。在学生创业方面，为学生提供创业指导，同时对学生创业项目进行扶持，学生创业成功率显著提高，园内企业也可享受较大幅度的税收优惠。"(N7)园区充分利用北仑区优惠政策，吸引企业研发部门、重点高校科研机构、学校科研机构入驻园区，数字科技园目前已经拥有132家企业以及4家高校和企业研发机构。

为区域经济的转型升级服务是数字科技园的重要功能，数字科技园的目标是建设国内一流IT服务外包产业基地和人才培养一体化基地，其中物流信息化产业、创意产业、人才培养一体化以及大学生创业园是其突出发展方向。数字科技园自成立以来，有力推动了开发区软件信息业、服务外包业、物流信息化产业的发展，促进了区域产业结构的调整和发展。2009年，北仑区人力资源开发服务基地落户园区，建立北仑人才市场数字科技园分市场，成立人力资源开发服务公司、教育培训服务公司和管理顾问咨询企业，成为北仑区人力资源开发服务的集散地，学校服务区域经济社会的能力进一步得到提升。2010年，宁职院机电一体化专业、电气自动化专业和数控设备维修与管理专业与宁波通达机械电器有限公司开展全面合作，共同开发自动液压机床，企业提供了价值超过100万元的自动液压机床用于数控机床机械调试、液压调试、PLC控制系统开发及维修等教学实践，最终实现了教师科研、人才培养、产品创新的一体化发展(NR)。宁职院成立了北仑区科技创新服务中心，吸引国内外重点高校、国家级企业工程技术中心和国家级技术转移中心的资源,以达到集聚效应。学校教授到企业挂职,担任企业总工程师助理和总经理助理。例如,宁波一家专业生产各种牌号石油树脂的企业——甬华树脂有限公司,被宁波恒河实业集团收购,因恒河实业集团首次涉足化工领域,技术人才短缺,该集团与宁职院化工研究所联合成立了以化工系主任、国家级教学名师孙向东博士为组长的课题组,共同成立化工研究所,开展石油树脂研究,合作成效显著,共同研制了道路标线涂料专用 C5 石油树脂产品,目前累计销售额已达 1.5 亿余元。(N7)

从该单元案例可以看出,宁职院非常重视政校企合作,学校、政府、产业和企业在人才培养、社会服务、科研攻关方面达成了共识,利用正向拉力作用,克服反向斥力作用,形成了良性运转,学校的影响力和办学水平上升到一个新阶段。

四、自我发展与改革阶段(2015 年至今):"三空间"互动强化

在这一阶段,宁职院积极响应国家政策,实现了学校办学与政产需求的同频共振、无缝衔接。一方面,主动推动政、校、企合作,以应对区域产业转型升级所带来的人才需求问题。另一方面,通过发挥自身人才、智力等优势,积极开展各种社会服务活动,大力提升宁职院在全国乃至全世界的影响力,进一步加深政校、产校合作关系,促进政府与产业对学校教育资源的投入,形成学校发展的良性循环。

在自我发展与改革阶段,宁职院的发展主要集中在两个方面(见表7-5):2017 年,与中国国际交流协会、宁波市教育局成立中国首个"一带一路"产教协同联盟(见单元案例七);2018 年,与北仑区政府和行业龙头企业共建北仑智能技术产业应用中心,并成立中德智能制造国际学院,是政校进一步深化合作的有力抓手(见单元案例八)。

表 7-5　自我发展与改革阶段宁职院县域办学过程分析

单元案例	时间	动力类型	典型事件描述	状态特征
七	2017年	正向推力	为响应国家政策,提高社会服务能力,学校成立了中国首个"一带一路"产教协同联盟,被商务部认定为首个"中国职业技术教育援外培训基地"	职业教育"走出去"
八	2018年	正向拉力	为应对区域产业转型升级的需要,学校与政企共建北仑智能技术产业应用中心,成立中德智能制造国际学院	政校企达成共识,提高社会服务能力

单元案例七

宁职院积极开展服务国家战略行动,服务社会能力进一步提升。首先,学校积极响应国家"一带一路"倡议,确立了办学国际化思路,积极探索海外办学途径,特色国际化办学有效提升了中国高职教育国际影响力。宁职院是商务部认定的首个"中国职业技术教育援外培训基地",已连续4次承办了商务部对发展中国家的援外培训项目,迄今已累计举办职业教育和港口、汽车、工业、商业文化等领域的培训班115期,为116个发展中国家培训了2650名产业界、教育界官员及院校教师,学员遍布五大洲。成立"中非(贝宁)职业技术教育培训学院",2017年与中国教育国际交流协会、宁波市教育局合作成立中国首个"一带一路"产教协同联盟。时任宁职院院长张慧波表示:"企业'走出去'的时候,职业教育也要'相伴相生'跟出去,一炮打响'浙江职业教育'的名号。"(N1)其次,服务国家脱贫攻坚战略,为中西部地区脱贫提供智力支持。宁职院虽坐落于宁波北仑区,但其服务的半径远远超出宁波(北仑)地区,向全省和全国辐射,例如对新疆、甘肃、贵州等中西部地区进行智力支持,开展扶贫工作。2009年3月,宁职院成为国务院扶贫办在东部发达省市批准设立的首个国家级扶贫培训基地,设立"国务院扶贫办东西扶贫协作人力资源建设基地"。

从该单元案例可以看出,宁职院注重社会服务功能。一方面,积极服务国家"一带一路"倡议,促进中国职业教育"走出去",充分利用优惠政策和体制机制共建的正向拉力作用;另一方面,通过深入推进职业教育精准扶贫,对学校人才培养、社会服务、技术研发能力进行考验,审视在政产企合作中存在的问题,提升学校办学结构的实时动态调整能力,克服政校企良性运转的斥力作用。

单元案例八

2015年,国家开始实施制造强国战略,发布了第一个十年行动纲领《中国制造2025》,国务院部署创建"中国制造2025"国家级示范区,宁波北仑区位列其中,北仑区积极改变传统产业模式,推进区域高端装备制造、精密智能制造和工业机器人应用和模具加工产业的创新发展。面对北仑区产业转型升级新形势,宁职院适时调整办学思路,确立了"校企合作有效化、教育信息化、办学国际化"和"跨界、跨境、跨专业"的"三化三跨"为学校新一轮内涵发展战略。2018年,在全球智能经济峰会(宁波)上,北仑区政府、宁职院与科学家李泽湘教授三方达成合作,共建北仑区域合作中心——北仑智能技术产业应用中心和中德智能制造国际学院。在宁波市建设"宁波智能技术研究院"、"宁波智能技术学院"和"清水湾(宁波)智能产业园"(简称"两院一园"),目的是为北仑区(宁波经济开发区)提供智能技术技能人才培养、产业应用与推广和创新孵化等服务。

宁职院与北仑区政府深化新一轮全面战略合作,李泽湘教授团队将联合国际工程教育协会主席、德国职业教育专家Hortsch(浩弛)教授团队,与德国联邦劳工局、德累斯顿工业大学、北仑区人民政府和宁职院共同合作,开展中德高技能人才合作项目,共建中德智能制造国际学院,该学院将引入德国双元制职业教育核心理念,全面引进德国IHK职业认证体系、教学标准、管理办法和考核办法,开展机电一体化(IHK机电师)、模具设计与制造(IHK模具师)、机械产品设计(IHK机械产品设计师)培养,开展符合中国国情的双元制本土化实践标准体系改造,培养中德双方适用的、具有国际化水准的新型技师型人才,带动区域办学层次与水平提升,实现中高职衔接一体化培养,这将进一步促进宁职院探索创新办学体制机制,进一步增强学校综合办学实力和竞争力,加快跻身国家"双高"建设第一方阵的步伐。

从该单元案例可以看出，宁职院政校合作更加深入，也更具前瞻性，它充分利用区域发展规划导向的正向推力作用，克服条件达标度的斥力作用，进一步提升服务区域经济发展的水平，办学能力得到政府的认同，有力地推动了区域产业转型升级。北仑智能技术产业应用中心和中德智能制造国际学院的成立，是学校充分利用正向拉力作用的体现，进一步促进宁职院探索创新办学体制机制和增强学校综合办学实力、竞争力，加快跻身国家"双高"建设第一方阵的步伐。

第三节　先锋型县域办学模式的关键特征和空间互动分析

宁职院县域办学结果主要体现在通过政府强力推动，整体搬迁至县域办学，依托区域产业良好环境，实现先锋示范式快速发展，体现了政府在其中的核心作用。面对办学层次、办学规模、办学场地受限等困境，宁职院积极主动地抓住20世纪末"三改一补"大办高职教育的契机，在北仑区经济发展需求、优惠政策吸引、产业环境助力等拉力因素的作用下，克服集聚黏性、空间成本等阻力因素，充分利用迁入地和迁出地的教育资源禀赋落差，优化调整专业结构，深入推动政府、学校、企业三方紧密合作，实现学校县域办学的跨越式发展。

宁职院在迁出区强推力（正向推力强，阻力弱）、迁入区强拉力（正向拉力强，斥力弱）双重动力作用下，确立了政府在县域办学中的核心地位，在初始阶段，从政校双方协商到项目确定，政府强力推动组建协调组织形成"共识空间"，为大学、产业、政府开展头脑风暴、分析问题和制订计划提供场所，同时提供县域办学所需的资源，为应对冲突或危机情况、环境的剧烈变化提供解决方案。因此，选择先锋型模式的高职院校具有较强的事业开拓能力和示范引领潜质，借助政府积极的行政干预，在项目初始阶段从"共识空间"转向"知识空间"，进而到"创新空间"，积极主动地开拓新的办学模式（见图7-3）。

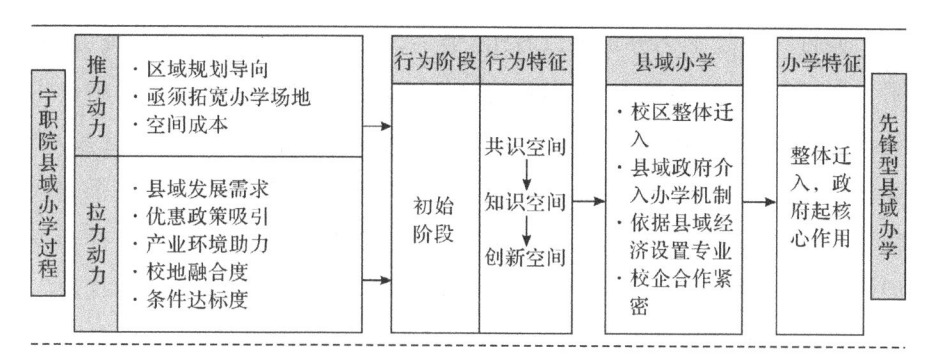

宁职院县域办学过程	推力动力	·区域规划导向 ·亟须拓宽办学场地 ·空间成本	行为阶段	行为特征	县域办学	办学特征	先锋型县域办学
	拉力动力	·县域发展需求 ·优惠政策吸引 ·产业环境助力 ·校地融合度 ·条件达标度	初始阶段	共识空间 ↓ 知识空间 ↓ 创新空间	·校区整体迁入 ·县域政府介入办学机制 ·依据县域经济设置专业 ·校企合作紧密	整体迁入，政府起核心作用	

图 7-3 宁职院县域办学模式与关键特征

在县域办学初始阶段，共识空间形成后，县域办学模式在高校、产业和政府形成高度一致的办学共识。在实施阶段，高职院校沿着三方高度一致的办学共识，围绕县域规划和人才需求，主动作为、积极落实，教育教学引着人才需求走，技术科研跟着产业发展转，通过培养高素质技术技能人才和高素质劳动者，从而实现促进技术转化和服务社会的目的，全方位服务县域经济社会发展，实现高校、产业和政府三方的高度融合和良性互动。在自我发展与改革阶段，"三螺旋"共同空间与普通的组织生命体类似，在经历成长和成熟阶段之后，会进入一段较长时间的高原期。由于外部环境和内部自身的危机与挑战的存在，这时"创新空间"通过感应"知识空间"（通过调查分析产业发展状况、市场需求、企业满意度、学生学业等），对感应情况进行综合评估，并将其结果作为专业设置、结构优化等创新空间调整优化的依据，最终实现县域办学"三螺旋"新的平衡状态，保持办学质量的领先示范优势（见图 7-4）。

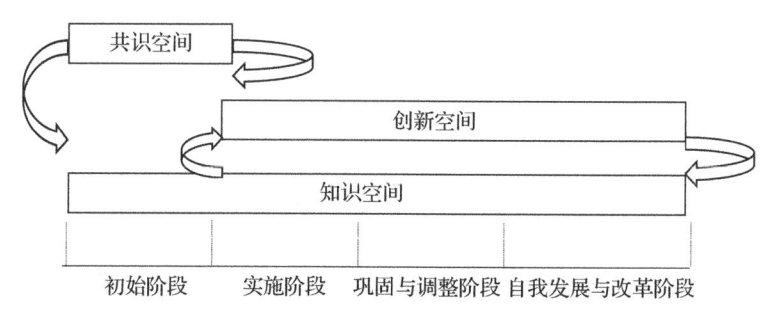

图 7-4 先锋型县域办学模式的"三空间"互动情况

通过宁职院案例分析可以看出：第一，在迁出区强推力（正向推力强、阻力弱）和迁入区强拉力（正向拉力强、斥力弱）且政府在县域办学中占主导地位的条件下，具有一定知识基础和较强事业开拓能力的高职院校，产业、政府、高校"三螺旋"遵循"知识空间—共识空间—创新空间"三个空间交互强化的顺序，通过衍生、再生和变异机制，全面对接县域经济社会发展需求，采用最新的教育理念，追求"革命性"的突破，获得"先行者优势"，发挥在同行业的示范效应。第二，先锋型办学模式通过县域办学最终实现高职院校与县域经济社会协同发展效应。一是实现了高职院校对县域经济社会发展的杠杆效应。高职院校能连续不断地培养各行各业所需要的专门人才，也能持续培训大批量的县域初级劳动者，促进农村劳动力向非农产业转移，成为撬动县域经济社会发展的杠杆。二是实现了县域经济社会对高职院校发展的驱动效应。由县域经济社会发展催生的产业结构变化、产业布局调整都要求县域内高职院校及时调整、更新专业结构和人才培养模式，推动高职院校主动改革实现优化升级。三是实现了高职院校、主要产业和县域政府的协同发展效应。依托县域内主要产业与企业的力量，建立人才需求预测、特色课程体系以及人才培养反馈和质量调控机制，形成制度协调、行政协调、行业协会协调、学术机构协调的多边协同发展效应。

第八章
义乌工商院县域办学过程分析与主要发现

本章以义乌工商职业技术学院为案例样本,全面梳理其发展历程,着重分析初始阶段、实施阶段、巩固与调整阶段和自我发展与改革阶段中创新空间、知识空间和共识空间"三空间"的变化和互动,从"三螺旋"理论与"推拉"理论整合的视角总结出创业型县域办学模式的关键特征和"三空间"互动形式。

第一节 概述与发展历程

1999年,杭州大学义乌分校与义乌商贸专修学院合并,由义乌市政府独立筹建义乌工商职业技术学院。义务工商院的办学性质经历了由公办高校转制为民办高校,又从民办高校重新转制回公办高校的过程,是转制较为成功的典型院校之一。20多年来,学校始终依托地方产业特色,打破常规、开拓创新,结合办学实际和义乌市场需求准确定位,形成了以"创业教育、创意教育、国际教育"为重点的办学特色,在培养创新创业人才、服务地方经济发展等方面收效颇丰,学校影响力不断提升(表8-1、见图8-1)。

表 8-1 案例院校基本情况

学校名称	义乌工商职业技术学院	学校简称	义乌工商院
学校类别	财经类	举办方	义乌市人民政府
创办时间	1999 年	所属区域	浙江省金华市义乌市
属性	浙江省优质建设高职院校	办学特征	县域自发,大学起主导作用
县域办学现状	义乌工商院是 1999 年义乌市政府在杭州大学义乌分校和义乌商贸专修学院的基础上独立筹建的。学校紧密托靠义乌市独有的市场优势,敢于打破常规、开拓创新,结合办学实际与市场需求,开拓出了一条以"创"办校的特色办学之路,形成了创业教育、创意教育、国际教育三大教育特色。因其在网商培训与教学方面取得了突出成效,学校被誉为"全球最佳网商摇篮",被浙江省政府确定为"创业型大学"试点学校。创业文化、"创"文化分别在 2008 年、2016 年被教育部授予全国高校校园文化建设优秀成果奖			

注:创办时间均从确定为现校名起计算,数据截至 2018 年 12 月 31 日。

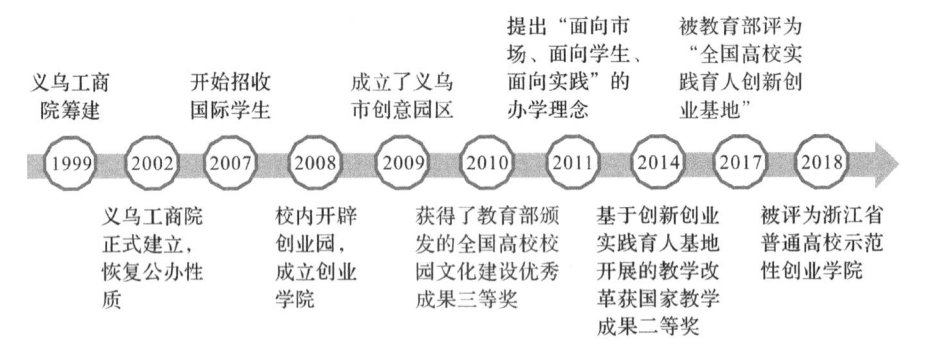

图 8-1 义乌工商院发展历程

学校在快速发展过程中显现出一些问题,如专业设置同质化、规模扩张求大求快、教学管理缺乏规范,最重要的是创新创业教育缺失。高职院校作为培养技术技能人才的重要场所,在创业创新教育中应该主动挑起大梁。义乌工商院紧密依托义乌市独有的市场优势,打破常规、开拓创新,正如时任义乌工商院创校校长贾少华所述,从"让学生拥有市场""以就业为导向,以能力为主线"到确立"面向市场、面向学生、面向实践"的办学理念,义乌工商院走出了一条以"创"立校的特色办学之路(YR),也为本书提供了充足鲜活的证据。

第二节　四个发展阶段的"三空间"互动

一、初始阶段(1999—2002年):创新空间、知识空间的储备与累积

义乌工商院20多年的发展轨迹,清晰地展现了学校紧密依托义乌市独有的文化与市场优势,打破常规、开拓创新,结合办学实践与市场需求开拓出了一条以"创"立校的特色办学之路。正如时任义乌工商院院长王珉所说,"高职类的院校一定要紧密结合市场,跟踪经济动态"(YR)。正是义乌的"草根"创业文化环境,催生了义乌工商院"创新空间"与"知识空间"的储备与累积。

在初始阶段,义乌工商院同时从"创新空间"与"知识空间"开始了储备累积,义乌市创业文化的形成同当地独特的地理风貌、经济基础、历史传统等诸多因素有关,是自然环境与人文环境互动结合的产物,从本质上来讲是一种人文精神,是指导当地人进行创业的精神来源(单元案例一)。中国加入WTO后,外贸市场急速发展,带动企业对外贸人才的需求日趋紧迫,迫切希望能搭建一个平台培训企业员工,提升企业外贸综合能力。义乌工商院邻近义乌市场和众多知名企业,得益于中国小商品市场的天时地利,1999年筹建并于2002年正式建成(见单元案例二)。其中,创新创业文化为"创新空间"累积做了准备,学校的正式建校为"知识空间"的进一步发展打下了基础(见表8-2)。

表 8-2　初始阶段义乌工商院县域办学过程分析

单元案例	时间	动力类型	典型事件描述	状态特征
一	1999年	正向推力	义乌是一座草根创业创富十分活跃的城市，义乌人秉承自力更生、艰苦奋斗、自强不息的创业文化，坚持与深化"兴商建市"发展方针，走出了一条富有自身特色的区域发展之路	形成了义乌新时代创业文化，创新空间初现端倪
二	2002年	正向推力	开展创业教育需要发达的区域市场环境，依托县域支柱产业、成规模的产业群、健全的营销网络，推动和造就了义乌工商院的发展	政府区域规划导向，完成知识空间的初步积累

单元案例一

义乌市地处浙江省金华衢州盆地，一不靠海、二不沿边，地貌特征为山多地少且土地贫瘠，义乌市的自然禀赋较差，但正是这种环境激发了义乌人不怕吃苦的坚韧精神，依托深厚的文化资源来不断丰富其物质资源(Y3)。手摇着拨浪鼓，肩挑着货担，走村串户，开始了"鸡毛换糖"，这既是一种毫厘争取、积少成多、勇于开拓的创新精神，也是一种百折不挠、善于变通、刻苦务实的实干精神(Y2)，这也是为什么"鸡毛换糖"会名列浙商十大标志性事件中的第一位。改革开放以来，义乌市坚持和实践"兴商建市"发展战略，把培育、发展和提升市场作为重心，大力推进国际化、工业化与城乡一体化，开创出了一条富有自身特色的区域发展之路(Y2)。"小商品的海洋与购物者的天堂"已成为繁荣、文明的义乌市的代名词，"勤耕好学、刚正勇为、诚信包容"是义乌精神的重要内容(Y1、YR)。在艰苦奋斗、自强不息、奋发图强等诸多精神催生下，义乌市加快了与周围地区、全国甚至全世界的交流合作，促进多元文化融合，不断与外部碰撞、交流、互动和共生(Y1、Y4)，从而形成了新时代的创业文化，为义乌精神注入了新的活力与内涵。

从该单元案例可以看出，从摇着拨浪鼓、走街串巷的"鸡毛换糖"到成为世界小商品之都，其间孕育着敢创敢干、务实创新的地域文化和创业精神,义乌人紧紧抓住改革开放这一契机,在经济社会发展过程中提升了与周边地区、国内以及世界各地的交融,形成并展现了义乌新时代的创业文化。

> **单元案例二**

1993年,义乌小商品市场正式更名为浙江省义乌市中国小商品城,年成交额突破20亿元大关,被国家工商总局评为"全国文明集贸市场"。义乌经济迅速发展,急需大量能够服务市场发展的专业技术人才,义乌市委、市政府下定决心举办一所可以为义乌市场发展、城市转型培养人才的高校,而杭州大学正在寻找合适的合作伙伴,因此校地合作共同创办了杭州大学义乌分校。1999年,义乌市委、市政府毅然拿出资金与土地,在原杭州大学义乌分校的基础上筹建义乌工商职业技术学院,2000年学校改制为民办性质,2002年学校又恢复为公办性质,正式成立了义乌工商职业技术学院。义乌工商院是全国第一所由县级市投资兴办、列入国家统一招生计划的全日制高等职业院校,拥有英语、文秘、工业民用建筑、计算机、旅游管理与市场营销等6个专业,2002年首届毕业生初次就业率高达92.5%,得到了浙江省教育厅的充分肯定。

从单元案例一、二可以看出,义乌工商院的创业教育植根于义乌市场经济的繁荣,与地方文化资源有着良性互动。自创办以来,学校紧紧抓住国家创新战略和区域创业政策,依托义乌市场优势开展创新创业教育,积极鼓励大学生自主创业,培养学生创新创业精神和实践能力。义乌是世界小商品之都,是全球最大的小商品市场,汇聚着26个大类、180多万种商品,出口210多个国家和地区。截至2018年底,义乌市场主体总量突破43万户(YF)。义乌发达的市场环境、成规模的产业群、健全的营销网络推动义乌工商院自发开展创业教育。建立在特定区位优势、经济特色、历史传统等基础上的创业文化和人文精神是义乌工商院自发开展创业教育的思想源泉,有利于营造良好的校园创业文化氛围,推动大学生自主创业,积极传承地方创业精神。

二、实施阶段(2003—2008年):创新空间、知识空间进一步发展

大学生市场敏锐度的提升得益于创业实践的开展,高职院校在培育学生的创业能力时,除了面向市场需求开设各种专业课程外,急需改革和突破传统教学模式。正如时任义乌工商院创校校长贾少华所述:"我们可以建立这样一种全新的学业观:课堂教学是学业,实践训练则亦是学业。"教师的学生观、教学观也应同时进行改变,"实践能力、动手能力强的学生也是好学生"。理论知识的接受机制与创业实践能力的获得机制是不同的,大学生创业,需要学校的引导和鼓励,帮助学生树立自主创业的自信心和自豪感,支持他们积极投身自主创业(见单元案例三)。创业能力的培养需要学生完成从传统学习方式向创业学习方式的转变,学校层面则应从氛围营造、制度保障、教学投入等方面予以大力支持(见单元案例四)。创新空间与知识空间的进一步发展离不开国家宏观政策推动与学校制度导向(见表8-3)。

表8-3 实施阶段义乌工商院县域办学过程分析

单元案例	时间	动力类型	典型事件描述	状态特征
三	2007年	正向推力	义乌工商院积极探索新型创业教育模式,建成了大学生创业园、创业学院、电子商务学院,开设了电子商务创业班、shopee班、Wish班、ebay班,为学生开展创业活动搭建了实践平台	国家宏观政策推动
四	2007—2008年	正向拉力	学校强有力的领导班子为学校寻求办学资助、加强社会联系、协调管理冲突提供保障,学校制定了一系列有助于学生创新创业的政策和制度	学校制度导向

单元案例三

2007年党的十七大报告提出了"提高自主创新能力,建设创新型国家"与"促进以创业带动就业"的发展战略,高职院校开展创新创业教育是服务于创新型国家建设的重要举措,是培养学生创新精神和实践能力的重要途径。中国网络零售行业在2008年首次突破了三个"1"——全国电子商务消费者数量突破"1"个亿,交易数量总额突破"1"千亿元人民币,所占全国社会消费品零售总额的比例超过"1"个百分点,面对电子商务兴起的浪潮,在校学生如果能够获得比较专业且具有针对性的创业指导,自主网上创业的成功率将会更高。

从该单元案例可以看出,2006年以来,我国网民的数量以每年60%的增速呈井喷式增长,这一巨大的人口红利使得互联网各个领域迅速迎来发展机遇期,特别是电商领域。电商领域的自主创业技术与资金要求相对较低,为大学生自主网上创业提供了非常好的机遇,同时国家宏观政策鼓励创新创业,作为一种外在推力推动着义乌工商院创新创业教育的飞速发展。

单元案例四

2007年6月,义乌工商院出台《关于引导与鼓励学生创业的若干规定》,决定筹建大学生创业园。2008年,学校专门开辟了2600多平方米的场地建立学生创业园,为想走创业路的学生搭建了一个综合性的创业实践平台。(Y4、YR)不同的创业基地分布着不同专业的学生,他们既彼此鼓励又相互竞争,形成了良性的学习实践氛围。2008年12月,义乌工商院在全国高校率先打破了专业的界限,成立以培养"学生老板"为目标的"创业学院",这种比创业园更高级的创业人才培养模式,主要致力于帮助学生解决创业过程中的"成长的烦恼"。创业学院开设了"工商税务法""市场营销策略"等相关创业课程,旨在提高准企业家们的创业理论素质。当然创业学院也不是所有学生都可申请加入的,只有学生的自主创业月收入不低于8000元,或者学生所开的电子商务店铺的信用等级达到4颗钻("钻"是淘宝网等网络购物平台的一个店铺信用评价等级标准,店铺累计交易达5000笔以上才能达到4钻级别)才可以加入。创业学院第一批学员共30名,他们的业务范围主要涉及婚庆礼仪、电子商务、旅游外贸等行为业。校内已经形成了一条电子商务供应链,许多快递公司直接进驻校园,为这些自主创业的学生提供物流服务。义乌工商院除了开设创业课之外,在制度层面也为学生创业提供了保证。一是建立了弹性学制与学分替代制度;二是开设创业实践相关课程,凡经认定为创业训练的部分均给予相应的学分,当理论课程不及格时该学分可进行替换;三是建立学生创业的请销假制度;四是出台《创业学生的教学管理办法》,推出有利于学生创业训练的教学安排,创业学生可以通过晚上授课、休息时间补课、个别指导、网上提交作业、单独考试等方式完成课业学习;五是创新学生评优评先方法,以"得奖学金的是好学生,能得到企业的认可并重用的更是好学生""考试考得好的是好学生,创业搞得好的更是好学生"为评价宗旨,设立"创业奖"同时将学生打工占比率和开展创业活动的比率作为评价优秀班级的重要参考指标。

从该单元案例可以看出,高职院校应当树立"以学生为本"的理念,只要有利于学生的成长与发展,有利于人才培养质量的提升,都应坚定不移地支持。义乌工商院强有力的领导班子作为一股正向拉力与案例中的正向推力进行相互作用从而产生了推动学校发展的合力,正是因为这两股正向作用力促进了义乌工商院创业园的建立和创业学院的开办。

三、巩固与调整阶段(2009—2014年):共识空间产生

提升创业成功率的一个关键途径是建立创业教育实践基地,鼓励学生参与到真实的创业实践当中。在巩固与调整阶段,义乌工商院建立创意园,既为学生提供了一个创业的实战场所,又提供了良好的创业配套服务,使学生的创业成果能够尽快产业化(见表8-4)。义乌工商院义乌市创

意园是非营利性公益机构,采取"政府主导,产学研合作,企业化运作"的发展模式。政府在资金投入、政策规划等方面给予支持与指导,发挥统筹规划、引领定位的功能;义乌工商院负责具体的运营管理,充分展现高校服务社会功能;进驻园区的企业、机构按照市场化模式运行,在享受园区提供的各种优惠政策的前提下,全方位发挥自身的专业特长、灵活性和创造性。政府、学校、企业既分工又合作,充分激发了创意园的优势与活力(见单元案例五)。创意园的持续发展离不开政府资金的支持,但多来源的资金支持也同样重要。学校依托义乌市创意园,汇聚政府、行业、企业以不同方式共同注资,特别是入驻商家的资金支持(见单元案例六)。时任义乌工商院创校校长贾少华指出:"许多高校管理者认为创业教育只是就业指导,对创业教育的认识还停留在举办创业讲座、组织创业比赛等表层,对大学生进行创业意识、创业能力与团队精神的教育与引导并未引起重视,忽视了大学生的个性发展与创造性培养,在相当程度上阻碍了人才的全面发展。"对此,学校提出了"面向市场、面向学生、面向实践"的办学思路(见单元案例七)。

表8-4 巩固与调整阶段义乌工商院县域办学过程分析

单元案例	时间	动力类型	典型事件描述	状态特征
五	2009年	正向推力	基于小商品市场发展需要,在政府、企业、学校三方协同下诞生了义乌市创意园,它是全国首个以"小商品创新设计"为主要方向的创意文化园区,园内进驻实力雄厚、经验丰富的设计单位、产品研发科技型企业上百家	政产学研全方位合作
六	2009—2014年	正向拉力	创意园资金来源多元,助力学校进一步拓宽外围,创意园地址位于校内,但早已不是单纯的学校园区,成为一个区域性的创业集聚地	学校办学
七	2011—2015年	正向拉力	增强创新创业意识,提升大学核心竞争优势,形成创业创意教育特色	特色化发展

义乌小商品一直是设计简单、加工粗糙的代名词,严重缺乏创意设计,导致小商品附加值很低。"义乌市创意园"的开设,拉开了小商品从

"制造走向创造"的序幕,促进主产品在创意、设计、制作各个流程上不断精进,大大提升了小商品的附加值。义乌市创意园打造浙中地区创意产业集聚区,届时将大大提升义乌工商院的综合竞争力。

单元案例五

在义乌工商院的大力推动和义乌市政府的强有力支持下,义乌创意园于2009年11月18日正式挂牌成立。园区占地面积6000多平方米,划分为商务配套区、高校与科研机构业务区、工业设计展示区、工业设计企业工作区等多个功能专区。自开园以后,依托义乌现有的制造业基础,悉心打造了"工业设计特色示范园""设计学子实践基地""知识产权保护示范园"等特色品牌,助力义乌小商品品牌的转型升级,提升义乌企业和产品的竞争力。开园不久就有30多家知名创意企业、高校研发机构及个人工作室入驻创意园。创意园以小商品的研发设计和企业的品牌策划为主要突破口,以提升义乌企业产品的品质和附加值为己任,彰显创意、创新、创造,成为创意公共服务平台和创意产业机构聚集的园区。创意园实现了多角度、全方位的政产学研合作,加快了学校与企业、政府、产业园、其他高校的资源共享,聚集了强大的教学资源,成为教学大课堂与人才孵化器。以义乌工商院的创业学生群体为主体,快递物流服务、人才培训服务、传统商家等资源逐渐在学校周边集聚,形成了电子商务服务综合体,提升了区位竞争力,改善了电商创业的软环境,为创业商家节省了隐性成本,最终发挥了集聚效应。

从该单元案例可以看出,义乌工商院依托创意园这个平台积极探索创意人才培养模式,建立了政产学研深度合作的义乌市创意园,把学生实训实习、师资队伍建设、课程建设、文化引导等办学内容进行糅合,实现了创意人才培养过程中校校、校企(行业)、校区(区域)的协同创新,构建了基于真实创业环境的创意教学体系,基于创业内容的实践实训项目、创业导师和创意导师制度,以及基于创意和创业文化的育人机制,提高了创意人才培养质量。

单元案例六

义乌工商院是一所公办高校,资金来源主要是政府财政拨款,但是,学校依托义乌市创意园,聚集政府、行业、企业以不同方式共同注资,入驻商家也纷纷设立奖学金,如朱剑峰教育基金(4000元/人)、恒安奖学金(2000元/人)、天韵奖学金(一等奖1500元/人),二等奖800元/人、铁通奖学金1000元/人、集华奖学金(1000元/人),等等。义乌从"小"起家,小商品、小市场是"义乌制造"最为显著的特点,当地制造企业大多没有自己的产品研发中心,也不愿投资设立相应的研发中心。但是,产品更新换代的周期越来越短,企业对于产品研发和技术转化的需求非常迫切,与学校合作的意愿非常强烈。义乌创意园作为全国首个以"小商品创新设计"为主要研发方向的创意文化园区,虽位于校内,但早已不是单纯的学校园区,外围得到了极大的拓展,成为一个区域性的创业集聚地,产值累计达4亿元,带动生产产值近60亿元,为义乌商品市场提供了上万个创意产品,年均服务生产企业3000多家。园区引进了实力雄厚、经验丰富的设计单位、产品研发中心和科技型企业百余家,成为县域自主发展的学术心脏。创意园与市场、产业、企业需求紧密结合,及时把技术成果移出学校,使技术成果与市场、产业、企业需求实现对接,将技术成果顺利转化为现实生产力。

从该单元案例可以看出,义乌创意园虽位于校内,但早已不是单纯的学校园区,成为一个区域性的创业集聚地,创意园与市场、产业、企业需求紧密结合,及时把技术成果移出学校顺利转化为现实生产力。学校更加积极地从事产品研发和技术转化,创业活动不断增多,多元化的办学经费来源有力推动了学校独立自主办学,助力义乌工商院建设创业型大学。

单元案例七

义乌工商院统一规划,提出了"以专业建设为核心,以项目建设为抓手,开创教学工作新局面"的教学工作方针,以及"遵循高教规律,强化实践时效,突出创业特色,发展创意文化"的办学指导思想,要求全校做到

"教学做、产学研、技学创"结合与统一。2011年12月,学校召开了首届实践教学工作会议,提出了"面向实践、强化时效,开创实践教学工作新局面"的指导思想,结合义乌市经济社会发展的实际,提出了"面向市场、面向实践、面向学生"的办学理念。面向市场,及时跟上市场对人才要求的变化,依据这种变化来设置专业,调整培养目标,修订教学计划,在了解学生知识水平、心理特点的基础上,尽最大的努力为学生提供学习、实践的机会和平台,促进学生成长成才。2012年,学校2493名毕业生中获得浙江省教育厅颁发的"自主创业证"的学生人数达到了308名,毕业生创业率达到了12.3%,在全国高校中排名第一。2013年,毕业生就业率达到97.62%,其中自主创业率达到14.17%,毕业生自主创业率在全国高校中高居首位。

从该单元案例可以看出,学校要站稳脚跟,提升核心竞争力,必须走特色化发展道路。强有力驾驭核心是义乌工商院开展自主创业教育的基本保障,历届领导班子团结一致、奋发进取、敢闯敢干,多渠道争取办学资源和资金支持,积极推动体制机制创新和教育教学改革,增强教师社会服务能力,提升学校的核心竞争力,形成了特色鲜明的办学道路。

四、自我发展与改革阶段(2015年至今):"三空间"耦合发展

在这一阶段,义乌工商院注重创新创业与专业、产业、行业的有机结合,积极推进产教融合,深化创新创业教育内涵(见表8-5)。推进"双创"教育内容和形态的同步升级,紧密依托义乌市的区域优势,以培养服务"一带一路"倡议的国际化人才为目标,加强专业课程设置针对性,充分利用校内校外资源,搭建文化交流平台,以培养知识与技能并重、能力与素质并进的国际学生为目标,助力义乌国际贸易综合改革试点建设和"世界小商品之都"建设。

表 8-5　自我发展与改革阶段义乌工商院县域办学过程分析

单元案例	时间	动力类型	典型事件描述	状态特征
八	2015年至今	正向拉力	浙江省首批创业型大学建设试点院校,学校科研水平和社会服务能力大幅提升	"三空间"呈"三螺旋"状态相互作用
九	2015年至今	正向拉力	进一步提升核心竞争力,强化区域创新的辐射效应,促进学校内部革新,推动自主创新	特色创业型大学之路

单元案例八

"十三五"期间,金华市举起了"全面小康、浙中崛起"的发展大旗,义乌市吹响了"建设'世界小商品之都'"的奋斗号角,在这个具有划时代意义的时间节点上,义乌工商院迎来了历史最佳发展机遇(Y1、YT)。作为浙江省首批创业型大学建设试点院校,义乌工商院跻身全国高等职业院校服务贡献50强、国际影响力50强,2017年被教育部评为"全国跨境电商专业人才培养示范校""全国高校实践育人创新创业基地",2018年被评为浙江省普通高校示范性创业学院。2018年3月,教育部为贯彻落实《国务院办公厅关于深化高等学校创新创业教育改革的实施意见》精神,印发了《关于做好2018年深化创新创业教育改革示范高校建设工作的通知》,在更深程度、更高层次、更关键环节上深入推进创新创业教育与专业教育、思想政治教育紧密结合,深层次融入人才培养的全过程。

从该单元案例可以看出,义乌得天独厚的创业环境为义乌工商院提供了新的发展空间,学校紧密结合市场需求,增强社会服务能力,积极参与企业的实际运作,赢得核心竞争优势。同时,义乌工商院的技术转化和创新创业能力不断增强,具备了强有力的知识溢出能力,倒逼学校内部革新,走提升核心竞争力与创造力的内涵式发展道路(Y5、Y2)。经过20年的发展,义乌工商院的创新、创业、创意教育取得了丰硕的成果,将其转化为生产力以更好地为企业与政府提供服务,同时政府和企业对义乌工商院"创"文化的认可推进了学校创新创业教育与其他教育过程的进一步融合。

单元案例九

为了给国际学生搭建中外文化交流平台,义乌工商院为国际学生开设了"孔子讲堂"系列活动,内容涉及中国传统文化、地方文化、中国经济社会发展等多个方面,帮助他们进一步感知中国文化。自2017年以来,"孔子讲堂"作为国际学生了解中国文化和经济社会发展的一个重要平台,已经开展了8场活动,包括《"和"文化与"一带一路"倡议》《乌伤印象中国佛教维摩禅祖师"傅大士"》《创意转型背景下的实践探索》《汉字的智慧》《中国传统文化的当代价值》《义乌人文历史之一代才女倪仁吉》《拼搏在'一带一路'上的义乌人——从电视剧〈鸡毛飞上天〉说起》《诚信促进市场繁荣,诚信提升个人素质》等,这一系列活动加深了国际学生对"一带一路"倡议、中国文化、义乌文化的了解,帮助他们更好地融入学校、融入地方、融入中国。同时,依据国际学生的汉语水平、兴趣爱好量身定制相应的语言和文化课程,结合学校的创业优势,为国际学生开设"一带一路"跨境电子商务实务培训班,让国际学生了解义乌购、Wish和速卖通、阿里巴巴和淘宝网等方面的知识,组织国际学生参加"互联网+"大学生创新创业大赛、浙江省第十届职业生涯规划与创业大赛,为后续的专业学习以及毕业后从事贸易活动提供便利。

从前面的案例可以看出,义乌人抓住了改革开放的契机,在经济发展进程中加快了与周边地区、国内及世界各地的交融,学习吸收了多元文化,在碰撞、互动、共生中形成了义乌地区新时代的创业文化。

第三节 创业型县域办学模式的关键特征和空间互动分析

义乌工商院县域办学成果主要体现在依托义乌市特有的市场优势和文化环境,采取县域自发办学方式,体现了高校在其中的核心作用。学校搭建了大学生创业园、创业学院、电子商务学院,开设了电子商务创业班、敦煌班、ebay班,为学生开展创业活动搭建了多个实践平台。学校内的义乌市创意园是全国首个以"小商品创新设计"为主要研发方向的创意文化园区,为义乌数千家企业提供了上万个创意设计产品。学校已成功培养了来自五大洲70多个国家8000余名留学生,服务"一带一路"倡议。

义乌工商院在学校外部强推力、学校内部强拉力作用下,确立了大学在县域办学中的核心地位。一方面,积极主动与政府、产业沟通、合作,多渠道争取办学资源和资金支持;另一方面,通过推动学校体制机制创新和教育教学改革,提升学校的核心竞争力,确保"知识产品"能够赢得市场的认可。因此,选择创业型县域办学模式的高职院校具有较强的技术创新与转化能力,在项目巩固与调整阶段、自我发展与改革阶段通过"知识空间"转向"共识空间"再进一步转为"创新空间",探索与市场活动规律高度吻合的县域办学模式(见图8-2)。

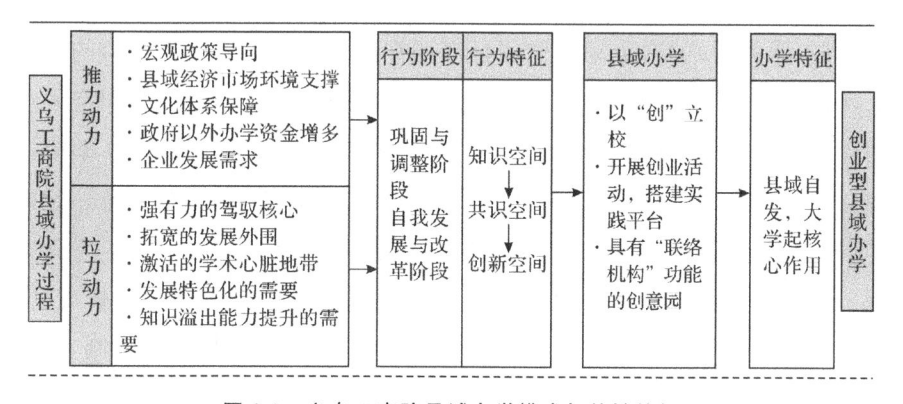

义乌工商院县域办学过程	推力动力	· 宏观政策导向 · 县域经济市场环境支撑 · 文化体系保障 · 政府以外办学资金增多 · 企业发展需求	行为阶段	行为特征	县域办学	办学特征	创业型县域办学
	拉力动力	· 强有力的驾驭核心 · 拓宽的发展外围 · 激活的学术心脏地带 · 发展特色化的需要 · 知识溢出能力提升的需要	巩固与调整阶段 自我发展与改革阶段	知识空间 共识空间 创新空间	· 以"创"立校 · 开展创业活动,搭建实践平台 · 具有"联络机构"功能的创意园	县域自发,大学起核心作用	

图8-2 义乌工商院县域办学模式与关键特征

创业型县域办学模式实质上是一种体现机体之间差异的变异机制。在县域办学正式实施之前,需要有良好的创业环境和创业文化,即"知识空间"与"创新空间"的积淀。在此基础上,在学校强有力领导核心带动下,形成高校、产业、政府三方之间功能强大、结构稳定的"联络机构","联络机构"充分融合了三方的核心利益诉求,身兼"技术转移办公室"与"产业联络办公室"的双重功能,把相关的知识与技术转移出高校,并通过"联络机构"的"产业联络办公室"功能采集来自产业的问题,产生不断加强的相互作用,最终形成特色鲜明的县域办学模式(见图8-3)。

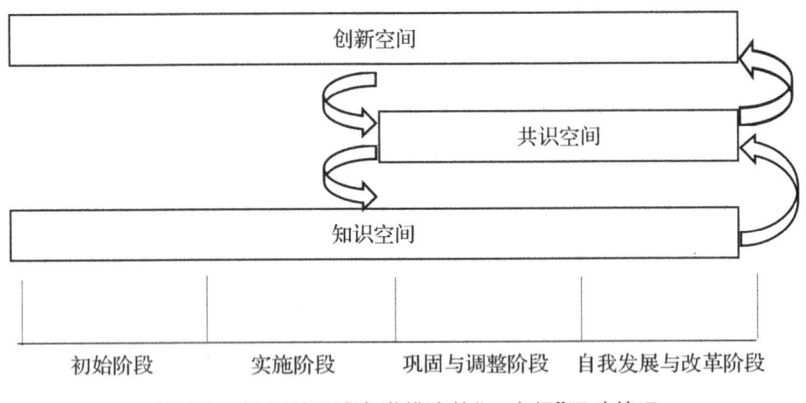

图 8-3　创业型县域办学模式的"三空间"互动情况

通过义乌工商院案例分析可以看出:

第一,在迁出区强推力(正向推力强、阻力弱)和迁入区强拉力(正向拉力强、斥力弱)的双重动力作用且市场在县域办学中占主导地位的条件下,引发高校、产业、政府"三螺旋"互动平衡状态的变动,遵循知识空间—创新空间—共识空间"三空间"交互强化的顺序,驱动高校通过办学模式的变革重构县域办学"三螺旋"的组织安排:在初始阶段,院校拥有一定的知识基础和创新创业平台,政府、高校、产业在县域办学上形成了广泛共识。在巩固与调整阶段、自我发展与改革阶段,高职院校通过"三螺旋"共同空间中共识空间向知识空间与创新空间转换,构建县域办学机制,使得高职院校一方成为高校、产业、政府"三螺旋"互动中的核心动力机制。

第二,新的县域办学机制表现为对原有办学模式的批判性继承或重塑,并基于新的"三螺旋"互动平衡对办学模式进行主观建构,通过"三螺旋"的感应与调节机制实现创业型办学模式,即依托县域市场优势,充分利用自身的知识技术创新与技术转化能力,吸引外部资源开发新的办学模式,加速科研成果或技术的转化,为县域产业和经济社会发展服务,使学校从次要的县域支撑机构转变为县域经济社会发展的动力站。

第九章
高职院校参与区域协同创新发展机制

当前,关于高校参与区域协同创新发展的研究成果并不匮乏,但尚缺乏系统的、有效的理论架构,呈现出碎片化特征。本章通过引入区域创新生态系统理论,在适用性分析的基础上,构建了包含动力、供给保障、协同共生和新陈代谢等四种机制的分析框架。

第一节 相关研究

一、国外相关研究

国外并不存在明确的高校参与区域协同创新的提法,但是对高等教育与区域经济协调发展关系的研究并不罕见。国外学者从不同角度对这一问题进行了阐述,概括起来主要有区域竞争力理论、"三螺旋"理论和点轴开发理论。

区域竞争力理论认为,以高等教育为源泉的国民素质与科学技术是提升区域竞争力的核心要素(Atkinson,1997)。"三螺旋"理论则主张,政府、企业与高校作为知识经济社会的创新要素,会以市场要求为枢纽,三种力量交叉,形成一种"三螺旋"关系,在区域内产生创新辐射效应

(Maddison et al.,1992)。点轴开发理论提出,区域经济发展是通过点轴式带动、扩散的方式进行的(Cowell,1999),高等教育是区域产业结构升级、技术创新变革、劳动者素质提升进而实现区域经济梯度转移的主要依托(刘琴,2007)。

以这些理论研究为基础,国外越来越多的文献研究介绍了高等教育与区域经济互动发展的实践案例。例如,20世纪以来,美国联邦政府与高校、企业界的联系不断加强,注重互动合作培养人才;同时,这种互动合作在二战以后又出现了新的形式:以大学为中心的"教育—科研—生产"联合体(刘琴,2007)。其中属于高职教育系统的美国社区大学,实施市、校、企合作人才培养模式,在办学经费、专业设置、课程开发、教学实践等方面建立了紧密的联系,是高职教育与区域经济发展互动、参与区域协同创新发展的重要体现。

二、国内相关研究

近年来,国内学者普遍认为,高职院校参与区域协同创新的理论建构主要建立在"三螺旋"理论或者社会系统理论的基础之上,与高等教育参与区域发展的相关理论基础颇为一致。

例如,吴玉光(2012)对政府、高职院校与区域经济发展的"三螺旋"互动关系进行了辩证分析,把高职教育促进区域经济发展的作用推上了更高的层次,认为这是一种政府调控下高职教育与区域行业之间的"三螺旋"模式,脱离了单纯的以高职院校或行业企业为主体的产学研合作模式或校企合作模式。赵清海等(2014)分析了高职教育与区域经济发展之间的相互影响关系以及高职教育对接区域经济的现状与问题,探究了具体的对接路径,明确提出应由高职院校、地方政府与行业企业协同努力,从而达到促进区域经济社会发展的目的。丁泗(2014)从国家创新体系视角解读了"协同创新",认为这是一种管理模式的创新,高校、科研院所及相关企业和政府间的这种"协同创新"实质上是对产学研联合模式的发展与继承,并从办学定位、体制机制、软硬件建设等方面提出了"协同创新"对高职教育产学研模式的路径拓展。高树任等(2014)基于社会系统理论的视角,提出了高等职业教育与产业集群在结构、功能与制度三方面的协同特性,并从实践层面对高职教育与产业集群协同发展的运作进行了剖析,探究了高职教育与区域经济发展之间的互动关系。

此外,学者们对这一话题的个案研究几乎都贯彻了"三螺旋"理论的核心思想。例如,董刚等(2010)以天津职业大学服务滨海新区为例,分析了现代高职教育与区域经济发展之间的协同关系,阐释了天津滨海区域经济发展与高职教育之间的互动,介绍了服务滨海新区提升学校内涵建设在专业建设、课程改革、师资建设、职业技术培训、校企合作等方面的途径。丁金昌(2013)以温州职业技术学院为例,探讨了高职院校参与区域协同创新、对接区域经济发展的路径或策略选择,介绍了学院在办学模式、专业设置、人才培育、科学研究、社会服务等方面的具体实践做法。从这些个案研究中可以看出,高职院校以区域产业为导向,强化与区域政府、行业企业的互动合作,寻找与区域经济发展的"耦合点",通过高职教育参与区域协同创新,从而促进区域经济社会发展。

第二节 区域创新生态系统理论对高职院校参与区域协同创新发展的适应性分析

国内较早研究区域创新生态系统的学者是黄鲁成。黄鲁成(2003)在 Cooke 提出的区域创新系统这一概念的基础上,借鉴自然生态系统协同竞争、互惠共生等特点,将生态学理论引入区域创新系统研究领域,认为区域创新生态系统是一定时空范围内创新主体要素与其外部环境通过能量、信息与物质的交换形成的复杂动态系统。区域创新生态系统一般包括创新主体要素和创新环境要素。创新主体要素是指参与创新活动的企业、教育机构、金融机构和地方政府等行为主体,是创新的主要源泉和区域经济发展的重要力量。创新主体的创新行为离不开各种创新环境要素,即政策法律环境、经济环境、科技环境、市场环境、社会环境、自然环境等(张淑谦等,2014),这些要素是创新主体要素成长、集聚、演化不可或缺的外部条件。

基于区域创新生态系统的概念和内涵,贾越(2010)、芈千里(2012)和孙福全(2012)等提出区域创新生态系统具有群体性、自组织性和共生性等特征。群体性是指在区域创新生态系统内,各个创新主体要素有着其独特的资源,为了促进资源的流动,区域内各个创新主体要素以互惠关系为基础,相互影响、相互作用,共同完成创新活动。自组织性是指各个创新主体要素根据创新环境要素的变化来反馈调节自身的活动,使系统内部持续产生创新动力,以保持区域创新生态系统的稳定(王景荣,2013)。共生性是指各创新主体要素间通过交流与合作,优势互补、相互依存,从而实现彼此获利。

高职院校是区域创新生态系统的创新主体要素之一,与区域经济社会紧密相连,共同构成区域创新生态系统。也就是说,研究高职院校与区域协同创新实质上是对区域创新生态系统的一种中观层面的分析。由此,梳理高职教育语境下各创新主体要素与各创新环境要素间的互动关系可以发现,高职院校参与区域协同创新也同样具备了群体性、自组织性、共生性等特征。

第一,群体性。高职院校为了满足产业需求及实现与区域协同创新发展的目标,需要资金、技术、人才、政策等资源的支持,而获得这些资源需要高职院校与其他创新主体要素的沟通合作与资源共享(彭莹莹,2011),这样才能有效地实现知识交流、技术扩散、资金流动、人才流动和信息传递。由此可见,高职院校参与区域协同创新发展具有群体性特征。这种群体性主要表现为高职院校间的合作、高职院校与政府的合作、高职院校与企业的合作等方式,它们一般以产业技术关联为基础,以技术标准为联结点,相互依存、互动,共同实现创新目标。例如,有的高职院校在实施协同创新、促进区域经济社会发展的实践中,探索科学的体制机制,完善组织架构,实行董事会制度,吸纳对高职教育发展有卓越的见识与强烈的责任感、具备较丰富的社会资源及突出管理能力的校外人士参与学校的相关管理事宜,完善以高职院校为主、多方共同参与的管理体制。又如,有的高职院校深化内部人事管理制度改革,探索学校、科研院所和行业企业之间的人才流动和共享制度(肖坤等,2014)。

第二,自组织性。高职教育的"职业教育"属性要求高职教育为区域行业企业和经济社会发展服务(李玉萍 2013)。也就是说,区域产业结构、转型升级等制约着高职院校人才培养的目标和方向。因而,高职院校需要根据区域经济社会对创新的需求,发挥主观能动性,不断产生创新能量,可见其自组织性特征十分明显。进一步来说,在高职院校参与区域协同创新发展的过程中,由于内外因素的影响或制约,高职院校、产业、政府等主体间的互动模式作为一个复杂系统也具有熵增现象,如若没有自组织作用,这一系统可能表现出功能衰减的不可逆、有序性减弱和无序性增加,这势必会影响整体协同效应的发挥,不利于高职教育有效对接区域产业、为区域经济社会发展服务。近年来,随着区域产业转型升级的要求,高职院校纷纷调整人才培养方向,从培养熟练劳动者和初级技能应用型人才向培育中高级技能应用型人才转变,促进高职教育与区域产业的无缝对接,不断提升服务区域产业升级的能力。

第三,共生性。在高职院校参与区域协同创新的过程中,高职院校、政府、企业、金融机构等创新主体要素,各自都有独特的性质与功能(信息、资金、人才、技术等)。高职院校与这些创新主体要素间通过联盟、协同、合作等共生机制彼此获利(王仁文,2014)。虽然它们能够独立运行,但通过功能性互补,将信息、人才、技术、资金等创新所需的资源进行有效结合,互补配套、互惠互利,可不断激发创新能量,从而促进高职院校参与区域协同创新的持续稳定发展。校企合作就是一种典型的互利共生关系,高职院校为企业提供创新技术、人才、技术、设备等资源,企业通过高职院校提供的创新资源进行产品及市场的开发从而得以生存发展;高职院校获得企业的资金、专家等资源开展创新活动,双方优势互补从而取得双赢的局面。可以说,高职院校与区域本身就是一对共生发展的关系,因此高职院校要以促进区域发展为新的依托,从而在区域经济社会发展中发挥越来越重要的作用,同时区域经济社会发展受内外部因素的制约,也越来越依赖于高职院校的支撑作用。

综上所述,高职院校作为区域创新生态系统的创新主体要素之一,参与区域协同创新,具备区域创新生态系统群体性、自组织性和共生性特征。在区域创新生态系统理论框架中展开高职院校参与区域协同创新的研究,实质上是对区域创新生态系统在教育经济领域的应用。与"三螺旋"理论建构不同,引入区域创新生态系统,将更好地适应协同创新这一复杂动态系统的特点与要求。

第三节 高职院校参与区域协同创新发展的模型构建

基于适用性分析,高职院校参与区域创新协同发展的运行机制也可解读为高职院校与区域内各创新主体要素及创新环境要素间相互作用和相互联系的功能关系。根据区域创新生态系统的特点,贾越(2010)、王仁文(2014)等学者研究认为,区域系统的运行机制包括"动力机制""供给保障机制(营养供给机制)""新陈代谢机制"及"协同共生机制"。因此,本书将高职院校参与区域创新协同发展的分析框架分为动力机制、供给保障机制、协同共生机制、新陈代谢机制四种机制(见图9-1)。

图9-1 高职院校参与区域协同创新的分析框架

根据贾越、王仁文等学者的研究,动力机制一般指推动事物产生的作用机理,以及保持和改善这种机理的各种动力要素所构成的组合系统。目前,有关大学参与区域协同创新动力机制的研究主要集中于产学研合作。如徐静等(2012)从宏观层面综合阐述了产学研合作的动力机制,周正等(2013)则从创新视角对这一动力机制展开分析。

供给保障机制主要是指周围环境提供人力、资金、技术等资源以维持行为活动不断发生的机制。目前较少有学者从供给保障角度对高校参与区域协同创新展开研究,已有的关于供给保障机制的研究主要集中于公共文化服务(耿香玲,2011)和农产品(王森,2014)等领域。

协同共生机制指各主体要素之间既竞争又合作,和谐共存的机制。徐霄红(2013)和邵云飞等(2015)等分别探讨了高校与企业的协同共生发展模式,以及多主体参与的高校协同创新过程。

新陈代谢机制指在一定的环境内,主体要素利用外界资源获得自身营养,并通过内部机制的加工,输出对他人有用的物质,系统在不断的交换中获得成长的机制。基于这一视角的研究目前还较缺乏。

为了更好地表述高职院校参与区域协同创新的机理,本章构建了运行模型,如图9-2所示。

高职院校作为区域创新生态系统的创新主体之一,存在于区域环境之内,并通过动力、供给保障、协同共生与新陈代谢等方式与区域环境之间发生互动、交流和交换。与传统的"三螺旋"理论把研究焦点放在高校、产业和政府之间的关系不同,模型对院校内和院校外进行了二分法,这就包容了除政府与产业之外的其他创新影响因素与主体,在不同的情境下,这些要素也发挥着不可忽视甚至决定性的作用。这一运行模型也符合创新发生的相关理论,例如创新的动力,在技术线性模型被认为过于简单的今天(Kline et al., 1986),创新的推动可能是来自要素稀缺(Hicks, 1932),更可能是市场拉动(Schmookler, 1966),因此,把高校创新的动力归因于某个产业过于简单化了,放在区域经济发展本身似乎更有说服力。从过程来看,创新是创新主体的一个渐进的学习过程(Arrow,1962),近年来用户在创新过程中的作用不断被强调,这就要求在分析高职院校参与区域协同创新时把研究放在更加开阔的视野之下。

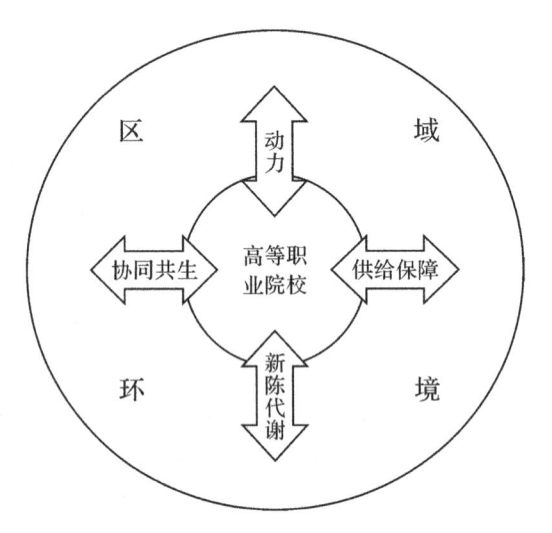

图 9-2　基于区域创新生态系统的高职院校参与区域协同创新的运行模型

第十章 国外高校参与区域协同创新发展案例分析

第一节 德国应用科学大学参与区域协同创新发展的案例分析

经过50余年的发展,德国应用科学大学的规模不断扩大,目前全国应用科学大学的总数占高校总数的一半以上。这些应用科学大学在市场需求、政府政策、法律法规驱动下,在人力、财力资源的支持和保障下,本着协同互惠的原则,积极参与区域协同创新发展。在专业设置、人才培养等方面密切结合区域产业特色,在师资配备、实习实践、科学研究等方面与行业企业开展合作,多方位参与区域经济创新和协同发展,对区域经济和社会发展起到了重要作用。

一、新陈代谢机制

受各种外界环境因素的相互作用,区域创新生态系统中的创新主体要素在外部激励和刺激作用下才能加速创新活动。作为区域创新生态系统的创新主体之一,德国应用科学大学参与区域创新协同发展的动力主要来自区域市场需求和政策法规引导,如图10-1所示。

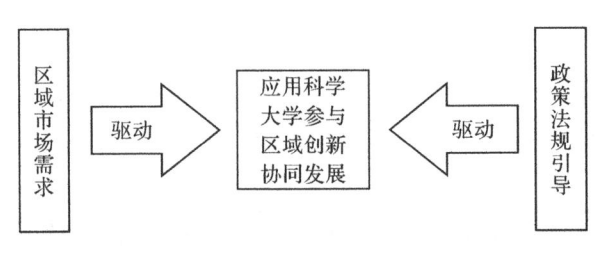

图10-1 德国应用科学大学参与区域创新协同发展的双元驱动机制

(一)区域市场需求

市场需求是区域创新生态系统中创新主体产生创新行为的关键推力。德国素有"全球制造业强国"美誉,制造业水平居世界前列,2013年提出工业4.0概念,发展信息科技战略,德国教育界和企业界对此高度重视。"工业4.0"背景下,德国对传统产业结构进行了优化升级,服务业和智能制造成为产业发展方向,使劳动力市场中的工作岗位需求两极分化。根据德国联邦政府官方的统计,一方面,德国机器和设备控制及维护行业的人才需求将会下降;另一方面,服务行业、IT行业等行业的人才需求将会显著增加,预计未来10年就业人数将增加6%(Weber et al.,2016)。为此,德国应用科学大学在专业设置上瞄准市场需要,课程安排上体现区域经济特色,课程内容上充分体现企业对员工的职业能力要求,并与企业合作成立相关行业委员会和研究中心,为这些企业提供高素质人力资源和技术支持,为区域产业升级提供保障。以IT产业为例,随着德国工业4.0概念的提出,高新技术的应用更加广泛,市场对信息科技人才的需求不断增加,各大应用科学大学纷纷开设了相关的专业(见表10-1),为产业升级提供应用型技术人才。如卡尔斯鲁厄应用科学大学地处享有"德国的因特网首都"美誉的卡尔斯鲁厄市,这里有很多IT公司和电气公司,对电力系统及其自动化专业人才的需求较大,因此,卡尔斯鲁厄应用科学大学开设了电气工程与自动化技术专业,相比于其他地区应用科学大学的同类专业,更偏向电力系统及其自动化方向(张冰洁,2016)。

表 10-1 德国工业 4.0 背景下相关人才培育措施

开设院校	开设专业	涉及领域	区域产业特点
卡尔斯鲁厄应用科学大学	电气工程与自动化	电气工程、经济、机械、信息、计算机	以信息技术、电气工程、机械工程、IT 为主
代根多夫应用科学大学	工程与机电一体化	机电一体化、机器人技术、控制技术	智能制造迅速发展
不莱梅应用科学大学	航空管理、贸易管理、航海技术	航空、航海、消费品经济	以航空航海产业为主，第三产业迅速发展

(二)政策法规引导

政策引导是创新主体生存和成长的重要条件。德国联邦议会分别于 1976 年和 1985 年制定和修订了《高等教育法》，确认了应用科学大学在高等教育中的合法地位，明确规定它与其他高校是"不同类型，但地位相同"的高等学校，在法律上享受大学应有的各项权利（龙飞，2015）。进入 21 世纪后，德国经济社会面临一系列新的变化，为促进应用科学大学顺应这个变化，2010 年德国政府发布了《企业社会责任国家战略——企业社会责任行动方案》，将企业社会责任上升至国家战略层面，明确了企业承担社会责任的方式。在培养人才的标准上，德国政府制定了《职业教育条例》和《框架课程》来规范各参与方的行为，以此构建了一个包含输入、过程、输出全流程控制的合作培养人才质量保障体系，将企业和应用科学大学在人才培养上的合作定义为常规任务（陈丹，2019）。

德国联邦政府和各州政府通过推出一系列政策、法律、法规，在鼓励应用科学大学为产业转型升级和结构调整培养所需专业技术人才的同时，在法律、法规约束下，与企业和全社会对企业参与人才培养的责任达成共识，以集聚多方资源和技术，共同研发项目，助推区域产业转型升级，并取得一定成效。例如，巴伐利亚州的慕尼黑应用科学大学是 2004 年"应用科学大学联合经济界科研计划"的受益者之一，在政府的支持和资助下,慕尼黑应用科学大学与企业合作开发设计了一个系统化的能力结构模型,该模型具体描述了德国工业 4.0 背景下毕业生应具备的核心能力和基本能力(李一,2017),解决了针对未来高度自动化工业从业人员应具备哪些能力的问题,为培养适合工业 4.0 要求的企业员工奠定了理论基础。

二、支持保障机制

维持创新主体的创新能量需要周围环境持续的支持保障,唯有良好的支持保障机制才能保障应用科学大学与区域协同创新发展的可持续性。对德国应用科学大学而言,支持保障主要来自人力资源保障和财力资源保障等方面。

(一)人力资源保障

教师是知识和技术的研究者和传播者,也是实施创新行为和培养创新人才的重要承担者和实施者。卓越的高素质教师队伍是应用科学大学发展的关键,直接影响人才培养的质量,是未来高等教育改革发展的重要动力。因此,在工业 4.0 背景下,德国联邦政府积极推进应用科学大学的建设发展,关键之一是着力提高教师能力。为了培养学生面向工业 4.0 需求的跨领域的贯通性知识和技能,德国应用科学大学的教师教育与培训强调教师跨专业通用知识和能力的培养(李一,2017),德国各级政府和应用科学大学出台了一系列政策文件,开展多元化的培训项目来强化此项工作。德国教研部《教育行动》强调,要实现教育数字化,必须使教师具备相应的传授数字技能的能力;各州文教部长联席会《数字化世界的教育》将师资培养与继续教育作为教育数字化的重要工作领域,以引导应用科学大学培养德国产业转型升级所需的数字化人才。同时,德国应用科学大学也采取了一系列举措(见表 10-2)。

表 10-2 德国应用科学大学相关人力资源保障举措

院校	举措	成效
下萨克森应用科学大学	教师每年免费参加进修	获得当地政府、行业企业的大力支持,教师及时掌握新知识、新技术、新规范
代根多夫应用科学大学	严格的教授选任、聘用制度	实现了应用科学大学对教授理论研究和技术应用兼具的要求,充分发挥了教授在教学和科研方面的作用
	规定1名专职教授配比20—30名学生	使学生的创造力、实际应用能力、团队协作能力和科研能力得到提升

1. 教师进修灵活化

不断更新教师数字化知识,提高教师数字化技能。如萨克森应用科学大学有"三级"教师进修形式,即州级进修、区级进修和校级进修。全州集中的进修由联邦文化部组织,每次培训时间为一周左右;地区性的培训由区政府组织,每次培训时间为数天;学校内的培训最为灵活,一般为1—2天。教师参加这些培训都是免费的,当地州政府将教师进修的经费一次性拨给学校,由学校自由支配(高浩,2011)。

2. 教师任用严格化

德国应用科学大学教师须满足两个资格条件,即报考资格和任职资格。德国对应用科学大学教师设定了较高的准入条件,一是报考人员已经获得文理学校毕业证书,二是报考人员已经在企业至少有过一年以上的实习经历。在任职资格方面,规定更为严苛。获得职业教育教师任职资格,候选人须在校进行至少九个学期的学业学习,之后须接受两次考试,第一次对其专业知识和技能进行鉴定,第二次是在进入预备教师期两年后,对其实践经验和能力进行验证性考试,这两次考试均为国家级考试,由国家统一组织(刘术永,2019)。在教授岗位选任、聘用方面,德国《高等教育总法》规定,除拥有博士学位外,担任应用科学大学教授还须拥有相关领域不少于五年的实践工作经历,并且其中至少三年是学术性机构之外的工作(孙慧,2015)。例如,代根多夫应用科学大学的聘用委员会对候选人的个人资历、教学资质和专业资质进行打分,委员会由4—5名学校教授和若干名通过选拔的学生组成,要求三项都通过才能进入下一轮选拔,否则将被淘汰。下一轮包括测试性讲座、必选题和选修题,必选题由学校教授出题(孙慧,2015),具体选任与聘用流程如图10-2所示。

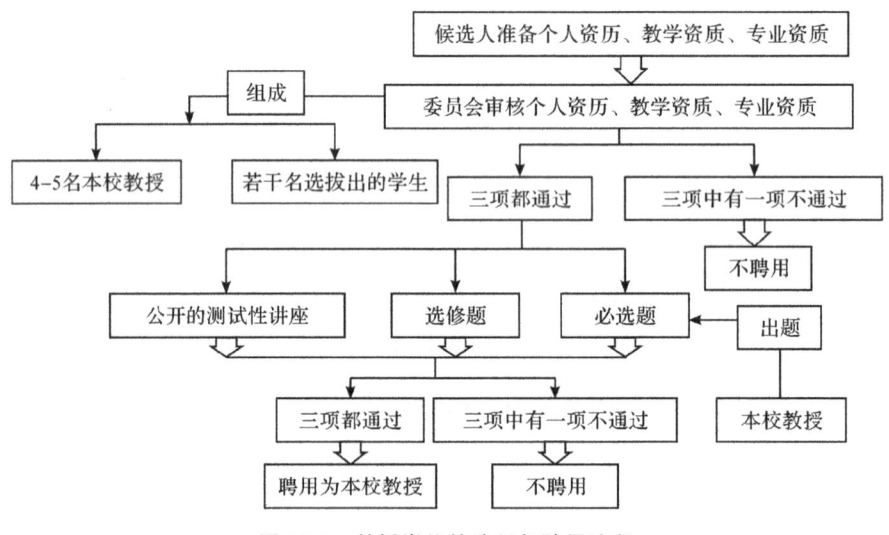

图 10-2 教授岗位的选任与聘用流程

3.师资队伍来源多元化

德国应用科学大学注重引进实践经验丰富的从业人员,并聘任产业界专家兼职教授。如代根多夫应用科学大学除了专职教授外,还大量聘任来自企业界或其他社会单位具有丰富实践经验的高级工程师、中层管理人员、技术带头人等来校兼任教授(陈正,2014)。

(二)资金保障

充足的资金支持机制对提高创新行为的效率和效益起着关键作用,能够保持创新主体创新活动的持续性。德国应用科学大学绝大多数为公立学校,办学经费主要来自政府拨款,由州政府和地方政府共同承担。此外,由于德国的高等教育是由多个部门协同参与管理的,因此其经费保障体系也呈现多元化,除了政府的经费支持以外,还存在企业和个人等多方筹资的方式,形成了一个由公共财政和私营经济组成的多元混合经费体系。

1. 政府拨款

政府拨款是指德国各级政府部门为了促进应用科学大学的发展,利用财政收入向各应用科学大学提供财政资助的形式。政府拨款的主要来源有联邦教育与研究部、联邦经济及科技部、联邦劳动劳动与社会事务部、经济合作和发展部、州政府和地方政府等部委,以及州政府、地方政府。其中,州政府主要负责学校内部事务的成本(如制订课程计划的费用,以及教职工的工资和养老金等人事费用),而外部事务的资金主要由地方政府负责(如建造、维修学校大楼,教学与学习资源的采购及管理人员的工资及养老金等)。政府投入的经费主要用于维持学校的正常运转和基础设施的新建与维修,支持和推动应用科学大学与区域协同创新。私立应用科学大学根据所在州的实际情况可获得州政府一定比例的拨款与补助。政府拨款主要有两种形式:第一种是在基本拨款基础上,将各应用科学大学的教学成果按照一定公式进行计算,表现优秀的应用科学大学可以获得较多拨款;第二种是根据项目情况申请政府拨款,政府先给付一半的项目资金,实现目标后,再支付另外一半。这两种经费管理模式,有效保障了政府经费的使用效率,督促应用科学大学提高教学质量。

2. 企业资助

德国企业对应用科学大学的资助方式包括直接资助和集资资助(Deissinger et al,2004),主要用于负担实训教师工资、建立职业培训中心、支付学徒补贴、科学研究等。据统计,2017年,德国企业在应用科学大学的总支出为276.85亿欧元,占当年德国在职业教育总支出的71.5%;2010年,德国企业科研投入总额为490亿欧元,占全国科研总投入的70%,其中有一大部分资金投向了高校。勃兰登堡州维尔道应用科学大学位于德国维尔道市,是该州最大的一所应用科学大学,其技术成果转换项目数量每年均居勃兰登堡第一,产学合作成果丰硕,其项目资金50%来自非政府投入。

三、协同互惠机制

协同互惠机制可以理解为德国应用科学大学与企业之间相互依存、相互促进,以提高创新效益的合作机制。区域创新生态系统中创新主体之间的互动与协调,是实现创新主体不断优化的必备因素,能够促进创新主体的创新行为,保持持续动力和能量,提升应用科学大学在区域创新生态系统中的发展水平,增强区域经济的持久力,加速创新成果在系统内的扩散。应用科学大学作为技术创新主体,为企业提供科研和技术支持。同时,应用科学大学也是人才培养的主体,承担向社会输送企业所需人才的重任。在互惠原则下,应用科学大学与产业之间加强合作,共同研发,实现了资源的有效交流以及理论与实践的有效结合。

(一)与区域发展相协调的创新研发

在创新研发方面,德国政府通过法律、法规的引导,推动应用科学大学与企业协同参与区域经济发展,通过投入补助资金、组织实施科研计划,积极搭建合作平台,促进校企之间的科研合作。同时,应用科学大学充分发挥科研人才优势,设立科技园区,建立专门的研究所、科研中心或技术转化中心,搭建科研创新平台,满足企业的科研创新需求,将研究成果运用于经济发展。

1. 构建多层次、多元化的校企合作模式

校企合作是提升应用科学大学办学能力、促进科技产业化、提升企业创新能力以及构建大学创新课程体系的一个重要环节。德国应用科学大学的办学重点在应用科学方面,以满足企业需求为主要目的,强调对学生实践能力的培养,与企业的合作非常紧密。因此,德国应用科学大学与企业合作的形式多种多样,主要表现为企业在不同的层面上参与大学的教学、科研和管理等活动(佘远富,2011),推动应用科学大学科研与产业需求结合,促进企业创新发展,从而服务区域经济。例如,在科研合作方面,德国企业会在高校设立或资助实验室和研究机构,与高校合作进行产品的创新开发。德国应用科学大学通过成立科技园区的方式为企业创新提供技术平台,根据区域内企业和行业的特点设立有针对性的科技园区,进行创新应用研究。例如,代根多夫应用科学大学在州政府支持下,为教授和企业搭建了一个良好的科研创新平台,设立了6个科技园区,分别在光学、机器人技术和控制技术等方面进行研究和开发,这些研究项目主要是结合巴伐利亚州代根多夫市周边各家中小企业的生产需求,为这些企业的创新发展提供战略决策(高红英,2013)。

2. 健全产教融合治理体系

产教融合的治理体系是指以推动实施产教融合为宗旨而建构的一套有机系统,包括机构体系、政策法规体系、融合机制、融合策略等(逯长春,2019)。德国政府、行会与工会等多元主体积极介入,重视协调机制构建,成为紧密联系、彼此协调的产教融合命运共同体(逯长春,2019)。教育与研究部、经济和能源部是联邦政府治理高等教育产教融合最重要的两个部门,联邦教育和研究部通过政策和项目来积极推动产教融合,如2006年启动的一项"职业启动器"支持计划,并在"工业4.0"背景下升级为"职业启动器+",至今已有500多个项目获得支持。代根多夫应用科学大学充分利用政策,将技术园区、企业、高校三方面进行整合,共设有5个合作的技术园区,分别是 Technologie Campus Cham(主要研究机电一体化、机器人技术、控制技术等)、Technologie Campus Freyung(主要研究嵌入式系统、生物学技术、地理信息系统、元器件编程、电路板装配等方面)、Technologie Campus Teisnach(主要研究光频技术、高频技术)、TechnologieZentrumSpiegelau(主要研究玻璃材料压制工艺)、Campus Schloss Mariakirchen(主要研究可持续建筑、材料热绝缘性能等方面)。德国行业协会能直接举办高等院校,如汉堡职业学院成立于2005年,由汉堡手工业行会、什末林手工业行会等8个行会和联合会共同举办,行业办学在实施产教融合上具有独特优势,能够积极引导应用科学大学与产业合作,推动区域经济发展。

(二)与区域发展相适应的人才培养模式构建

为加强应用科学大学与区域产业发展的协同,提高与区域经济发展的适应性,应用科学大学根据学校自身情况和区域产业特点,在学校管理和教学、实习实训以及专业设置等方面与区域产业界合作(见表10-3)。

表10-3 应用科学大学与区域发展相适应的人才培养制度

院校	涉及方面	制度
维尔道工程应用科学大学	学校管理	理事会制度
代根多夫应用科学大学	教学	校外导师制度
	实习实训	毕业实习制度
	专业设置	专业设置认证制度

1.德国企业全面参与学校的管理和教学工作,尤其是企业专家居多

应用科学大学的高校理事会中有许多来自企业和工商界的人士,代表企业的利益和社会需求,他们参与决定高校的战略发展规划和学科专业设置。例如,维尔道工程应用科学大学理事会由教授、企业专家及学生组成,共11人,其中专家和教授共6人、讲师2人、后勤部门主管1人和学生2人,第一线的企业专家主要负责有关实践教学活动,以及对新专业的开设和教学内容的选择提供咨询。代根多夫应用科学大学校董会由16人组成,符合德国联邦政府教育法规定的人数要求,其中校外人员8人、企业专家5人、其他大学教授2人和研究所人员1人。德国企业常常通过在应用科学大学中资助设立基金教授席位或以兼职教授的形式让企业专家参与学校教学,如代根多夫应用科学大学不仅设有3个基金教授席位,还建立了一个资助项目"校外导师制度",学习优秀的学生可以申请校外有经验的企业专家作为其导师,导师规模从10多人发展到现在的80多人。基金教授和"校外导师制度"成为联系企业和学校的桥梁。

2.应用科学大学建立了与企业紧密结合的"毕业实习制度"

企业提供了真正意义上的"顶岗实习"机会,确保了实习机会与工作机会基本相当。应用科学大学本科专业的学制是7个学期,第6个学期

是进入企业的实习期,最后一个学期是完成毕业论文(孙慧,2015)。为了培养学生的实践操作能力,并满足企业需求,学校规定学生必须完成相应实习要求才能毕业。学生选择实习企业的途径主要有三个:一是学校结合企业的需求设立"实习办公室",为学生提供实习信息和申请指南等帮助;二是通过学校教授与企业的合作关系,企业为学生提供实习岗位;三是通过双向选择的方式,企业将需要实习生的岗位信息发布在相关网站上,学生投简历进行应聘。因此,大部分企业都可以招到符合要求的实习学生,如与代根多夫应用科学大学合作的左纳公司(Zollner),是德国电子产业巨头,还是全球排名前15的电子产品制造商,学生在左纳公司实习期间,公司根据学生实习类型提供两类工资待遇。同时,学生可以向企业申请毕业设计岗位,但需以解决企业中的实际问题为论文题目,企业将安排专家提供指导,公司提供一个月500—1000欧元的工资,激励实习生留在企业完成毕业论文。如代根多夫应用科学大学有60%—70%的学生选择留在企业完成毕业论文(孙进,2012)。这提高了学校人才培养质量,又解决了企业发展中遇到的实际问题,实现了共赢。

3. 德国应用科学大学结合区域产业和自身外学特点

德国应用科学大学主要根据企业的需求设置专业,在专业设置上尤其注重应用性。一方面,根据区域产业特点和企业需求设立不同的校区或科技园区是德国应用科学大学的特色,目的在于使专业设置与本区域经济发展更加协调。例如,代根多夫应用科学大学的专业设置与当地产业结构和企业需求密切联系,Grafenau校区与当地的超市合作,研究物流技术中的工业流程管理;Cham校区专门针对机器人进行专项研究,以提高居民的生活质量;Mariakichen校区针对当地生育率低,对养老医护人员需求增加,与当地一家福利院合作专门研究老年健康问题。专业设置的针对性和应用性特征,促使德国应用科学大学快速成长,以及区域经济的飞速发展。另一方面,德国应用科学大学注重自身专业特色开发。例如,不莱梅应用科学大学的专业设置充分体现了区域性,其与当地30多家公司建立了合作关系,因地处港口,加上区域内包括空客生产基地、汉莎航空公司和造船厂，不莱梅应用科学大学设置了航空管理、船舶制造、航海技术等特色专业，同时，不来梅应用科学大学也依托于企业的发展需求而实现自身发展，伴随企业的成长而不断壮大（刘璐，2017）。

代根多夫应用科学大学是一所定位于服务地区企业的大学，学校的决策委员会根据学校自身条件，在充分调研区域社会需求、就业情况的基础上设置专业。决策委员会主要由校内教授和来自大型企业的专家组成，就开设的新专业对学校及该州将产生的经济效益和科学贡献进行分析，从申请到设定至少需要 1 年半的时间，新专业的开设流程如图 10-3 所示。在新专业的建设过程中，决策委员会还要负责对该专业进行监督，进行过程性评价，每五年进行一次评审，包括教授的资历、所开课程的科学性和财政状况（孙慧，2015）。学校 70% 的学生毕业后都会留在学校附近的企业工作（黄春霞，2016）。

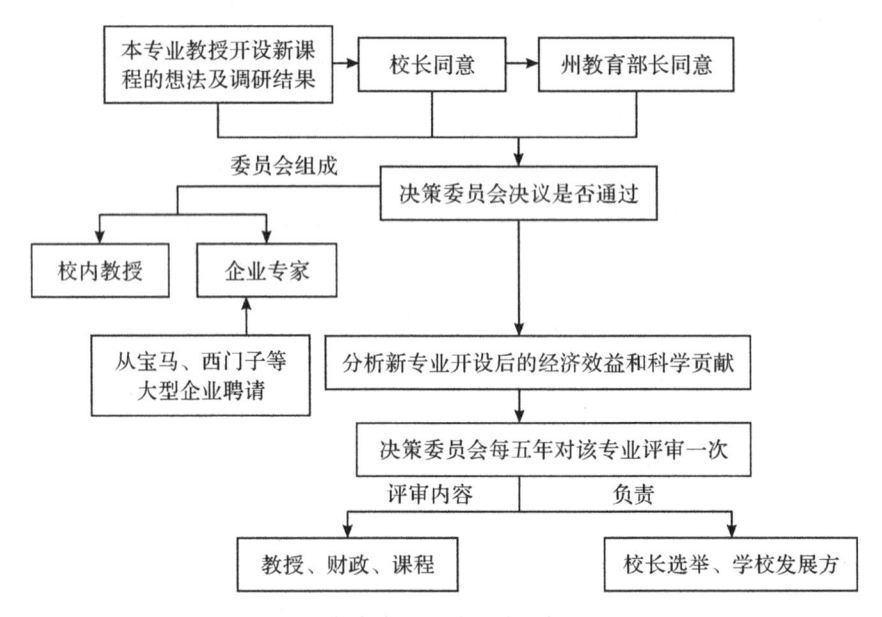

图 10-3　代根多夫应用科学大学新专业的开设流程

四、评估激励机制

德国应用科学大学与区域协同创新的激励形式主要包括评估监督机制与保障激励机制。

（一）评估监督机制

建立评估监督机制是创新主体不断发生创新行为的重要举措，是区域创新生态系统保持活力的重要保障，德国联邦政府和各州政府都非常重视对应用科学大学的评估，并将其视为提升教育质量的监督手段。

1. 评估组织具有多元性

德国应用科学大学的评估组织包括政府的高等教育管理机构、咨询机构或者由他们授权的评估机构，如下萨克森州高校评估中心是在政府支持下由该州大学校长联席会议建立的。又有一些由学科专业委员会成立的评估组，以及非官方的在德国有一定影响力的周刊、杂志等（张新科，2004）。

2. 评估指标体系具有区域性

德国政府没有指定统一的适用于所有应用科学大学的评估指标体系，而是根据不同高校类型和所在区域展开评估。如1997年韦斯特伐利亚建立了专门为评估应用科学大学的中介机构。在评估某个院校时以系为单位，面向学科组织进行有针对性的评估。针对地区或组织的评估主要以同类高校的专业培养会计划为参照，将区域协同性作为重要评估标准。例如，下萨克森州会对该州所有应用科学大学的电子工程专业培养计划进行评估，并发表相关评估报告。个性化评估体系，可用来鼓励各高校结合自身实际和区域经济发展特点，在不同的专业领域和不同的人才培养类型上形成自己的特色（刘璐，2017）。

3. 重视过程性评价

德国应用科学大学自身建立了一套较为完善的专业设置认证制度，学校定期考查专业设置情况，每五年由外界的独立机构（国家认证委员会）认证一次，认证机构通过与学生、教师进行交谈，考虑学生的就业满意度,最终做出对专业的评价,并颁发一个为期五年的认证证书(黄春霞,2016)。这种证书直接关系到该专业学生的就业情况,如果学生所学专业没有通过认证,学生将会面临无法就业的风险。

(二)保障激励机制

在推动应用科学大学参与区域协同创新发展的过程中,德国十分重视法律法规的保障作用,逐渐建立了完备的法律法规体系,其完备性体现在几乎对院校与区域产业协同创新发展过程中的所有环节和节点,进行了规范,如参与主体、主体责任、体制机制、主体资质、培训职业开发与修订、课程框架制定、考核评价制定等。与应用科学大学发展密切相关的法律法规有:联邦政府制定的《高等教育法》《职业教育法》《手工业条例》《实训教师资格条例》等;各州制定的《职业学院法》和《职业培训条例》等。德国不仅依靠法律法规来推动应用科学大学与区域产业的协同创新发展,还通过定期评估企业培训的成本和收益,确定和消除可能的不良影响,促进企业与应用科学大学开展密切合作。一般来说,企业得到的补贴资金约为其净培训费用的50%—80%,在特殊情况下也可获得100%的培训资助。如2008年联邦政府启动了联邦培训补贴金政策,对凡是增加或扩充培训名额的企业,提供相应的培训补贴。此外,还有地区层面的培训贷款政策和行业部门的补贴政策。政府通过各种优惠政策激励企业与应用科学大学合作开展实践培训。总之,在完备的法规保障和充足的资金补贴的保障和激励下,德国应用科学大学积极参与区域协同创新发展。

第二节 美国得克萨斯州高校参与区域协同创新发展的案例分析

美国高校参与区域协同创新发展的运行机制也可解读为美国高校与区域内各创新主体要素间及与创新环境间相互作用和联系的功能关系。

根据牛司凤等(2014)和纪照华等(2015)对美国北卡罗来纳州与康涅狄格州纽黑文市高校参与区域协同创新路径的研究,美国高校参与区域协同创新离不开政、校、企共同参与,发挥学校学科优势,协同开展科研项目,搭建并完善创新平台,从而促进科技成果转化,合力推进区域协同创新发展。具体来说,可从资金、人才、政策等各项资源的投入与分配将美国高校参与区域协同创新发展的机制分为"需求驱动机制""聚力支撑机制""协同创新机制""评价反馈机制"(见图10-4)。

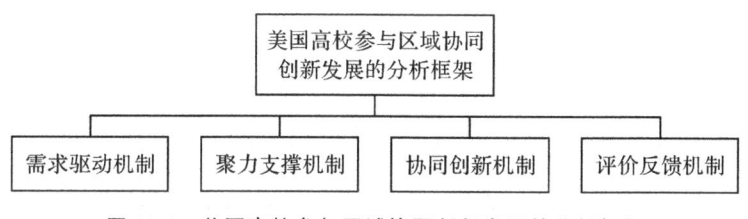

图 10-4 美国高校参与区域协同创新发展的分析框架

先进的技术未必实用,也未必能真正满足用户的需求,需求驱动就是强调需求的真实性,强调深入调研区域经济发展的内在需要。聚力支撑机制的构建源于三角支撑的稳定性,即多方因素共同对同一目标进行支撑的效应大于单一因素的支撑效应之和。协同创新机制是创新主体进行资源整合提高创新效率的新型创新组织形式。随着创新复杂性的大幅提升,同时伴有较强的融合性,单一主体独立开展创新活动所面临的困难加剧,传统的线性和链状创新模式已不能满足区域经济的创新需求,多元主体广泛参与协同创新成为新型创新组织模式(解学梅等,2015)。评价反馈机制通过区域经济发展与人才就业情况的反馈,帮助高校及时修正人才培养计划与课程设置,从而形成一个闭环回路(王立杰等,2018)。

一、需求驱动机制

从 20 世纪 90 年代开始,高校与区域开展协同创新发展已成为世界高等教育发展的一种新态势。开展区域协同创新是区域产业升级的重要途径和集中体现,对此,一是要确保科技与经济发展相协同,从而提升科技对经济增长的贡献,达到科技与经济的双向互动;二是要确保科研与教育相协同,架构起技术更新、人才培养与要素优化有机结合的联动模式,进一步推动科技与教育体系改革、科教政策创新,有组织、有计划地培养一批能够攻克重点科学技术难关、引领新兴学科与高科技产业升级的科技领头人才,继续完善科技发展和推广体系。高校参与区域协同创新,不仅是高校服务社会职能的内在驱动,也是区域综合实力提升的外在需求,这种需求驱动关系如图10-5所示。

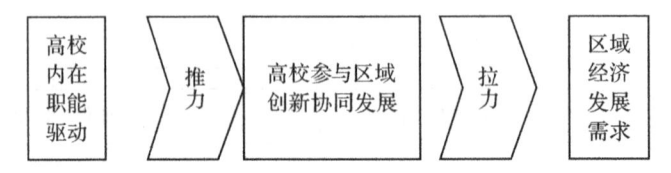

图 10-5 高校参与区域协同创新发展的需求与驱动

(一)高校内在职能驱动

从18世纪中叶到20世纪中叶,西方世界创造了令人瞩目的工业文明,在从农业经济转向工业经济的过程中,慢慢出现了高校服务区域经济职能的萌芽。美国教育学家菲利普·阿特巴赫(Phlip Altbach)在其著作中谈到,当代美国高校是在三方面影响下成立的:德国的科研观念、英国的文科传统,以及举办公立赠地大学等为州服务的思想(菲利普,2001)。随着1862年《莫里尔法案》的签署和威斯康新思想的出现,社会服务职能正式成为美国高校的三大职能之一。美国高校的办学理念多数延续了威斯康星思想的主要精神,即为区域的经济和社会发展提供服务,美国各州高校的社会服务职能日渐完善,持续推动着美国经济与科技的发展以及居民生活水平的改善。这看似是美国高等教育的独特发展路径,其实是世界经济发展需求的写照。以美国得克萨斯州四所高校为例,这些高校都设置了与社会服务有关的院系与课程,从医学、管理、行政等各个方面提供社会服务(见表10-4)。

表 10-4　美国得克萨斯州高校社会服务课程开设情况

高校名称	开设学院	涉及领域	开设课程
得克萨斯州大学奥斯汀分校	史蒂夫·希克斯社会工作学院	医学行政	·公共卫生 ·公共事务 ·卫生保健社会工作
贝勒大学	戴安娜·加兰社会工作学院	·医学 ·行政管理	·公共卫生 ·社区领导与合作
休斯顿大学	社会工作研究学院	·社会工作 ·行政管理	·社区发展战略 ·社会服务政策倡导
莱斯大学	社会科学学院	·医学 ·社会管理	·医学社会学 ·社区与城市社会学

资料来源：根据相关高校网络公开资料整理得到。

(二)区域经济发展需求

区域整体实力的强弱取决于区域内经济发展的状况，在知识经济的背景下，区域经济想要实现快速且持续的发展，离不开科技支撑，而提升科技竞争力则需要大量应用型创新人才与创新知识的合力支持，高校参与区域协同创新是提升区域创新能力与整体实力的应有之举。以得克萨斯州为例，它位于美国南部，土地面积和人口数量均为全国第二，曾经是美国重要的棉花供应地，现在以美国航天局约翰逊(NASA Johnson)空间中心而驰名。得克萨斯州休斯顿市有世界能源之都的称号，休斯顿致力于升级单一的石油工业布局，成为美国高新技术中心之一；达拉斯被称为硅平原，是美国第二大高科技中心；圣安东尼奥被称为美国信息安全技术领域的"领头雁"；首府奥斯汀位于达拉斯与圣安东尼奥之间，被喻为"小硅谷"。得克萨斯大学奥斯汀分校建在奥斯汀市的中心位置，优越的地理位置使它能够为全得克萨斯州的居民和机构提供服务，同时奥斯汀分校董事会成员也广泛地参与到得克萨斯州各项事务治理中，进一步增强了该校与区域的关系。

美国微电子与计算机技术公司（Microelectronics and Computer Technology Corporation，MCC）拥有很强的研发实力，对区域高科技产业的发展具有莫大的价值，得克萨斯州奥斯汀市在激烈的角逐中取得 MCC 公司的青睐，得克萨斯州提供了 6000 多万美元的财政拨款支持，资金用途主要为：①得克萨斯州政府与个人捐赠者出资 2000 万美元，在得克萨斯州大学奥斯汀分校的巴尔克恩研究中心为 MCC 建立一个专业实验室；②得克萨斯州政府与得克萨斯州大学奥斯汀分校出资 1500 万美元扩充电子工程学专业与计算机科学专业的教师队伍，并为这两个专业设立了 30 个年薪达百万美元的讲座教授职位的；③得克萨斯州政府为得克萨斯州大学奥斯汀分校与 MCC 的联合研究项目提供 950 万美元的研发经费，并且每年还为得克萨斯州大学奥斯汀分校电子工程学专业的和计算机科学专业的研究生提供资助；④奥斯汀地区的工商业企业出资 2000 万美元，为 MCC 雇员提供低于联邦国民抵押贷款协会利率的住房抵押贷款，并负责安排 MCC 雇员家属的就业（Engelking，2010）。从以上资金用途可以发现，得克萨斯州不只是单纯地满足 MCC 公司的需求，而是将资金的使用与得克萨斯州大学奥斯汀分校的发展紧密结合，帮助这所高校的计算机科学专业与电子工程学专业打造成世界一流专业，这是对区域信息与通信技术产业的战略性投资。

二、聚力支撑机制

一所高校想要成为世界名校，一个区域想要获得经济可持续发展，关键在于政府、高校与企业紧密合作，取长补短，为区域协同创新提供聚力支撑。

（一）政府财政拨款支撑

高校与区域实现协同创新发展需要大量的经费作保障，高科技产业具有风险高、周期长、收益高的特性，因此资金是确保协同创新能否成功的关键性因素。美国高等教育办学经费很大部分来自政府支持，特别是公立高校与公立高等研究机构。以得克萨斯州为例，每年的高等教育预算拨款分为三种途径：一是直接拨款，即将税收依据资金的计划用途和特定方式直接划拨到高校；二是非直接拨款，即这部分款项不是用于特定的某个高校，而是用于高校员工的医保、社保和退休金等；三是特定用途的非直接拨款，这些资金由协调委员会划拨，专门用于某个高校或某项基金（钟玮等，2013），基金用于科研、教育管理、奖学助学等，其中绝大部分用于资助学生，一部分用于高等研究项目计划实施。值得关注的是，美国高等教育经费中用于课程教学的经费占比非常大，美国的高校深知只有提供好的课程教学质量才能吸引更多的学生。州政府深知，只有提高教学质量，把功夫花在课程教学上，才能提高整个州的高等教育水平，因此其对高等教育课程教学方面给予了很大的支持。

（二）企业科研平台支撑

企业的发展需要政府和高校的支持，但企业作为科研转化平台，服务在区域协同创新发展和承担责任的功能上有着天然的优势。首先，从市场角度来看，企业处在生产的第一线，产品直接面对用户，它们能够使技术开发的想法更贴近实际、关注实效，直接将成果转化为契合市场需要的产品。其次，企业，尤其是拥有雄厚科研实力的大企业，应主动挑起科研开发和投资的重担，这样可以减少高校的科研风险，同时有利于技术的转移和扩散以及科技成果的转化，解决科研与生产脱节的问题。由此可见，企业在与高校、政府协同创新发展的进程中承担着重要的任务，在获利的同时也成为政府税收的主要来源和高校教学科研的重要伙伴。

（三）高校知识创新支撑

美国高校同工商企业有着一种共生关系，高校被看作一种地区的、州的和全国的资源（葛守勤等，1993）。高校是美国知识创新体系的中心，高校通过科研投入直接影响区域知识创新，又通过人才的输出和知识的溢出来改善区域的创新环境，其中前者对美国知识创新体系的作用更直接，影响也更大，后者作用相对间接。美国高校在与其他创新主体的互动中实现了资源共享和优势互补，提高了资源配置效率和创新速度。高校因地制宜开设的特色优势学科是区域创新体系中的知识创新主体,在区域经济社会发展中展现了强大的知识创新、技术引领作用。同时,特色优势学科要注重创新创业精神培养,注重创新创业人才储备和知识储备以及注重知识、技术成果应用和生产力转化。只有服务区域经济社会发展的创新需要,特色优势学科才有市场价值,才能更具活力。因此,特色优势学科要树立区域性、创新性的学科发展理念,通过知识创新、知识转化、技术应用实现学科目标、学科资源和学科文化的提升,最终促进区域创新能力的提升。

三、协同创新机制

协同创新机制包括主体、资源、制度和环境四个方面,其中政府、高校和企业是主体,人才、技术、资金与科技信息构成资源,制度是推动创新体系运行的各项规章制度与运作流程,而环境则是科技创新活动得以开展的氛围以及对科技项目进行孵化的场所。

(一)在互惠互利中实现主体协同发展

在区域协同创新发展的过程中,政府、高校、企业共同组成的协同创新主体相互影响、共同发展,三者之间的互动关系如图10-6所示。

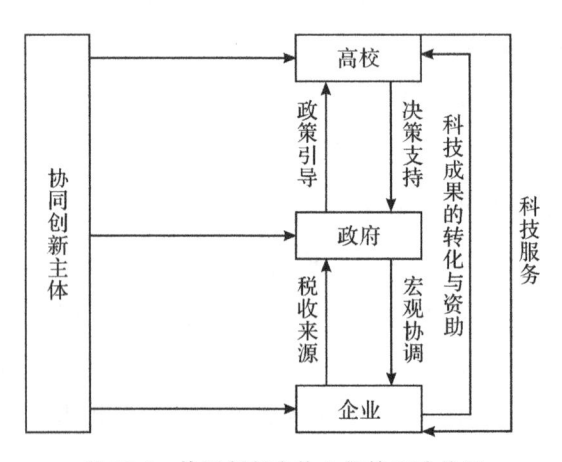

图10-6 协同创新主体之间的互动关系

从图中可以看到,高校、政府、企业共同构成相互作用、相互协调的系统,在这种互惠互利的关系中,三大主体的分工和目标不同,各方都有各自的利益诉求,各方受益、各尽其责是前提,各取所需是该系统发展的基础和动力,协同创新发展是该系统的终极目标。

第一,高校尤其是综合性的研究型大学,可利用自身科研优势与企业开展合作,为企业提供必要的科研支持,但大多数高校一般擅长基础研究,而企业更重视技术开发与应用研究,想要将高校科研成果进行转化以获得实际的效益,企业和高校缺一不可。同时,高校还为州政府的一些决策提供调研和参谋,协助解决社会问题。因此,高校也得到了来自政府和企业的回馈,如通过科研成果转化得到经济回报、与政府或企业合作研究项目分享新的资源,这些都为高校的发展营造了更大的发展空间,促进高校更好地发挥其他职能。

第二,政府在系统中扮演着组织、协调、引导、服务的角色。依据 Richardson 等研究者的划分标准,美国高校管理模式大致可以划分为三种类型:联邦式、统一式和分割式。得克萨斯州的高校管理模式主要为联邦式,即州政府在高校管理中充当着调节员的角色,其领导权掌握在立法机关和副州长的手中,州宪法仅赋予州长极少的高校管理权,立法机关通过各种法案来管理高校。得克萨斯州高等教育协调董事会是州高校管理机构,通过把高校资源与公共责任相结合,减少预算中的冲突与矛盾,加强高校与其他机构的交流与沟通。美国高校与企业界的合作离不开政府的参与和支持,政府工作也依赖高校、企业等机构的支持得以展开,高校为其培养与输出管理人才,企业则是其税收和行政费用的资金来源。

第三,对企业而言,在市场经济中保持自己强有力的竞争地位是其永续发展的必要前提,优先获得发展的新技术是占领市场的法宝之一。因此,企业愿意拿出一部分资金资助高校搞科研,企业的发展离不开高校的智力支持。同时,企业的发展也依靠政府的宏观协调、组织和支持。

(二)整合各项资源,强化服务区域发展能力

人才、科技、资金与信息都是区域协同创新发展的资源,单一资源的

力量是有限的,只有将这些资源进行整合,才能充分发挥资源的集聚效应,更好地为区域发展服务。区域发展对高校提出了适时调整人才培养方向的要求,以更好地满足区域的人才需求。如得克萨斯州的贝勒大学与州政府、中小企业构建了协同育人的互动机制,充分使用州政府对大学生创业提供的各种资源支持大学生开展创新创业活动,企业也会为大学生创新创业提供各种服务,如资金的筹措、财务的分析和风险规避的建议等,增强学生的创业信心,降低创业失败率。

科技能力是区域竞争力的重要组成部分,科技创新与区域经济发展也是一种协同关系。对重点突破的关键科技项目,可采取联合投资的办法,对未来的科技协同创新项目共同规划,建立科技创新资源流通与聚集机制以促进科技创新资源在区域内顺畅流动。资金作为区域协同创新发展的重要保障,作用自是不言而喻,如得克萨斯州为了鼓励区域中的7所高校冲刺世界一流而专门制定了《51号法令》,2009年11月还设立了国家研究大学基金,为7所高校提供充足资金。信息已经成为一种重要的资源,如得克萨斯州休斯顿大学的知识产权与信息法研究所为学生开设了知识产权课程并提供实践机会,同时也为地方政府和企业提供知识产权方面的咨询。

(三)完善协同发展制度,形成良好环境

制度是区域协同创新发展过程中相对稳定的特征,制度的规范性为区域协同创新发展过程中各主体间的互动提供了软环境,同时制度层面的协同体现在区域特征与高校所追求的文化理念中。文化深深地植根于特定区域中,高校文化是影响区域协同创新发展的重要方面。如得克萨斯州莱斯大学在学生管理制度上采取书院制,积极调动与发挥学生的学习主动性;得克萨斯州农工大学针对不同发展阶段的教师采取不同的激励和扶持措施,对年轻教师开展教师适应项目、教师教学指导项目,邀请长聘教授开展传帮带活动,而对已经取得终身教职的教授,则以改革和建立终身职后评审制度为主,鼓励终身教授参与教师发展项目,以定期的"学术休假"方式予以激励。

第十章 国外高校参与区域协同创新发展案例分析

（四）设立企业孵化器，促进科技成果转化

创新成果转化为生产力是高校参与区域协同创新发展的前提和关键，高校可以直接与区域技术需求方对接，提高创新成果转化的能力和效率，孵化器、小企业管理中心、科技园等机构是高校与产业之间的中介，它们起着桥梁的作用，通过资金、场地、服务等资源促进高校知识创新和创新成果转化。

孵化器是由州政府、高校和企业联合建立的一种企业孕育机构，设立的初衷在于各方通过资金提供、商业信息收集、技术咨询与指导、低价办公设备的租赁等途径帮扶新建的高新技术企业尽快走上正轨。目前，美国的孵化器有一半是由高校主办的，如得克萨斯州奥斯汀技术孵化器，由得克萨斯大学奥斯汀分校、奥斯汀大商会、市政府、特拉维斯郡和私人公司共同投资建立的一个非营利性的实体，奥斯汀技术孵化器帮扶的公司主要涉及电信、新材料、计算机软件、计算机部件制造以及生物技术等多个领域，创造了很多高附加值的工作岗位，增强了奥斯汀地区的科技力量，促进得克萨斯州的经济发展。

四、评价反馈机制

建立评价反馈机制是为了使区域协同创新体系运行更合理。高校培养的人才应与区域发展需求相适应，因此高校的课程需要不断地调整与修正，变得更有针对性。同时，在经济、科技、教育协同基础上兼顾整体协同，使区域协同创新实现可持续发展。

（一）对接区域发展需求，调整课程设置

美国高校注重根据社会需求及时调整自身的服务内容与服务方式，增强高校与社会之间思想、信息与知识的双向沟通，使高校自身一直处于调整和变革当中。美国州立高校在设置新专业时从四个方面开展调研：此专业是否适应本区域的需要？此专业在本州其他学校是否已经开设？

此专业的生源情况如何？就业市场对此专业毕业生的需求如何？专业课程的设置和调整,主要是为区域经济社会培养具有实际操作能力的人才。例如,得克萨斯州大学奥斯汀分校始终瞄准基础科学的最前沿,始终坚持为地方社会发展、文化建设、经济增长服务,以区域经济社会发展需求为导向不断优化学科设置和专业结构。如随着20世纪30年代合成化妆品的诞生和流行,该校药学院于1932年率先开设了化妆品制造方面的专业和课程,该专业毕业生供不应求,直接促进了得克萨斯州化妆品制造产业的发展,世界著名品牌玫琳凯总部就设在得克萨斯州奥斯汀,主要技术支撑就来自该大学。第二次世界大战后美国经济快速增长,奥斯汀分校审时度势,于1948年设立了会计学专业,现在已成为全美会计学专业排名中的第一名;20世纪70年代,随着计算机技术的迅速发展,奥斯汀分校药学院于1975年率先成立了药物信息学研究中心,目前该中心在药物分子设计方面走在世界前列。

(二)兼顾区域文化品质,确保发展可持续

区域特征随着区域品质的提升不断产生新的变化,对文化与制度的需求也随之产生改变,因而也影响共同文化信念发生改变,高校与区域正是在这样的循环互动中协同促进科技创新和经济发展的,这是高校参与区域协同创新发展的重要驱动力。美国高校通过其文化影响力提升区域品质,例如莱斯大学采取"小而精"的办学理念,得克萨斯州大学奥斯汀分校注重科技和艺术融合发展的办学理念,支撑区域经济与其他要素之间的协同发展,同时,社会公平和可持续发展是其在文化层面寻求高校参与区域协同创新发展的重要内容,也是该地区经济繁荣的重要保障。

第三节 启示

协同创新是高职院校办学模式的未来指向,我国教育部先后出台若干关于推进高职教育创新发展的政策,要求创新体制机制,走产教融合和校企合作之路,推进合作办学、合作育人、合作就业、合作发展,这一要求正是协同创新的根本价值所在。高职院校与县域协同创新为县域经济社会快速发展注入了新的活力,同时也为高职院校实现自身发展和转型升级提供了难得的机遇。

一、树立区域创新生态系统观念,实现高职院校参与县域协同创新发展

在"大众创业、万众创新"的大背景下,强调"协同"的办学思路和"创新"的办学理念是提升高职院校办学水平和凸显办学特色的重要抓手,是推进高职院校新一轮发展的重要契机。从本质上看,高职院校的办学目标及其价值追求与其社会功能的实现分不开,只有融入社会才能实现更高水平的发展,社会的多元化和多维性决定了高职院校服务社会的复杂性,树立主动服务社会的发展意识和机遇意识,是新时期对高职院校使命的重新认识和对协同创新思想的进一步深化。区域创新生态系统比传统的大学与区域协同创新机制更具理论和实践价值,传统的大学与区域协同创新机制仅仅揭示了大学某个层面上的功能,如人才培养、科研与社会服务、教学建设等,因此它们之间的协同是单一的、碎片化的协同,而区域创新生态系统的要素更加丰富、参与更加广泛、标准更加严格。树立区域创新生态系统观念需要打破传统的支离破碎的合作模式,提高协同与创新的质量与效率,重新认识大学与区域的互动关系,这个过程需要大学、行业、产业、政府和各利益相关者的共同参与,根据不同情境下要素发挥作用的程度,采用动力、供给保障、新陈代谢与协同共生等方式与区域环境实现互动、交流和交换。目前,我国高职院校参与区域协同创新时,普遍忽略了经济、社会和文化因素等的影响,未能从整体上认识到大学与区域耦合的实然关系,因此,必须全面、整体地认识动力、供给保障、新陈代谢与协同共生等机制在保障高职院校参与县域协同创新过程中所发挥的作用,从根本上扭转高职院校与区域协同创新动力不足、供给保障缺失和

可持续性无法保证的现状。

　　从依靠政府资源为主转向政府主导、行业、产业推动、学校主体的政、校、企一体化协同机制，统筹大学、政府、行业、企业的资源与利用，尤其是在校企互通、人才共育、过程共管、成果共享、责任共担等方面形成有效的机制和模式。注重区域协同创新生态文化的培育，从片面追求入学率、毕业率、就业率等工作层面的结果量化转向与行业、产业和企业的文化协同融入，增强办学特色，提高办学质量，是高职院校稳生源、求发展的必然选择。从单一层面的合作与发展转变为多维度、多视角"点、线、面、体"相结合的协同创新，重在发挥科技创新在县域经济社会发展中的引领作用，打造新的发展引擎和功能。

二、完善高职院校与县域协同创新发展的体制机制

（一）处理好高职院校与县域政府、行业、企业之间的关系

　　切实建立高职院校与县域协同创新发展的动力机制、供给保障机制、新陈代谢机制和协同长效机制，有效发挥县域政府在协同创新过程中的作用，推进县域内行业、企业根据市场法则与高职院校互动发展。一方面，通过经济、社会的规制推动高职院校与县域协同创新发展；另一方面，通过税收、价格等政策工具，使市场机制在高校、政府和企业之间发挥正向激励作用，引导高职院校积极参与县域协同创新发展，形成高职院校参与县域经济社会发展和县域支持高职院校发展的良性互动局面。

（二）推进高职院校服务能力建设

　　提升高职院校服务县域经济社会发展的能力，可为双方的协同创新发展提供新的动力。高职院校的办学方向和人才培养模式必须迅速从学科本位向能力本位转变，将服务地方经济社会发展作为自己的办学方向，将培养适应地方生产、建设、服务、管理第一线的高素质技术技能人才作为自身的办学目标，紧密结合县域产业转型升级和县域经济结构调整对

人才的要求，加强与县域政府以及行业和企业的联动，形成产学研用立体推进、科研支撑能力、教育教学方式和社会服务能力联动的体制机制。我国高职院校可以在已有的产学研合作基础上，根据自身特色和需要，与区域内的其他高校、职业院校、科研院所或企业合作，共同设立专门的产学合作服务窗口，整合区域内职业院校优质的人力、物力及知识技术等资源。一方面，可以便于学校利用合作企业的设备、场地、技术专家开展实践教学，从而提升教师的实践教学水平及学生的实践能力；另一方面，可以面向社会提供技术开发、成果转化及市场开发等一体化服务，形成可持续的协同发展。作为区域创新生态系统中的创新主体，高职院校要充分发挥"地利"和"人和"的优势，建立健全社会网络联结机制，丰富财力、物力、信息和社会影响力等资源，借鉴欧美高校办学经验，建立校际联盟、学企技术创新联盟等组织，通过协同创新社会网络的建设，加强学校与社会的联系，促进科技成果的及时转化与推广，培育协同创新的社会环境，不断提升高职院校与区域协同创新的总体效率。

（三）完善协同创新制度建设

用制度保证高职院校与县域协同创新发展沿着既定方向发展。制度建设首先是投入制度。经费投入不够已经成为阻碍当前高职院校与县域深入合作的重要因素，为推动高职院校与县域协同创新发展，在保证常规性的经费投入外，政府还应该高瞻远瞩，划拨专门资金支持协同创新的改革与实验，奖励项目改革成果，提高研发者积极性和主动性。其次是管理体制建设。不搞政府"一手遮天"，政府应该有抓有放，有效促进高职院校的办学资源与县域企业、行业和产业间的互动，从而促进资源优化组合和合理配置。在资源双向流动的过程中，政府应该转变职能，以开放的视野，本着公开、透明的原则，对符合县域产业和行业发展方向的高职院校办学予以大力支持，鼓励高校之间教育资源优化组合，通过兼并、重构和重组，有效提升高职院校与县域协同创新的水平和活力。

（四）加强协同创新平台建设

在区域创新生态系统内，各个创新主体都有着各自的优势与劣势。

高职院校具有创新人才和技术研发的优势,但缺乏技术创新的资金支持及业界专家指导;企业具有技术研发所需的资金及业界专家,但急需人才与技术的支撑。我国台湾地区的技职院校与企业界就利用彼此的优势资源,协同共生,搭建了学界与业界的多种沟通渠道(如区域产学合作中心、技术研发中心、技转中心等),共享知识技术,从而增强了协同创新经济环境的活力,促进了区域创新生态系统的可持续发展。有条件的高职院校可建立高职院校与县域协同创新的平台,便于形成高职院校间以及高职院校与县域间的产学合作联盟,这既是高职院校与县域经济构成要素之间相互适应、相互作用的需要,也是双方能量与动力不断形成、持续升级的需要。高职院校与县域协同创新中心作为高职院校人才培养、服务经济社会发展新的生长点和基地,通过不断向行业、企业输送高素质技术技能人才,增强县域经济的持久力,加速创新在系统内的扩散,反过来,县域经济的发展可以进一步为高职院校营造良好的发展环境,推动高职院校的可持续发展。

三、进一步发挥政府效能,形成高职院校参与区域协同创新的新格局

(一)发挥政府治理效能,提升监管效率

我国绝大部分高职院校是由省教育厅或地市政府,与地方行业、企业一样,由地方政府主管。地方政府是高职院校的财政投入主体,因此也有责任行使行政管辖权力,通过协调高职院校与行业、企业的关系,使这些利益相关主体相互支持、相互促进,促进地方经济社会发展,实现协同效应和利益最大化。为此,地方政府应根据区域创新生态系统理念建立生态化的管理制度,如人才培养制度、人员考评制度和资源配置制度等,建立资源共享和利益共享的制度体系,使高职院校与县域行业企业和科研院所深度融合,谋求更大发展。

（二）集聚创新型人才，强化智力支撑，激发创业活力

结合县域内行业企业对创新型人才的需求，制定符合高职院校教学结构与县域发展需要的创新型人才培养标准，主要面向县域经济社会发展的实用性更强、与生产建设联系更为紧密的岗位培养创新创业人才，同时激发高素质技术技能人才的创业创新活力。强化服务支撑的含义在于通过协同创新，高职院校与县域作为双主体都能够增加知识和技术技能积累，具备服务县域经济社会发展的能力，而这种能力需要系统的标准和指标才能保证实现。在国家、省市没有出台相应的政策和标准的前提下，县域政府有必要主动协调和监督行业企业与高职院校，促进利益相关主体共同制定人才标准。高职院校也应利用县域各个平台，如网上技术市场、技术转移公共服务平台、科技创新云服务平台等，促进高职院校与县域企业间的技术转移和人才流动。

（三）加强协同创新载体建设，完善政策协调机制，形成高职院校与区域协同创新格局

协同创新载体的建设是高职院校与区域协同创新的重要内容，是实现高职院校与区域协同创新的关键举措。通过搭建企业孵化平台、人才信息服务平台促进高职院校与县域行业企业联合开展重大科研项目研究，在关键领域取得重大、实质性成果。协同创新载体的建设需要政府发挥主导作用，根据县域经济社会发展的重点和关键领域需要，通过制定政策鼓励高职院校与县域支柱产业、行业和企业深度融合。作为利益相关者的高职院校，需要利用建设协同创新载体的机会，找准自己的定位，深耕特色，建立与企业协同的新基点和新机制。

第十一章
高职院校县域办学模式演化与特征构建

本章基于"三螺旋"理论,使用多案例比较方法,通过分析浙江省高职院校县域办学过程中高校、产业、政府三者在知识空间、共识空间与创新空间的动态演化过程,归纳出具有代表性的三种县域办学模式的演化路径与特征,从而解析高职院校县域办学机制。

第一节 基于"三螺旋"理论的高职县域办学分析

"三螺旋"理论应用于高职院校的县域办学时,重点在于研究高校、产业、政府三方在构件和功能整合过程中系统模式的形成和演化规律。县域办学系统构件主要限定为政府、产业/企业、高校,根据办学主导者的不同可将构件类型描述为"单独办学服务者"和"联合办学服务者";县域办学系统的功能为传授技术知识、技术创新、提供终身学习机会,以及为产业培养技术技能人才、为企业提供生产服务和科技成果等。

县域办学"三螺旋"系统的空间是指县域办学从单一组织维度向联合组织维度转换时,或联合组织维度升级时,特定阶段作用于高校、产业、政府三方的主导力量的集合。县域办学系统"知识空间"中的知识包括技术知识、职业教育的多样性知识和实现"产教融合"服务系统功能的知识等。县域办学系统"创新空间"中的创新包括企业主导的技术创新、学校主导的技术知识传授方法创新以及企业、学校、政府共同参与的人才培养模式创新、校企合作模式创新等。"共识空间"是将"三螺旋"系统构件黏合在一起合作解决现实问题的集合（Kuhlmann，2001），县域办学系统"共识空间"是指来自"三螺旋"中政府、产业或学校等构件的力量，需要与其他构件形成共识和相互协作才能产生最佳效应的集合状态。

当县域办学系统产生的知识量或创新积累到一定程度时，"知识空间"或"创新空间"就会形成。构成空间的要素及其组合在实现其系统功能时将产生相互作用，办学精英须及时识别和抓住最佳时机，集聚资源和采取措施使关键要素持续积累，所产生的主导力量，会使空间产生非线性的矢量运动，其运动方向取决于不同的区域发展环境及发展阶段，运动使新的空间集合占比不断加大，当该占比形成主导时，即出现向新空间的演化（Rangaet al.，2013）。"三螺旋"系统"三空间"分析的实质，就是从知识和创新产生的例证中，分析空间内及空间之间要素的流动及流通，判断空间演化的动力、方向和结果。对县域办学系统"三空间"进行分析的目的在于，识别当前办学模式是否有利于功能的实现，以及与最佳模式相比是否存在短板和差距。

围绕国家职业教育改革和区域经济社会发展，高职院校在各种动力作用下，在与县域政府、产业的"三螺旋"互动环境中，在初始、实施、巩固和持续发展等不同发展阶段形成共识空间，县域政府与高职院校达成县校合作办学的共识，并做出了高职院校延伸或迁移至县域开展实体性办学的决策。在县域办学的过程中，高职院校、县域政府及行业企业等利益相关者的知识空间、创新空间与共识空间互动演化，发挥了各自的作用和协同效应，呈现出不同的办学类型与办学特征，形成了不同的县域办学模式。

知识空间、共识空间与创新空间三者之间的互动关系是高校、产业、政府三者相互作用的结果，共识空间是促进知识空间与创新空间相互作用和加速它们发展的关键因素，同时共识空间形成于不同的发展阶段。

(1)联合组织维度的形成：在知识空间推动下，构件类型从单一组织维度逐渐转变为联合组织维度，联合组织维度的基本模式是高校、产业、政府互动并整合的"三螺旋"结构。

(2)单一组织维度向联合组织维度转变的核心：基于"共识空间"的达成，实现供方资源在生成过程中的优化和与需方的职教办学条件精准结合。

(3)县域办学动力的产生：在共识空间的黏合下，在联合组织维度中知识增量突破界限或创新环境逐渐形成后，知识空间或创新空间将主导"三螺旋"系统的进阶，当扩展县域办学空间成为现实需求时，县域办学启动。

第二节　县域办学过程分析

一、浙工商院县域办学过程分析

以浙工商院的县域办学实践为例，分析其在办学演化过程的四个阶段中呈现出的特征（见表11-1）。

在初始阶段，随着办学规模的不断扩大，办学场地成为影响浙工商院发展的重要制约因素。宁海县被誉为"模具王国"和"模具之乡"，对模具产业技术技能人才和技术研发服务需求增大，学校机电类专业发展受限与本地区资源禀赋优势的落差，同时随着区域产业基础的强化，学校知识空间通过校企合作等方式得到积累。

在实施阶段，浙工商院与宁海县政府形成共识，在宁海县（中国）模具城共建占地150亩的宁海产学研基地，为宁海县模具产业提供人力资源和智力支持，初步形成"总部＋基地"县校合作办学模式，实现了学校教育优势与区域产业优势联合，以不同办学主体资源集聚在同一空间为特征的共识空间逐步形成。

表 11-1　浙工商院县域办学演化典型证据

阶段	时间	动力	典型事件描述	状态特征	空间演化
初始阶段	1999—2003年	办学场地受限,县域需求强	浙工商院与宁海县政府签订合作办学协议,建设占地150亩的宁海机电学院,为宁海模具产业培养高技能人才和开展技术研发服务	知识积累,资源禀赋落差	知识空间储备和积累
实施阶段	2004—2009年	县域资源和产业环境支持	县校共建占地150亩的宁海机电学院(宁海产学研基地),共同成立宁海产学研基地理事会,与企业共建模具教学工厂	突破地域限制,扩大办学效益	共识空间形成
巩固与调整阶段	2010—2014年	产业环境助力	产教融合深化,通过引厂入校,提供了真实企业环境和运行模式。2012年学校与慈溪市政府签订合作协议,共建慈溪产学研基地	突破地域限制,扩大办学效益	共识空间得到强化
自我发展与改革阶段	2015年至今	助推区域产业转型升级,创建创业型高职院校	取得系列产学研成果,建立产业学院,形成县域产业基础与专业发展高度契合的局面	政校企合作良性运转	创新空间得到强化

在巩固与调整阶段,浙工商院成立由县长和校长为主任的县校合作会商委员会,共建宁海现代服务业发展研究院、徐霞客旅游学院和宁海高技能人才培训学院,产教融合不断深化,校企共建华宝教学工厂和阳超教学工厂。2012年与慈溪市政府共建慈溪产学研基地,同一空间内政校企资源、知识集聚水平不断增强,共识空间得到强化。

在自我发展与改革阶段,浙工商院以创建创业型高职院校为目标,找准县域利益共融区,与慈溪市政府共建占地400余亩、服务于智能电子和电子商务产业的慈溪学院,进一步创新政校企三方"共建、共管、共享"联动机制,形成更加灵活、开放、多元的"一体两翼"县校合作办学新格局,提升了学校的自主创新能力,增强了对周边地区的辐射作用,有利于区域竞争优势的创新空间得到强化。

二、宁职院县域办学过程分析

以宁职院县域办学实践为例,分析其在办学演化过程的四个阶段中呈现出的特征(见表 11-2)。

表 11-2 "宁职院"县域办学演化典型证据

阶段	时间	动力	典型事件描述	状态特征	空间演化
初始阶段	1999—2001 年	办学场地受限,县域发展需求强烈	经宁波市政府批准成立宁职院董事会,规划新校区建设,讨论新校区建设资金筹措问题	教育资源禀赋落差,政府优惠政策与创新体制机制	建立共识空间
实施阶段	2001—2007 年	办学场地受限,区域优惠政策	北仑区政府提供资金、土地和政策支持,学校周边有丰富的优质企业资源	突破地域限制,政校企合作	形成知识空间
巩固与调整阶段	2008—2015 年	政产教融合深化	与宁波经济技术开发区、宁波信息产业局和中国科学院华建集团合作成立宁波经济技术开发区数字科技园	深化政产学融合	迈向创新空间
自我发展与改革阶段	2015 年至今	服务国家战略和区域产业转型升级	成立中国首个"一带一路"产教协同联盟,校政企共建北仑智能技术产业应用中心和中德智能制造国际学院	国际化办学,校地全面战略合作	"三空间"互动强化

在初始阶段,宁职院面临场地受限等问题,对此,其充分利用北仑区产业发展优势和优惠政策,整校迁移到北仑区办学。抓住机遇创新管理体制机制,汇聚政产学各方资源推动学校快速发展,逐渐强化以北仑为共同发展区域的共识空间,同时,通过持续汇聚各方知识资源,知识空间得以储备和积累。

在实施阶段,宁职院充分利用各方资源获得多方办学支持。同时,学校立足北仑区,根据区域产业发展调整优化专业结构,校企合作进一步深化,知识空间得以发展。

在巩固与调整阶段,宁职院通过合作办学、育人和就业实现政校企三方深度融合,成立宁波经济技术开发区数字科技园、北仑区科技创新服务中心,深化学校内涵建设,创新空间得以形成和发展。

在自我发展与改革阶段,宁职院成立中国首个"一带一路"产教协同联盟,主动适应区域经济转型需求,成立北仑智能技术产业应用中心和中德智能制造国际学院,扩大学校影响力,吸引更多资源,这一过程中,三个空间互动强化,实现良性发展。

三、义乌工商院县域办学过程分析

以义乌工商院县域办学实践为例,分析其在办学演化过程的四个阶段中呈现出的特征(见表11-3)。

表11-3 义乌工商院县域办学演化典型证据

阶段	时间	动力	典型事件描述	状态特征	空间演化
初始阶段	1999—2002年	地方拥有活跃的创业氛围,产业环境助力	义乌是草根创业创富活跃城市,依托支柱型产业、健全的营销网络,义乌工商院得到飞速发展	地区创业文化,区域规划导向	创新空间、知识空间储备
实施阶段	2003—2008年	国家宏观政策引导	探索新的创业创意教育模式,成立大学生创业园、创业学院、电子商务学院	探索新型创业教育模式	创新空间、知识空间进一步发展
巩固与调整阶段	2009—2014年	增强创业创新意识,提升学校核心竞争力	成立全国首个以小商品创新设计为主要方向的创意文化园区	政产学研全方位合作,实现特色化发展	共识空间产生

续表

阶段	时间	动力	典型事件描述	状态特征	空间演化
自我发展与改革阶段	2015年至今	学校发展需求,区域环境助力	成为浙江省首批创业型大学试点院校、浙江省普通高校示范性创业学院,探索新型创业教育模式,形成创业、创意、对外办学三大品牌	学校内部革新,走特色创业型大学之路	"三空间"耦合发展

在初始阶段,义乌工商院受中国小商品市场浓厚创业文化氛围影响,抓住区域创业政策,依托义乌市场优势开展创新创业教育,积极鼓励大学生自主创业,政校企共同参与人才培养模式创新,为创新空间累积奠定了基础。

在实施阶段,根据宏观政策和区域市场需求,确立培育学生创新创业能力的办学重点,改变传统教学模式,全方位开展学生创业实践,积极营造校园创业文化氛围,基于人才培育模式改革的创新空间、创新创业相关知识空间进一步发展。

在巩固与调整阶段,积极创新创业实践教育模式,针对义乌小商品市场迫切需求,与政企共建非营利性公益机构——义乌市创意园区,按企业化方式运作,为学生提供真实创业实践环境,园区建设集聚各方资源,共识空间逐步产生。

在自我发展与改革阶段,义乌工商院搭建中外文化交流平台,培养服务"一带一路"倡议国际化人才,助力义乌市建设"世界小商品之都"。同时增强学校技术转化和创新创业能力,推动学校内部变革,实现基于创业型大学建设的创新空间、基于技术创新知识的知识空间、基于中外文化交流平台的共识空间"三空间"的耦合发展。

第三节 演化路径与特征讨论

根据三所院校四个阶段的空间演化路径(见表11-4),可以归纳出三种办学模式,即渐进型、先锋型和创业型(见表11-5)。

表11-4 知识空间、共识空间和创新空间在县域办学中的演化路径

阶段	知识空间	共识空间	创新空间
初始阶段	弱/中弱	无/中/无	无/无/弱
实施阶段	中/强/中	弱/强/无	无/弱/中
巩固与调整阶段	强/强/强	中/强/弱	弱/中/强
自我发展与改革阶段	强/强/强	中/强/中	强/强/强

备注:按弱(无、开始出现)、中(有一定规模)、强等标准给定,A/B/C表示浙工商院、宁职院和义乌工商院的空间变化。

表11-5 三所高职院校县域办学的模式与特征比较

办学模式	代表院校	动力特征	空间演化行为 行为阶段	空间演化行为 行为特征	办学特点
渐进型	浙工商院	·产教融合、校企合作导向 ·拓宽办学空间 ·利用资源禀赋落差 ·优惠政策吸引 ·产业环境助力	实施阶段	知识空间 ↓ 共识空间 ↓ 创新空间	产业主导
先锋型	宁职院	·区域规划导向 ·拓宽办学场地 ·县域发展需求 ·优惠政策吸引 ·产业环境助力	初始阶段	共识空间 ↓ 知识空间 ↓ 创新空间	政府主导
创业型	义乌工商院	·宏观政策导向 ·县域经济市场环境支撑 ·企业发展需求 ·学校特色化发展需要	·巩固与调整阶段 ·自我发展的改革阶段	知识空间 ↓ 创新空间 ↓ 共识空间"	高校主导

(一)渐进型办学模式演化路径与特征

浙工商院在资源禀赋落差、优惠政策吸引等驱动下,初始阶段依托本区域较强的产业发展,通过校企合作等方式形成了一定的(弱)知识空间,随着"总部＋基地"合作办学模式的推进,产学合作模式深化,教学工厂、产业学院、产学研基地等深度合作模式不断涌现,知识空间不断增强,共识空间逐步形成。随着"一体两翼"县校合作办学新格局的形成,学校对周边地区的辐射作用增强,塑造区域竞争优势的创新空间得到强化。浙工商院县域办学路径体现为知识空间先行,共识空间其次,创新空间最后形成。对浙工商院模式演化特征的考察结果显示,驱动力主要来自内向办学空间约束的推力,以及县域产业需求和县域政府优惠政策的拉力。办学模式体现了与县域产业的高匹配度,演化行为关键步骤在实施阶段,通过项目实施阶段将知识空间转化为共识空间,最后转化为创新空间。这种区域产业驱动"自下而上"的县域办学模式在区域产业特色明显、建设经验较为丰富的高职院校有一定普遍性。

(二)先锋型办学模式演化路径与特征

宁职院整体搬迁至县域进行办学,建立了政府主导的县域办学机制。初始阶段政府发挥主导作用,汇聚政府各方资源强化了以北仑区为共同发展区域的共识空间,校企知识空间同步扩大。随着县域办学的不断深化,宁职院不断强化与区域产业的对接,优化专业结构,服务县域产业能力不断提升,知识空间和共识空间进一步扩张,学校影响力和办学水平上升到新阶段,县域办学由被动适应区域经济产业转型升级需求改为主动适应,创新空间得以发展,反过来吸引更多政企资源投向学校,知识空间、共识空间、创新空间互动得到强化。对宁职院模式演化特征的考察结果显示,驱动力主要来自办学空间约束的推力和县政府的强力拉动。演化行为的关键步骤在初始阶段,"整体迁入型"高职院校一般具备较强的创新开拓能力和示范引领潜质(即具有一定的知识空间),是当地政府选择此类学校的原因所在。行为特征上,依靠政府发挥主要作用,通过项目初始阶段实现"共识空间"扩张,随着办学的深入不断向"知识空间"和"创新空间"转化。这种政府主导的"自上而下"的县域办学模式在高水平高职院校具有一定普遍性。

(三)创业型办学模式演化路径与特征

在义乌工商院的县域办学中,主要依托义乌特有的创新创业人文环境,由学校主导县域办学,"创新空间"发展贯穿于每个阶段。扎根县域经济的义乌工商院以创业创新理念指导办学,初始阶段校企合作模式就具有创新基因,初具"创新空间",这与其他办学模式存在较大区别。随着县域办学的不断深入,义乌工商院确立了培育学生创新创业能力的办学重点,基于人才培育模式改革的"知识空间"和创新创业相关的"创新空间"不断增强。随着县域政府加入,以义乌市创意园区建立为标志,义乌工商院集聚了政产学各方资源,"共识空间"逐步产生。随着政产学合作的深化,实现了"三空间"的耦合发展。对义乌工商院模式演化特征的考察结果显示,驱动力主要来自院校主动出击。演化行为的关键步骤在巩固与调整阶段和自我发展与改革阶段,政府参与校企合作并形成资源集聚,"共识空间"形成发展。行为特征上,扎根本土经济的学校发挥主要作用,依靠初始阶段"创新空间"和"知识空间"的能力,吸引政府加入并形成一定水平的"共识空间",总体体现了从"知识空间"和"创新空间"到"共识空间"的发展路径。这种学校主导的自下而上的县域办学模式在经济发达、创业氛围浓厚区域的高职院校具有一定普遍性。

第四节 对比结论和政策建议

一、研究结论

第一,来自办学地区和学校内外部多重力量的合力作用,致使学校、产业、政府间的平衡状态和结构发生变化,按照"三空间"交互强化的顺序驱动高职院校变革办学体制机制,以重构县域办学组织结构和办学模式。

第二,高职院校通过县域办学四个发展阶段中共识空间与知识空间、创新空间的相互转换和作用来构建县域办学机制,具体体现在产业、政府、高职院校在学校、产业、政府"三螺旋"互动中的核心动力机制,产生或增强学校、产业、政府"三螺旋"的共识,最终促进"三空间"之间的交互强化。

第三,高职院校通过对原有办学模式的批判性继承或重塑,基于新的学校、产业、政府"三螺旋"互动平衡对县域办学模式和机制进行主观建构,并通过学校、产业、政府"三螺旋"调节反馈机制更新和优化县域办学模式和机制。

二、政策建议

第一,高职院校迁移或延伸到县域办学,是来自学校、产业、政府多主体多维度共同作用的结果。高职院校选择延伸至县域办学、整体迁入县域办学或县域自发办学并不是完全绝对的,应该在分析各种动力类型和特征以及学校、产业、政府"三螺旋"共同空间互动的基础上,关注"共识空间"在不同发展阶段的作用和行为,以确定不同的县域办学路径。

第二,构建高职院校县域办学机制的目的在于实现高职院校与县域经济社会协同发展,充分发挥县域政府在协同发展过程中的重要作用,通过税收、价格等政策工具,使市场机制在高校、政府和产业之间发挥正向激励作用,形成高职院校参与县域经济社会发展和县域支持高职院校发展的良性互动局面,使高职院校与县域在人才、资源、技术和信息等实现方面共享、共赢和共担,有效促进知识和技术技能积累,实现服务协同、技术协同和发展协同,以及合作办学、合作育人、合作就业、合作发展,提升高职院校与县域行业企业的竞争力。

第三,高职院校紧密结合县域产业转型升级和县域经济社会结构及时调整、优化专业结构和人才培养模式,加强与县域政府以及行业企业的联动,建立高职院校与县域协同创新平台,形成高职院校与县域行业企业的产学合作联盟,使学校与县域经济构成要素之间相互适应、相互作用,促进双方能量与动力不断形成、持续升级,形成产学研用立体推进以及人才培养能力、科研支撑能力和社会服务能力联动的办学体制机制,为县域经济社会发展提供强有力的人才和智力支持。

第十二章
基本结论与研究展望

第一节 基本结论

我国高职教育与区域互动发展的主导模式,正在经历从外延式扩张向内涵式深化的转变,高职院校县域办学是这一转变过程中重要的发展路径。1862年,美国《莫雷尔法案》掀起了兴办"赠地学院"的热潮,随后形成的威斯康星大学模式开启了高等院校服务区域发展的新职能。但是国内外更多的文献集中在考察高等院校与大区域(国家、地区、省域)之间的关系。高等教育多样化的最基本表现形式应该是创建和维持各种不同的高等教育形式,在每一类高等教育中,又要创建和维持各种不同子类的高等教育,使各类高等院校都深入地方,具有自己的特色。

浙江等省份出现的高职院校延伸或整体搬迁到县域办学,与以往的高校服务区域发展的形式有何特殊性?鉴于已有文献对高职院校县域办学的研究缺乏有效的理论支撑,本书围绕着"高职院校县域办学模式是怎样形成的"这个核心问题,通过问卷调查、访谈、网络资料收集等方式对浙江省44所高职院校开展了深入调研,以定量和定性方法归纳出浙江省高职院校县域办学的共性因素。同时引入并整合"三螺旋"空间演化理论和"推拉"理论的分析框架,通过"理论抽样"的质性研究方法,在反复比较调研的基础上,抽取具有代表性的三所院校展开质性分析,基于特定环境下高职院校县域办学的形成过程,按照"县域办学的触发条件—情境特征—行为过程与结果分析"这一逻辑链,根据三螺旋共识空间作用的差异,归纳出高职院校县域办学的三种基本模式——以浙江工商职业技术学院为代表的渐进型模式、以宁波职业技术学院为代表的先锋型模式和以义乌工商职业技术学院为代表的创业型模式。基于此,本书提出高职院校三种县域办学类型的特殊性基本结论:

结论一:在迁出区弱推力(正向推力弱、阻力强)和迁入区强拉力(正向拉力强、斥力弱)条件下,具有一定知识基础和较强职业教育产业匹配识别能力的高职院校,更倾向于采取渐进型县域办学模式:遵循"知识空间—共识空间—创新空间"三个空间交互强化的顺序,在县域产业主导作用下,通过在县域办学实施阶段不断增强大学、产业、政府的共识,弱化阻力和斥力,强化拉力和推力,将共识逐步落实转化为创新机制、平台,在后续的办学过程中通过三个空间的交互强化,不断深化县域办学。

结论二:在迁出区强推力(正向推力强、阻力弱)和迁入区强拉力(正向拉力强、斥力弱)且政府在县域办学中占主导地位的条件下,具有一定知识基础和较强事业开拓能力的高职院校,更倾向于采取先锋型县域办学模式:遵循"知识空间和共识空间—创新空间"三个空间交互强化的顺序,在县域办学初始阶段即形成了政府、大学、产业的广泛共识,在初始阶段即将共识逐步落实转化为创新机制、平台,并在后续的办学过程中通过三个空间的交互强化,不断深化县域办学。

结论三:在迁出区强推力(正向推力强、阻力弱)和迁入区强拉力(正向拉力强、斥力弱)且市场在县域办学中占主导地位的条件下,具有一定知识基础和较强创新机制的高职院校更倾向于选择创业型县域办学模式:遵循"知识空间和创新空间—共识空间"三个空间交互强化的顺序,在县域办学初始阶段院校即拥有一定的知识基础、创新机制和平台,在县域办学逐步形成了政府、大学、产业的广泛共识,并在后续办学过程中通过三个空间的交互强化,不断深化县域办学。

第二节 研究意义

一、理论创新

高职院校县域办学问题,核心是产学合作问题。总体而言,产学合作面临的机遇与挑战并存:一方面,大学与产业之间存在广泛的互补机会(David,1993),如大学向企业提供研究方法和最新研究发现,对产业技术人员的培训可增加企业技术开发能力和盈利能力;产业为大学提供了新兴的工具、仪器和研究方向。另一方面,产学之间也存在广泛而复杂的矛盾,如制度和文化差异造成的障碍、不同动机产生的信任缺乏、产学组织之间的"惯例"冲突引起的对合作控制权的争夺等。如何平衡矛盾、强化机会与共识,历来是产学合作研究领域的重要话题。近20多年来,我国学者对产学合作的研究快速增长,国内研究主要集中在合作模式、合作中的人才培养、协同创新主体的互动关系、协同创新过程中的要素协同以及绩效评价五个方面(李文娟等,2018),关于产学合作运作过程的文献十分有限。大部分有影响力的文献局限于以美国为中心的发达国家,此外,虽然近年来国内高职院校产学合作的研究大量兴起,但是缺乏必要的理论支撑,大部分研究还停留在总结报告式的归纳,更缺乏过程分析。

本书最大可能的理论创新点是构建了"推拉"理论和"三螺旋空间演化"理论整合的产学合作分析框架。虽然"推拉"理论和"三螺旋空间演化"理论都被用于分析产学合作的过程研究,然而两种理论在解释这一过程时都存在着各自的特点和局限性:"推拉"理论是相对外向的理论,关注高职院校县域合作办学存在影响力的方向（推力或拉力），但是无法解释这些推力或者拉力在什么样的条件下，会以什么样的方式对县域办学发挥作用；反过来，近年来"三螺旋空间演化"理论受到较多关注正是因为它提供了政产学合作各方互动过程的分析框架，从某种意义上说，"三螺旋空间演化"是一种相对内向的理论，对政产学之外的因素并不关注，从而影响到解释的有效性，这也是近年来学术界出现"四螺旋"乃至"多螺旋"分析框架的原因。把"推拉"理论和"三螺旋空间演化"理论整合起来，就能克服单个理论视角的弱势，在与外部联结的"推拉"力量的作用过程中，三螺旋机构领域的"三个空间"得以形成与演化。该分析框架的提出，不仅适用于高职院校县域办学研究，也适用于对产学合作过程领域的研究，从而对上述领域的研究范式做出贡献。

本书的另一处理论创新在于归纳出了高职院校县域办学的三种模式。分类是展开科学研究的重要手段，本书在质性研究基础上，以命题方式归纳出浙工商院为代表的"渐进型"模式、以宁职院为代表的"先锋型"模式和以义乌工商院为代表的"创业型"模式三种高职院校县域办学模式，丰富和发展了现有的产学合作和高校区域办学的相关理论，也为后续的研究拓展了研究视野。

二、实践意义

本书的实践意义之一在于为县域层面的政策制定者和管理者提供了新思路。本书提出的三种不同情境下的高职院校办学模式，无论是高职院校主动寻求产学合作的"渐进型"模式、市场主导的"创业型"模式还是政府主导的"先锋型"模式，都具有一定的典型性和代表性。了解了不同条件下高职院校县域办学的推力和拉力，从县域的角度看，有利于打破单一管理部门的视野局限，从系统层面，而非局限于教育部门层面思考和出台激励政策、创新政策和管理政策，强化产学合作的推动力和拉力，弱化相应的阻力;另一方面,理解了不同类型高职院校县域办学模式的运行规律,有利于强化管理者的行动力,使得管理者能够洞悉不同时机下产学合作的共识缺口、知识缺口和创新机制缺口,找得准问题、把得住方向,采取应对策略,推动院校县域办学的良性发展。

本书的实践意义之二在于为教育管理层面的政策制定提供了依据。教育管理部门可以根据不同情境下的高职院校办学模式实施分类管理和评价,制定差异化的产学合作评价机制,而不是"一把尺子量到底";例如,就先锋型模式而言,应重点关注和考核知识空间和共识空间向创新空间转化的效果,因为这是先锋型县域办学的关键节点,所以考察相应的创新机制和平台建设就成了重点;相应地,渐进型模式应重点考核政产学各方的共识达成的广度和深度以及创新机制和平台的建设情况;创业型模式下创新机制和平台的建设情况是考察重点。

本书的实践意义之三在于为高职院校发展县域办学提供了重要参考。高等院校发展产学合作和县域办学,要因地制宜,突破"以我为主"或者"以企业为主"的单线思维,综合考虑学校、产业、政府的实际情况和各项条件,不断夯实基础,扩大各方共识,建设创新机制体制,制定出符合学校特色、符合区域特色的动态的县域办学发展策略。

本书的实践意义之四在于为企业参与高职院校县域办学提供参考。作为高职院校县域办学的重要参与者,面临的首要问题是选择什么样的院校作为合作伙伴。"三螺旋"空间演化理论和本书的三个命题提供了思路,显然具备相应的知识基础、共识基础和创新合作机制的院校是最为理想的合作伙伴,同时,政府强力主导或者市场主导也有利于产学合作共同空间的形成与发展。

第三节 局限之处与研究展望

一、局限之处

本书的核心问题是"高职院校县域合作办学模式是怎样形成的?"主要采用了质性研究的方法,在"理论抽样"的基础上,通过多种来源证据的相互印证,抽象出三个主要的高职院校县域办学模式。虽然回答"怎么样"(How)的问题适用案例研究的方法,通过案例来发展理论也有着不可替代的优势,但是其潜在的概化问题也一直被人诟病(Eisenhardt,1989),本书也不例外。例如,基于数据的可获得性,研究对象都位于浙江省内,浙江省属于经济发达地区,省内经济发展水平和高职教育发展水平相对均衡,这就控制了经济水平和高等职业教育水平这两个变量,未来的研究需要在国内更多地区的案例中得到验证,对于本书概括的三个模式和三个命题,也需要更多的质性和实证研究来加以检验和发展。

二、研究展望

未来研究,一方面,采集更多的质性和量化数据来检验和发展本书概括的三个模式和三个命题,以使已有的理论更加稳健。另一方面,还可以在已有研究的基础上,将研究引向深入。

第一,对高职院校县域办学模式的新探索。在来自高校、产业、政府三方多维推拉动力的共同作用下,高职院校县域办学如何开展,是"总部

＋基地"逐步推进、整体搬迁还是自发独立办学？高职院校在县域办学过程中,通过大学、产业、政府"三螺旋"共同空间中的共识空间在县域办学的不同阶段作用于知识空间与创新空间的转换,对各种县域办学模式进行耦合与权变,并在大学、产业、政府某一方主导下,启动核心动力机制,进而实现县域办学。因此,对高职院校县域办学而言,选择哪种模式并不是完全绝对的,未来的研究可以从细分"三螺旋"共同空间结构入手,依据共同空间中"共识空间"不同作用阶段和行为特征,以确定不同的县域办学模式。

第二,从演化共生视角探索高职院校县域办学机制。探索高职院校县域办学模式和机制的目的在于研究通过县域办学最终实现高职院校与县域经济社会协同发展效应。一是高职院校对县域经济社会发展的杠杆效应。高职院校一方面能连续不断培养各行各业所需要的专门人才,另一方面能持续培训大批量的县域初级劳动者,促进"农村劳动力"向"非农产业转移",成为撬动县域经济社会发展的杠杆。二是县域经济社会对高职院校发展的驱动效应。由县域经济社会发展催生的产业结构变化、产业布局调整都要求县域内高职院校及时调整、更新专业结构和人才培养模式,增加"县域政策"作为调节变量,探索高职院校、相关政策、县域发展之间的关系。三是高职院校、主要产业和县域政府共同构成的协同发展效应。依托县域内主要产业企业的力量,建立人才需求预测、特色课程体系以及人才培养反馈和质量调控机制,基于政府机构、行业、企业、高职院校,形成包括制度协调、行政协调、行业协会协调、学术机构协调等共同构成的多边协同发展效应。

以本书形成的三种模式为例,高职院校选择渐进型、先锋型、创业型三种县域办学路径模式,可能基于衍生、再生和变异三种演化共生机制:渐进型县域办学模式中,高职院校以学校本部为总部,通过试验持续的、渐进的在产业集聚区设立校企合作的实训(实践)基地,发挥基地在区域产业集群中的触角作用及对总部的产学研功能的"衍生"机制,以获取产业的办学资源,最终培养满足县域经济社会发展要求的高素质技术技能人才。先锋型县域办学模式中,高职院校通过全面对接县域经济社会发展需求,采用最新的教育理念,追求革命性的突破,获得"先行者优势",发挥在同行业的办学领先和示范效应,因此可以视为一种"再生"机制。创业型县域办学模式中,高职院校依托县域市场优势,充分利用自身的知识技术创新与技术转化能力,吸引外部资源开发新的办学模式和教学手段,加速研究成果或技术的转化,为县域产业和社会发展服务,则是一种典型的"异化"机制。

参考文献

[1] 埃兹科威兹,2005.三螺旋:大学、产业、政府三元一体的创新模式[M].周春彦,译.北京:东方出版社.

[2] 别敦荣,郝进仕,2008.论我国高等教育地方化和地方高等教育发展战略[J].高等工程教育研究(1):54-60.

[3] 蔡真亮,陈民伟,吕慈仙,2017.高校延伸至县域办学的现象分析——基于"推拉理论"的视角[J].中国高教研究(10):31-34.

[4] 芣千里,2012.基于生态位适宜度理论的区域创新系统评价研究[J].经济研究导刊(13):170-171,178.

[5] 陈丹,2019.德国企业与应用科学大学合作的动力机制研究[J].企业改革与管理,28:63.

[6] 陈浩,董颖,2014.略论"政产学"协同培养人才的机制和模式[J].高等工程教育研究(3):67-71.

[7] 陈红喜,2009.基于三螺旋理论的政产学研合作模式与机制研究[J].科技进步与对策,24:6-8.

[8] 陈玟晔,2009.台湾技职教育与经济发展互动剖析[J].教育发展研究(7):77-80.

[9] 陈延良,李德丽,2018.三螺旋理论视角下的政产学协同育人实践与模式构建[J].黑龙江高教研究(8):87-90.

[10] 陈正,2014.德国应用科学大学的历史变迁对我国职业教育的启示[J].国家教育行政学院学报(10):84-88.

[11]程肇基,2015.地方高校服务区域经济建设研究——以江西为例[D].武汉:武汉大学.

[12]丁金昌,2013.高职教育对接区域经济的现状分析与路径选择[J].高等教育研究(3):61-66.

[13]丁龙刚,2012.我国台湾地区电子资讯类专业建设的特点和启示[J].青岛职业技术学院学报(6):69-72.

[14]丁三青,张阳,张铭钟,2008.学习型社会视角下的县域高等教育体系的构建[J].煤炭高等教育(3):8-11.

[15]丁泗,2014.协同创新视角下高等职业教育产学研的功能及路径拓展[J].江苏教育研究(33):5-8.

[16]董刚,杨理连,2010.服务区域经济发展与高职教育内涵建设的互动——以天津职业大学服务滨海新区为例[J].中国高教研究(12):75-76.

[17]杜祥培,2010.地方高职院校服务地方经济发展的探索[J].教育与职业,27:22-24.

[18]杜智敏,2010.抽样调查与SPSS应用[M].北京:电子工业出版社.

[19]段从宇,2015.资源视角的高等教育区域协调发展研究[D].大连:大连理工大学.

[20]范明,2003.江苏省高等教育与经济协调发展研究[D].南京:河海大学.

[21]方卫华,2003.创新研究的三螺旋模型:概念、结构和公共政策含义[J].自然辩证法研究(11):69-72,78.

[22]菲利普·阿特巴赫,2001.知识、大学与发展[M].北京:人民教育出版社.

[23]甘艳,2015.高职院校产学研合作基地建设的模式创新[J].现代教育管理(3):107-110.

[24]高浩,2011.德国职业教育教师培养方式及启示[J].世界教育信息(9):73.

[25]高红英,2013.德国应用科学大学校企合作模式的探究与启示——以代根多夫应用科学大学为例[J].陕西教育·高教(4):68.

[26]高鸿业,2010.西方经济学[M].北京:中国人民大学出版社.

[27]高树仁,董新伟,2014."高职教育与产业集群协同发展"再认识——基于社会系统理论的视角[J].职教论坛,25:75-78.

[28]葛守勤,周式中,1993.美国州立大学与地方经济发展[M].西安:西北大学出版社.

[29]耿香玲,2011.基于文化权利视角的公共文化服务可持续供给保障机制探讨——以江苏省常熟市为例[J].常熟理工学院学报(11):53-57.

[30]公丕祥,2017.中国传统的县域治理及其近代嬗变[J].政法论坛(4):3-11.

[31]郭定芹,曾宥怿,2016.台湾技职教育"产官学"运作模式的研究与借鉴[J].当代教育理论与实践(11):148-151.

[32]韩学芹,2017.县域高职校企双主体协同育人机制探究[J].现代职业教育,25:49-51.

[33]胡坤,2018.浙江省独立学院"县域办学"研究[D].宁波:宁波大学.

[34]胡正明,2017.高职院校社会服务"三螺旋"模式研究[J].教育发展研究(11):49-54.

[35]黄春霞,2016.浅谈德国代根多夫应用科学大学校企合作教育模式及启示[J].职业教育,26:48.

[36]黄富顺,2009.台湾地区技职教育新近发展与特色[J].教育发展研究,19:45-49.

[37]黄鲁成,2003.区域技术创新生态系统的特征[J].中国科技论坛(1):23-26.

[38]黄瑶,王铭,2018."三螺旋"到"四螺旋":知识生产模式的动力机制演变[J].教育发展研究(1):69-75.

[39]纪照华,郄海霞,2015.美国高校与区域协同创新的路径探析——以耶鲁大学与纽黑文市为例[J].高教探索(10):57-62.

[40] 贾越,2010.基于生态理论的区域创新系统构建及运行机制研究[D].哈尔滨:哈尔滨理工大学.

[41] 解学梅,刘丝雨,2015.协同创新模式对协同效应与创新绩效的影响机理[J].管理科学(2):27-39.

[42] 康健,胡祖光,2014.基于区域产业互动的三螺旋协同创新能力评价研究[J].科研管理(5):19-26.

[43] 柯梦琳,2017.国家创新体系视角下的职业教育模式研究[J].中国职业技术教育,12:42-47.

[44] 匡维,2010."三螺旋"理论下的高等职业技术教育校企合作[J].高教探索(1):115-119.

[45] 赖水随,2015.台湾技职院校机械工程专业人才培养分析[J].厦门城市职业学院学报(3):5-8.

[46] 雷晓云,2007.中国高等教育制度变迁及其文化透视[M].武汉:华中科技大学出版社.

[47] 李茂林,2009.大学群落的地域性经济贡献探究——以美国波士顿地区的8所研究型大学为例[J].比较教育研究(1):48-52.

[48] 李萍,2006.高等教育与区域经济互动发展研究[D].西安:西北大学.

[49] 李强,2003.影响中国城乡流动人口的推力与拉力因素分析[J].中国社会科学(1):125-136.

[50] 李尚群,2014.国家主义职业教育及其区域实践[J].中国高教研究(2):81-84.

[51] 李盛兵,潘懋元,1992.中国高等教育的地方化与国际化[J].高教探索(3):11-16.

[52] 李文娟,朱春奎,2018.中国产学研合作研究的热点主题和知识演化[J].科技管理研究,22:111-117.

[53] 李小玺,权琨,2017.论三螺旋理论视域下高等教育运行机制的建构[J].中国成人教育,20:47-49.

[54]李一,2017.德国面向工业4.0需求的职业能力体系构建与启示[J].职业技术教育,34:69-73.

[55]李瑜芳,2009.台湾地区技职教育校企合作模式研究[J].教育与职业,36:19-21.

[56]李玉萍,2013.协同创新视角下高职院校与地方产业互融研究[J].教育发展研究(1):20-24.

[57]李振祥,2013.县校合作:高职院校社会服务的新趋势[J].教育发展研究(11):46-49.

[58]李振祥,2013.县校合作:我国高职教育产学合作模式创新研究[J].中国高教研究(7):101-104.

[59]李中国,2007.区域化发展:地市高职院校的必然选择[J].教育发展研究,21:55-58.

[60]梁燕,2014.台湾高等技职教育课程研究[M].北京:知识产权出版社.

[61]刘晖,顾洁岚,2011.中美英三国高等教育地方化进程与政策之比较[J].广州大学学报(7):54-58.

[62]刘晋强,2015.推—拉理论在中国乡—城劳动力转移中的应用与启示[D].太原:山西财经大学.

[63]刘璐,2017.德国应用科学大学与企业合作办学的运行机制研究[D].保定:河北大学.

[64]刘琴,2007.湖南地方高校与区域经济互动发展研究[D].长沙:中南大学.

[65]刘术永,2019."双元制"视角下职业教育师资队伍建设路径研究[J].高教学刊,22:144.

[66]刘玉娟,2014.县域高职发展的"玻璃天花板"效应及破解[J].中国职业技术教育(3):48-52.

[67]龙飞,2015.德国应用科学大学(FH)对我国新建本科高校转型的启示[D].重庆:西南大学.

[68]逯长春,2019.德国职业教育产教融合的治理体系、特色及启示[J].

当代职业教育(4):28.

[69]罗海丰,2004.区域高等教育非均衡发展特点及战略选择[J].教育与教学研究(2):28-30.

[70]吕慈仙,姚奇富,2016.高职院校"总部—基地"的县校合作新模式的探索与实践[J].大学(11):55-61.

[71]马庆国,2002.管理统计[M].北京:科学出版社.

[72]南海,2004.论"职教系的'九大属性'"[J].职教论坛(5):33-36.

[73]牛司凤,郄海霞,2014.高校与区域协同创新的路径选择——以美国北卡罗来纳州"研究三角园为例"[J].高教探索(6):5-10.

[74]欧阳河,2006.职业教育基本问题研究[M].北京:教育科学出版社.

[75]潘东华,尹大为,2009.三螺旋接口组织与创新机制[J].科研管理(1):15-21.

[76]潘懋元,2010.高等教育地方化的可行性探讨[J].高等理科教育(5):1-4.

[77]彭莹莹,2011.区域创新生态系统技术创新耦合度评价及实证研究[D].长沙:湖南大学.

[78]屈仁雄,2014.新型城镇化背景下高职教育服务县域经济的研究[J].教育与职业(3):13-15.

[79]任聪敏,2015.台湾技职教育发展及启示[J].高等工程教育研究(3):141-145.

[80]邵云飞,何伟,詹坤,2015.多主体参与的高校协同创新过程的演进研究[J].科技管理研究(23):84-90.

[81]佘远富,王庆仁,2011.高校研究性教学评价体系的构建[J].高等工程教育研究(6):30.

[82]史秋衡,2006.高等教育地方化:现实与趋势——评《高等教育地方化——地级城市发展高等教育研究》[J].教育研究(5):90-91.

[83]史秋衡,张湘韵,矫怡程,2012.高职院校"县校合作"发展模式研究[J].教育研究(7):43-50.

[84] 孙慧,2015.德国应用科学大学发展对我国职业教育的启示[J].九江职业技术学院学报(4):9-10.

[85] 孙进,2012.德国应用科学大学校企合作的形式、特点与发展趋向[J].比较教育研究(2):42.

[86] 孙丽文,杜娟,2016.基于推拉理论的生态产业链形成机制研究[J].科技管理研究,16:219-223.

[87] 田秀萍,2010.职业教育资源论[M].北京:光明日报出版社.

[88] 王保华,张婕,2003.大学与社会共生:地方高校发展的模式选择——从美国相互作用大学看我国地方高校的发展[J].高等教育研究(3):57-61.

[89] 王成军,2005a.三重螺旋:官产学伙伴关系研究[M].杭州:浙江大学出版社.

[90] 王成军,2005b.官产学三重螺旋研究:知识与选择[M].北京:社会科学文献出版社.

[91] 王洪雨,2013.论台湾地区技职高校协同创新环境的建设[J].广东技术师范学院学报(9):31-34,123.

[92] 王金辉,2013.高职院校政校企合作办学的"三螺旋模型"分析[J].职业技术教育,35:59-62.

[93] 王金辉,2014.论下高职院校政校企合作的运行机制建构[J].职业技术教育,14:50-52.

[94] 王金星,刘琼英,2014.开展县校合作办学是高职教育的重要选择[J].职业技术教育,27:55-57.

[95] 王景荣,徐荣荣,2013.基于自组织理论的区域创新系统演化路径分析——以浙江省为例[J].科技进步与对策(9):27-32.

[96] 王娟娟,史锦梅,2013.基于推拉理论构建欠发达地区承接产业转移的动力系统模型[J].经济研究参考,47:65-69.

[97] 王立杰,王华丽,王盛华,2018."双方向、四维度"评价体系在创新创业教学中的应用[J].教育与职业(9):20.

[98]王仁文,2014.基于绿色经济的区域创新生态系统研究[D].合肥:中国科学技术大学.

[99]王森,2014.着力建立重要农产品供给保障机制[J].农业经济(2):125-126.

[100]王小婷,2017.高校对区域经济增长综合贡献的量化研究[D].苏州:苏州大学.

[101]王新民,林文,2014.中国台湾职业教育发展政策研究及启示[J].中国职业技术教育,36:59-65.

[102]王宇飞,2010.高等教育与区域经济发展关系的实证研究——以河北省为例[D].天津:河北工业大学.

[103]王增芬,2015.台湾技职高校学生"五化"职涯辅导体系的构建及其启示——以台湾龙华科技大学为研究范例[J].理论月刊(4):82-87.

[104]吴卫红,陈高翔,张爱美,2018."政产学研用资"多元主体协同创新三三螺旋模式及机理[J].中国科技论坛(5):1-9.

[105]吴玉光,2012.三螺旋视角下湖南高职教育与区域经济发展的关系研究[J].湖南社会科学(1):141-143.

[106]肖国华,杨云秀,王江琦,2016.四螺旋参与度对技术转移及其效率的影响研究[J].科技进步与对策(4):7-11.

[107]肖静华,谢康,吴瑶,等,2014.企业与消费者协同演化动态能力构建:B2C电商梦芭莎案例研究[J].管理世界(8):134-179.

[108]肖坤,左晓琴,2014.协同创新视域下的高职教育转型发展[J].教育与职业,17:166-167.

[109]肖周燕,2010.人口迁移势能转化的理论假说——对人口迁移推—拉理论的重释[J].人口与经济(6):77-83.

[110]谢芳,2013.台湾高等技职教育产学合作研究[D].湘潭:湘潭大学.

[111]谢维和,1998.论高等教育对现代社会的适应[J].北京师范大学学报(4):5-12.

[112] 熊惠平,2014.从区域走向县域:全球视野下中国高等职业教育可持续发展新路径[J].职业技术教育,31:15-19.

[113] 熊惠平,蔡泽伟,2012."县校合作"式协同创新:高职教育"下移"发展简论[J].教育与经济(4):43-45.

[114] 徐静,冯锋,张雷勇,等,2012.我国产学研合作动力机制研究[J].中国科技论坛(7):74-80.

[115] 徐军伟,胡坤,2018.县域办学:经济发达地区高等教育地方化的新探索[J].宁波大学学报(2):35-40.

[116] 徐霄红,2013.高等职业院校与企业大学协同共生发展模式研究[J].中国高教研究(1):101-104.

[117] 徐小明,胡秀锦,石俊杰,2016.区域职业教育合作发展的政策基础及理论基础探究[J].职教论坛,19:77-81.

[118] 徐育才,2006.农村劳动力转移:从"推拉模型"到"三力模型"的设想[J].学术研究(5):22-26.

[119] 阎光才,2006.大学与城市、社区间关系的历史与现实[J].比较教育研究(6):24-30.

[120] 杨进,2017.充分发挥职业教育和培训在建设知识型、技能型、创新型劳动者大军中的重要作用[J].中国职业技术教育,34:12.

[121] 姚奇富,2016.高职院校与县域发展的共生模式研究[J].教育发展研究(1):120-124.

[122] 姚奇富,熊惠平,郑琼鸽,2016.高职教育"县校合作"协同创新机制探析[J].高等工程教育研究(2):153-157.

[123] 叶茂林,2005.教育发展与经济增长[M].北京:社会科学文献出版社.

[124] 殷,2017.案例研究:设计与方法[M].周海涛,史少杰,译.重庆:重庆大学出版社.

[125] 于成,2008.培育与产业发展相适应的职业教育[M].上海:百家出版社.

[126]张冰洁,2016.德国卡尔斯鲁厄应用科学大学课程体系研究——以电气工程与自动化技术专业为例[D].石家庄:河北师范大学.

[127]张光斗,1998.加强高等教育同经济建设的结合与合作是发展经济的关键[J].北京教育(5):23-24.

[128]张琴,马立红,周华丽,2015.产教融合:台湾高等技职校院评鉴制度之关键[J].职教论坛(15):93-96.

[129]张淑谦,傅建敏,2014.区域创新生态系统组成及其结构模型探究[J].新西部(4):42.

[130]张新科,2004.教育评估——德国高等教育界推行的监督模式[J].外国教育研究(7):41-44.

[131]张秀萍,黄晓颖,2013.三螺旋理论:传统"产学研"理论的创新范式[J].大连理工大学学报(4):1-6.

[132]张秀萍,卢小君,黄晓,2015.基于三螺旋理论的区域协同创新机制研究[J].管理现代化(3):28-30.

[133]张秀萍,卢小君,黄晓颖,2016.基于三螺旋理论的区域协同创新网络结构分析[J].中国科技论坛(11):82-88.

[134]张振助,2003.高等教育与区域互动发展研究——中国的实证分析及策略选择[J].教育发展研究(6):39-44.

[135]赵清海,李建婷,2014.高职教育对接区域经济的现状分析与路径选择[J].教育与职业,26:23-24.

[136]郑建辉,闫硕硕,2015.高职院校"县校合作"模式推进障碍及对策研[J].亚太教育,36:272-247.

[137]钟玮,郭樑,2013.美国高等教育办学经费来源及其用途研究——以德克萨斯州为例[J].教育财会研究(10):31.

[138]周春彦,李海波,李星洲,等,2011.国内外三螺旋研究的理论前沿与实践探索[J].科学与管理(4):21-27.

[139]周世青,2009.高职院校社会服务功能的现状及思考[J].高教论坛(12):112-114.

[140]周涛,2015.台湾技职校院提升教师实务能力的政策措施及启示——以台湾弘光科技大学为例[J].长沙民政职业技术学院学报(3):69-71.

[141]周正,尹玲娜,蔡兵,2013.我国产学研协同创新动力机制研究[J].软科学(7):52-56.

[142]朱德全,徐小容,2014.职业教育与区域经济的联动逻辑和立体路径[J].教育研究(7):45-68.

[143]庄西真,2013.如何做职业教育研究[M].苏州:苏州大学出版社.

[144]邹波,郭峰,王晓红,等,2013.三螺旋协同创新的机制与路径[J].自然辩证法研究(7):49-56.

[145]邹琪,2013.教育支出与经济增长的实证研究——以江浙沪为例[J].江苏社会科学(3):49-53.

[146]Arrow K J,1962. The economic implications of learning by doing[J]. Review of Economic Studies (3):155-173.

[147]Atkinson A,1997. Bringing income distribution in from the cold[J]. Economic Journal (17):297-321.

[148]Boardman P C,2009. Government centrality to university-industry interactions: university research centers and the industry involvement of academic researchers[J]. Research Policy (10):1505-1516.

[149]Booyens I,2011. Are small, medium- and micro-sized enterprises engines of innovation? the reality in South Africa[J]. Science and Public Policy (1):67-78.

[150]Braczyk H J,Cooke P,Heidenreich M,2004. Regional innovation systems[M]. London: University College London Press.

[151]Carlsson B,Jacobsson S,Holmén M et al.,2002. Innovation systems: analytical and methodological issues[J]. Research Policy (2):233-245.

[152] Carlsson B, Jacobsson S, Holmén M et al., 2002. Innovation systems: analytical and methodological issues[J]. Research Policy (2):233-245.

[153] Cowell F, 1999. Estimation of inequality indices[M]. //Silber J. Handbook on income inequality measurement. London: Kluwer Academic Publisher.

[154] Deissinger T, Hellwig S, 2004. Initiatives and strategies to secure training opportunities in the German vocational education and training system[J]. Journal of Adult and Continuing Education (2):160-174.

[155] Dosi G, Freeman C, Nelson R et al., 1988. Technical change and economic theory[M]. London: Pinter.

[156] Dubb S, 2007. Linking colleges to communities: engaging the university for community development [R]. The Democracy Collaborative at the University of Maryland.

[157] Eisenhardt K M, 1989. Building theory from case study research [J]. Academy of Management Review(14):532-550.

[158] Etzkowitz H, Klofsten M, 2005a. The innovating region: toward a theory of knowledge-based regional development[J]. Research and Development Management, 35: 243-255.

[159] Etzkowitz H, Mello J M C, Almeida M, 2005b. Towards meta-innovation in Brazil: the evolution of the incubator and the emergence of a triple helix[J]. Research Policy (4): 411-424.

[160] Etzkowitz H, 1983. Entrepreneurial scientists and entrepreneurial universities in American academic science[J]. Minerva (2):198-233.

[161] Etzkowitz H, 1997. Academic-industry relations: a sociological paradigm for economic development[M]//Leydesdorff L, Van den

Besselaar P,1994. Evolutionary economics and chaos theory: new directions in technology studies. New York: St. Martin's Press.

[162] Etzkowitz H,2002. MIT and the rise of entrepreneurial science [M]. London: Routledge.

[163] Etzkowitz H,2003. Innovation in innovation: the triple Helix of university-industry-government relations [J]. Social Science Information,42:293-338.

[164] Etzkowitz H,2003. Innovation in innovation: the triple helix of university-industry-government relations [J]. Social Science Information (3):293-337.

[165] Etzkowitz H,2005. Trippel helix[M]. Stockholm: SNS Press.

[166] Etzkowitz H,2008. The triple helix: university-industry-government innovation in action[M]. London: Routledge.

[167] Etzkowitz H,Leydesdorff L,1998. The endless transition: a triple helix of university-industry-government relations[J]. Minerva,36: 203-208.

[168] Etzkowitz H,Leydesdorff L,1995. The triple helix—university-industry-government relations: a laboratory for knowledge based economic development[J]. Glycoconjugate Journal (1):14-19.

[169] Etzkowitz H,Leydesdorff L,1996. A triple helix of academic-industry-government relations: development models beyond capitalism versus socialism[J]. Current Science,70:690-693.

[170] Florida R,2006. Regions and universities together can foster a creative economy[J]. Chronicle of Higher Education (4):B6.

[171] Ford CM,O'Neal T,Sullivan D M,2010. Promoting regional entrepreneurship through university, government, and industry alliances: initiatives from Florida's High-Tech Corridor [J]. Journal of Small Business and Entrepreneurship. (23):691-708.

[172] Furman J L, MacGarvie M, 2009. Academic collaboration and organizational innovation: the development of research capabilities in the US pharmaceutical industry,1927-1946[J]. Industrial and Corporate Change (5):929-961.

[173] Hekkert M, Suurs R A A, Negro S, Kuhlmann S et al. ,2008. Attributes of innovation systems: a new approach for analyzing technological change[J]. Technological Forecasting and Social Change,74:413-432.

[174] Hicks J,1932. The theory of wages[M]. London: MacMillan.

[175] Jones-Evans D, Klofsten M, Andwerson E et al. ,1999. Creating a bridge between university and industry in small European countries: the role of the Industrial Liaison Office[J]. R&D Management (1):47-56.

[176] Kline S, Rosenberg N. 1986. An overview of innovation[M]// Landon R, Rosenberg N. The positive sun strategy. Washington D. C. :National Academic Press.

[177] Klofsten M, Jones-Evans D,1996. Stimulationof technology-based small firms-a case study of university-industry cooperation[J]. Technovation(4):187-193.

[178] Klofsten M, Jones-Evans D,2000. Comparingacademic entrepreneurship in Europe: the case of Sweden and Ireland[J]. Small Business Economics (14):299-309.

[179] Kruss G,2008. Balancing old and new organisational forms: changing dynamics of government, industry and university interaction in South Africa[J]. Technology Analysis and Strategic Management (6):667-682.

[180] Kuhlmann S, 2001. Future governance of innovation policy in Europe: three scenarios[J]. Research Policy (6):953-976.

[181] Leydesdorff L, Zeng G, 2001. University-industry-government relations in China[J]. Industry and Higher Education (3):179-182.

[182] Leydesdorff L, 1994. New models of technological transformation: new theories for technology studies[M]. London: Pinter.

[183] Lundvall B-A, 1992. National systems of innovation[M]. London: Pinter.

[184] Lundvall B-A, 1998. Innovation as an interactive process: from user-producer interaction to the national system of innovation[J].

[185] Lynton E A, 1996. Forward: what is a metropolitan university [M]//Johnson D M, Bell D A. Metropolitan universities: an emerging model in American higher education. Denton: University of North Texas Press.

[186] MacLane S, 1996. Should universities imitate industry [J]. American Scientist (6):520-521.

[187] Maddison A, 1992. A long-run perspective on saving[J]. Scandinavian Journal of Economics (2):181-196.

[188] Marques J P C, Cara? a J M G, Diz H, 2006. How can university-industry-government interactions change the innovation scenario in Portugal? —the case of the university of Coimbra [J]. Technovation (4):534-542.

[189] Meissner D, Cervantes M, Kratzer J, 2018. Enhancing university-industry linkages potentials and limitations of government policies [J]. International Journal of Technology Management (1/2):147-162.

[190] Mello J M C, Rocha A F C, 2004. Networking for regional innovation and economic growth: the Brazilian Petropolis technopole[J]. International Journal of Technology Management (5):488-497.

[191] Miles M B, Huberman A M, 1994. Qualitative data analysis: an

expanded sourcebook[M]. Newbury Park:Sage Publications.

[192] Miles M B, Huberman A M, 1984. Qualitative data analysis: a sourcebook of new methods[M]. Newbury Park:Sage Publications.

[193] Mills C W, 1958. The power elite[M]. New York: Oxford University Press.

[194] Ngo L M, Trinh T A, 2016. A university-city complex, a model for sustainable development: a case study in Vietnam[J]. Procedia Engineering,142:92-99.

[195] Parsons T, Shils E,1951. Toward a general theory of action[M]. Cambridge:Harvard University Press.

[196] Parsons T, Smelser N J,1956. Economy and society[M]. London: Routledge and Kegan Paul.

[197] Parsons T, 1951. The social system[M]. NewYork: The Free Press.

[198] Perkmann M, Tartari V, McKelvey M, 2013. Academic engagement and commercialisation: a review of the literature on university-industry relations[J]. Research Policy (2):423-442.

[199] Perry D, Wiewel W, 2005. The university as urban developer: case studies and analysis[R]. Lincoln Institute of Land Policy:3-22.

[200] Ranga M, Etzkowitz H, 2013. Triple helix systems: an analytical framework for innovation policy and practice in the knowledge society[J]. Industry and Higher Education (3):237-262.

[201] Ranga M, Etzkowitz H, 2013. Triple helix systems: an analytical framework for innovation policy and practice in the Knowledge Society[J]. Industry and Higher Education (3):237-262.

[202] Sabato J, Mackenzi M, 1982. La producción de tecnología: autónoma o transnacional[M]. México:Instituto Latinoamericano de Estudios Transnacionales.

[203]Saenz T W,2008. The path to innovation: the Cuban experience[J]. International Journal of Technology Management and Sustainable Development(3):205-221.

[204]Schmookler J. 1966. Invention and economic growth[M]. Cambridge: Harvard University Press.

[205]Schofield T,2013. Critical success factors for knowledge transfer collaborations between university and industry[J]. Journal of Research Administration(2):38-56.

[206]Siggelkow N,2007. Persuasion with case studies[J]. Academy of Management Journal(1):20-24.

[207]Silva L C D,Heitor T V,2014. Campus as a city,city as a campus: university precincts in urban context[C]. Proceedings of the 7th Knowledge Cities World Summit.

[208]Smith L H,Sharmistha B S,2010. Triple helix and regional development: a perspective from Oxford shire in the UK[J]. Technology Analysis and Strategic Management(22):805-818.

[209]Soo D,2010. An added dimension of metropolitan colleges and universities[J]. Perspectives on Urban Education(1):35.

[210]Susan R,1996. Austin's Opportunity economy: a model for collaborative technology[M]. New York: Science-Based Economic Development.

[211]Svensson P,Klofsten M,Etzkowitz H,2012. The norrkoping way: a knowledge-based strategy for renewing adeclining industrial city [J]. European Planning Studies(4):505-525.

[212]Wang J,Shapira P,2012. Partnering with universities: a good choice for nanotechnology start-up firms[J]. Small Business Economics(2)197-215.

[213]Weber,Enzo,2016. Industry 4.0-job-producer or employment-

destroyer?[R]. Mpra Paper:4.

[214] Yin R K,1994. Case study research: design and methods[M]. Newbury Park:Sage Publications.

[215] Zhou W , Li Y , Hsieh C J et al.,2016. Research performance anduniversity-industry-government funding sources in Taiwan's technological and vocational universities[J]. Innovation: Management, Policy and Practice (3): 340-351.

附 录

附录1 "高职院校县域办学模式与机制研究"调查问卷(校领导和中层干部卷)

尊敬的领导：

您好！为了对浙江省高职院校县域合作办学现状做深入了解，本调查组特制定此问卷。本调查结果仅供研究分析之用，对资料严格保密，请放心填答。感谢您的支持与帮助！

填写说明：

此问卷中的"县域办学高职院校"指主体(本部)或分校办学地点在县域的浙江省高职院校。"县域"指地级城市所辖的非主城区的区域。

您所在的学校：_____；学校主管部门：_____；

您在学校的职务：_____ 学校目前有_____个校区，其中_____个校区设在县域。

一、县域办学基本情况

目前贵校是否在开展县域办学：

☐否　　　　　　　☐是

若选"否",请回答以下问题：

1. 您认为高职院校开展县域办学的必要程度：

　　☐完全没必要　　☐不太必要　　　　☐一般

　　☐比较有必要　　☐非常有必要

2. 贵校曾经是否尝试过县域办学？

　　☐是　　　　　☐否

3. 贵校未开展县域办学或县域办学未能继续进行的主要原因(可多选)：

　　☐政策不支持　　　　　　　☐与学校发展战略不相符

　　☐经费不足　　☐用地困难　　☐交通不便

　　☐专业设置与县域内产业匹配度低　　☐其他_____

4. 贵校未来有无开展县域办学的计划？

　　☐有　　　　　☐无

5. 贵校如未来开展县域办学,会采取的办学类型(可多选)：

　　☐将学校主体迁入县域办学

　　☐校本部仍在中心城区,在县域设立分校区

您的回答到此结束,谢谢您的参与！

若选"是",请选择贵校县域办学的类型,并填写基本情况。

☐总部—基地型(学校的本部校区仍在城区,部分院系迁移至县域办学)

　　学校部分院系未迁入县域前,前身是_____系/院,于_____年迁入_____县域,现名称_____。

☐县域自发型(学校主体在设立之初就在县域)

☐整体迁入型(指原来在中心城区办学的高校把主体迁移至县域办学)

　　学校未迁入县域前,前身是_____学校/学院,所属主城区为_____,于_____年迁入县域。

二、县域办学的运行状况

1. 贵校县域办学的形式：
   □实体办学（有全日制学生）
   □虚体办学（无全日制学生，以社会培训、成人教育、科技服务为主）

2. 贵校县域办学的资金来源（可多选）：
   □地方财政拨款　　　　　　□学校投资
   □行业企业投资　　　　　　□社会捐赠
   □其他＿＿＿＿＿

3. 县域政府在贵校县域办学中的重要性：
   □非常不重要　□比较不重要　□一般
   □比较重要　　□非常重要

4. 县域政府在贵校县域办学中扮演的主要角色是：
   □主导者　　□参与者　　□服务者　　其他＿＿＿＿

5. 贵校县域办学中，县域政府、产业、高校三者关系：
   □政府处于主导地位，管控产业及高校
   □政府、产业、高校各自独立运行
   □政府、产业、高校互动融合，形成紧密型的合作办学主体
   □其他＿＿＿＿＿＿＿＿

6. 县域政府有无设立县域办学的常设机构（如领导小组、管委会等）？
   □有，机构名称为＿＿＿＿＿＿＿＿＿＿
   □无

7. 县域政府有无制定专门的县域办学的制度和文件？
   □有，文件名称为＿＿＿＿＿＿＿＿＿＿
   □无

8. 市政府有无制定专门的县域办学的制度和文件？
   □有，文件名称为＿＿＿＿＿＿＿＿＿＿
   □无

9. 贵校县域办学院系管理模式：
   □行政主导管理模式［院系党总支领导／学院党政联席会议决策下的院长（系主任）负责制度］
   □市场主导管理模式［院系董事会／理事会领导下的院长（系主任）负责制］
   □学术主导管理模式［院教授委员会集体决策下的院长（系主任）负责制］
   □其他＿＿＿＿＿＿＿＿＿＿＿＿＿＿＿＿＿＿＿＿＿＿＿＿＿＿＿

10. 贵校县域办学的运行体制：
    □独立（独立法人制）
    □半独立（事业部制）
    □不独立（学校垂直制）

11. 贵校县域办学的投资体制（若有多处县域办学，可多选）：
    □地方政府投入为主型　　　　□学校投入为主型
    □地方政府与高校投入相当　　□其他＿＿＿＿＿

12. 贵校内部有无设立专门机构推进县域办学？
    □有，机构名称为＿＿＿＿＿＿＿＿＿＿＿＿＿＿
    □无

13. 贵校有无制定专门的县域办学的制度和文件？
    □有，有代表性的文件名称是＿＿＿＿＿＿＿＿＿＿＿＿＿
    □无

14. 贵校内部的激励、评价制度对开展县域办学的有利程度：
    □非常不利　　□比较不利　　□一般
    □比较有利　　□非常有利

15. 县域办学衍生出新的组织机构（可多选）：
    □校外办事机构（专门处理与校外的组织和群体联结事务）
    □知识产权开发及转让机构　　□科技成果孵化机构
    □校企合作机构　　　　　　　□继续教育培训机构
    □资金筹集机构　　　　　　　□县域发展研究机构
    □校友事务机构　　　　　　　□其他＿＿＿＿＿

16. 县域办学设有学术研究与技术研发机构或者平台（如实验室、工程技术中心等）的数量：

　　□无　　　　　　　　　　　□1—5个

　　□6—10个　　　　　　　　 □10个以上

三、县域办学的实施效果

1. 贵校县域办学的实施效果如下，提升效果越好，得分越高，请在合适的选项内打"√"。

内容	非常小	比较小	一般	比较大	非常大
学校的知名度	1	2	3	4	5
学校的办学特色	1	2	3	4	5
学校的人才培养质量	1	2	3	4	5
学校的整体科研能力和社会服务水平	1	2	3	4	5
学校获得的来自县域政府的政策支持和经费等资源	1	2	3	4	5
学校获得的来自县域行业、企业的资源	1	2	3	4	5
准确捕捉产业发展需求	1	2	3	4	5
产教融合、校企合作紧密度	1	2	3	4	5
师资队伍建设水平	1	2	3	4	5
实训条件改善状况	1	2	3	4	5
学校整体的招生数量和质量	1	2	3	4	5
学校整体的毕业生就业质量	1	2	3	4	5

2. 总体说来，您对贵校县域办学的前景如何看待？

　　□非常不乐观　　□不太乐观　　□一般

　　□比较乐观　　　□非常乐观

四、高职院校对县域发展的贡献状况

1. 贵校县域办学近三年毕业生县域内的就业人数：
   2016 年_____人；2017 年_____人；2018 年_____人。

2. 您认为贵校所设置的专业与县域主要产业结构的契合程度是：
   □完全不契合　　□不太契合　　□一般
   □比较契合　　　□非常契合

3. 贵校对县域经济发展的贡献主要体现在哪些方面(可多选)？
   □提供人力资本　　　　　　　□基建投资刺激经济
   □学校带动周边土地、房产增值　□增加就业岗位
   □师生消费拉动经济　　　　　□科技支撑及成果转化
   □其他_____

4. 贵校服务县域发展开展的主要活动有(可多选)：
   □输送毕业生就业　　□企业、社区培训
   □提升学历层次　　　□技能鉴定及获得职业证书
   □中高职教育衔接　　□地方规划及决策咨询
   □技术指导　　　　　□产品研发
   □知识产权运营　　　□开放文体科教等公共设施
   □农业技术推广　　　□其他_____

5. 贵校对县域文化发展的贡献主要体现在哪些方面(可多选)？
   □面向市民开放各类学术、文化论坛及讲座，发挥高校先进文化传播与引领功能
   □开展县域地方文学、非遗文化专题研究，发挥高校对县域传统文化的挖掘和研究功能
   □邀请县域文化名人开设传统文化讲座或者选修课程，发挥高校对县域文化传播功能
   □开展志愿者服务、文化下乡、暑期社会实践，参与县域城市文化建设
   □其他_____

6. 贵校面向县域在哪些文化硬件设施方面开展共享(可多选)?
   □图书馆　　　　□美术馆　　　　□体育馆
   □报告厅　　　　□其他_____

7. 贵校对县域新型城镇化的贡献主要体现在哪些方面(可多选)?
   □人口城镇化(人口规模及素质)
   □经济城镇化(经济发展、产业结构发展及医疗提升水平)
   □社会城镇化(教育及生活质量)
   □创新与研发(创新人才及研发成果)
   □空间城镇化(城镇化地域和道路)
   □生态环境城镇化(生态基础、环境保护和生活设施普及)
   □生活方式城镇化(消费观念及消闲功能普及率)
   □城乡一体化(收支水平及交通)

五、县域对高职院校县域办学的支持

1. 据您了解,县域政府对贵校县域办学的支持主要体现在(可多选):
   □政策　　　　　□土地　　　　　□资金　　　　　□项目
   □设施设备　　　□师资及编制　　□教工住房　　　□子女入学
   □交通　　　　　□无支持

2. 据您了解,贵校县域办学的土地来源方式是:
   □政府划拨　　　□政府出让　　　□学校租赁
   □与其他中职学校共用校舍及实训场地　　　□其他_____

3. 县域政府对贵校科研与社会服务方面的支持主要体现在(可多选):
   □共建公共服务平台　　　　　□设立培训学院
   □共建质量监测平台　　　　　□设立独立研究所
   □设立智库　　　　　　　　　□设立跨专业研究中心
   □设立成果转让或知识产权中心　　　□其他_____

4. 据您了解,目前县域政府与贵校开展了哪些合作?
   □将县域办学纳入当地产业发展和城乡建设规划
   □建立职业教育工作部门联席会议制度

□共同组建集团、机构和平台　　　□统筹开展产学研合作
　　□其他_____

5. 据您了解,县域产业(行业、企业)对贵校县域办学的支持主要体现在(可多选):
　　□资金　　　　□项目　　　　□师资　　　　□设施设备
　　□实习岗位　　□教师挂职　　□其他_____

6. 据您了解,目前县域产业(行业、企业)与贵校开展了哪些合作?
　　□共同组建集团、机构和平台　　　□共建专业
　　□共同制定人才培养方案
　　□合作开发教材、教学项目等教学资源
　　□联合科技攻关解决技术难题　　　□共建培训基地、生产车间
　　□订单培养　　　　　　　　　　　□其他_____

7. 据您了解,县域对贵校校园文化的支持主要体现在(可多选):
　　□县域传统文化融入校园　　　□企业特色文化融入校园
　　□工匠精神融入校园　　　　　□创业文化融入校园
　　□创新文化融入校园　　　　　□创意文化融入校园
　　□其他_____

六、高职院校县域办学的"推拉"因素及困境

1. 高职院校县域办学的主要"推力"因素如下,情况越符合,打分越高,请在合适的选项内打"√"。

"推力"因素	完全不符合	不太符合	一般	比较符合	非常符合
学校办学规模受限	1	2	3	4	5
学校办学资金来源渠道受限	1	2	3	4	5
学校办学场地及实训条件受限	1	2	3	4	5
学校专业设置与区域内产业结构不匹配	1	2	3	4	5
校企深入合作难度大	1	2	3	4	5
双师培养难度大	1	2	3	4	5
学生顶岗实习难度大	1	2	3	4	5

注:"推力"因素是指促使学校整体或者部分迁入县域办学的影响因素。

2. 高职院校县域办学的主要"拉力"因素如下,情况越符合,打分越高,请在合适的选项内打"√"。

"拉力"因素	完全不符合	不太符合	一般	比较符合	非常符合
县域为办学提供政策支持	1	2	3	4	5
县域为办学提供土地资源	1	2	3	4	5
县域为办学提供财力资源	1	2	3	4	5
县域人口密集	1	2	3	4	5
县域经济发达,GDP 水平高	1	2	3	4	5
县域产业结构与布局与专业相匹配	1	2	3	4	5
县域行业、企业与学校联系紧密	1	2	3	4	5
县域交通便利	1	2	3	4	5

注:拉力因素吸引学校整体或者部分迁入县域办学的影响因素。

3. 高职院校县域办学中遇到的困难如下,情况越符合,打分越高,请在合适的选项内打"√"。

困难	完全不符合	不太符合	一般	比较符合	非常符合
获得地市级及以上政府政策、经费、项目的难度加大	1	2	3	4	5
与大型企业或知名企业合作的难度加大	1	2	3	4	5
县域办学场所周边配套的政治、经济、文化环境和基础设施条件不佳	1	2	3	4	5
县域办学日常管理难度加大,办学成本上升	1	2	3	4	5
招聘教师难度加大	1	2	3	4	5
招生质量难以保障	1	2	3	4	5
教师和管理人员抵触在县域办学	1	2	3	4	5
县域办学场所的校内实训条件不佳	1	2	3	4	5
县域办学场所的基础设施条件不佳(实训条件除外)	1	2	3	4	5
县域办学场所的校园文化建设困难	1	2	3	4	5

问卷到此结束,非常感谢您的参与。

附录2 "高职院校县域办学模式与机制研究"访谈提纲(学校领导和中层干部卷)

访谈对象:＿＿＿＿＿＿＿＿　　所在学校名称:＿＿＿＿＿＿＿＿
部门:＿＿＿＿＿＿＿＿＿　　　职务:＿＿＿＿＿＿＿＿＿＿＿

1. 贵校为什么会选择在县域办学?为何选择当前这个县域?
2. 您觉得贵校在县域办学,对推动县域新型城镇化、乡村振兴方面有哪些贡献?
3. 您觉得在县域办学过程中,人才培养方面有什么特点?如何更加贴近县域经济社会发展需要?存在哪些问题?
4. 您觉得在县域办学过程中,科研和社会服务方面有什么特点?面向地方、企业具体开展了哪些紧密合作?成效如何?存在哪些问题?
5. 您觉得在县域办学过程中,如何解决师资的引进和稳定问题?有哪些成效?存在哪些问题?
6. 根据您在实际工作中碰到或感受到的,您觉得县域办学过程中总体效果如何?目前最大的困难是什么?您认为导致这些困难的主要原因是什么?
7. 如果想要深入推进县域办学,您觉得政府、学校等应出台哪些政策?制定哪些激励措施或提供哪些保障条件?

附录3 "高职院校县域办学模式与机制研究"访谈提纲(政府领导卷)

访谈对象:_____　　　　所属部门:_____

职务:_____　　　　　　　访谈时间:_____

1. 目前,贵县(市、区)与哪些学校开展合作?合作成效如何?贵县(市、区)根据自身发展要求,如何选择引进高职院校?
2. 目前,贵县(市、区)在引高校入县域办学过程中出台了哪些举措和政策?搭建了哪些平台?对政府的相关职能部门是否有考核?
3. 您认为地方政府在引高校入县(市、区)域办学过程中,政府职能应该发生哪些转变?政府、高校和产业将形成什么关系?
4. 高校引进后对县(市、区)域的贡献主要体现在哪些方面?是否达到了预期效果?
5. 贵县(市、区)在引高校入县域办学之初和过程中主要遇到了哪些困难?在政校企资源优化的过程中,应该打破哪些体制障碍?
6. 贵县在县域办学过程中,希望国家、省市和高校出台哪些政策和保障条件?

附录4 "高职院校县域办学模式与机制研究"访谈提纲(市教育局领导卷)

访谈对象:_____　　所属部门:_____

职务:_____　　访谈时间:_____

1. 请您谈谈宁波高校开展县校合作的基本情况。
2. 宁波县校合作走在全国前列,请问市政府(市教育局)发挥了哪些作用?出台了哪些政策?形成了哪些经验?
3. 高职院校县域办学对推动县域新型城镇化发展有哪些作用?引高职院校进入县域办学的"推拉"因素有哪些?存在哪些障碍因素?
4. 相比本科高校,高职院校开展县校合作的优势和不足有哪些?高职院校如何补上短板?
5. 您认为在高职院校县域办学中的县政府、高校和产业之间应该是什么关系?扮演什么样的角色?各自在哪些方面还需要加强?
6. 下一步,市政府(市教育局)在推进高校县校合作上将有什么新举措?

附录 5 "高职院校县域办学模式与机制研究"问卷访谈(专业负责人、教师卷)

第一部分　基本情况

学校名称：_____　　　所在学院：_____

专业：_____　　　职称：_____

身份：_____(专业负责人/教师)

第二部分　问题部分

1. 性别：

   □男　　　　□女

2. 年龄：

   □30 岁以下　　□30—39 岁　　□40—49 岁　　□50 岁及以上

3. 您的受教育程度：

   □专科学历　　□本科学历　　□硕士(本科学历)

   □硕士研究生　　□博士研究生　　□其他

4. 您的企业工作经历：

   □0 年　　□1—3 年　　□4—6 年

   □7—10 年　　□11 年以上

5. 你所取得的职业资格证书：

   □专业(初级)职格　　　　□专业(中级)资格证

   □专业(高级)资格　　　　□其他专业资格证书

   □无

6. 您参与县域办学的动力:
   □专业发展需要　　　　　　　　□学校考核需要
   □个人在专业技术上的发展需求
   □为企业提高服务获取经济利益　□其他_____

7. 您有无来自紧密合作的县域企业锻炼的经历?
   □有　　　　□无

8. 您有无安排或参与对紧密合作县域企业中实习学生的指导或管理工作?
   □有　　　　□无

9. 学生实习期间,有无来自紧密合作县域的企业对学生的实习情况进行反馈?
   □有　　　　□无

如果有,反馈的信息主要涉及哪些方面?(可多选)
□实习纪律表现　　　　　□技能水平
□专业知识　　　　　　　□职业道德素养
□吃苦耐劳精神　　　　　□教学改革建议
□教学管理建议　　　　　□其他(请说明)

10. 您是通过哪些方式与来自紧密合作的县域企业及其技术人员交往,并了解企业有关信息的?(可多选)
    □企业人士来校兼职　　□自己下企业实践
    □私人关系　　　　　　□校企联谊活动
    □企业人士来校讲座　　□联系学生实习
    □没有接触　　　　　　□其他_____

11. 您在做科研项目的过程中,有无与县域办学的政府职能部门打交道的经历吗?
    □有　　　　□无

12. 您目前承担的项目中有几项是与县域办学的政府和企业合作的?
    □0　　□1—2项　　□3—4项　　□5项以上

13. 您现在教学所使用的教材是：
    □国家高职教育推荐教材　　　　　□行业教材
    □与县域企业技术人员联合编写教材　□其他_____

14. 据您了解，贵专业在发展过程中，主要以何种形式与县域政府相关部门打交道？（可多选）
    □没有　　　　　　　　　□培训
    □调研与咨询　　　　　　□技术研发
    □课题研究　　　　　　　□其他_____

15. 据您了解，贵专业在县域办学中开展工学结合人才培养模式的主要形式有（可多选）：
    □订单培养　　　　　　　□工学交替
    □现代学徒制　　　　　　□项目导向
    □顶岗实习　　　　　　　□其他

16. 据您了解，您所属专业的设置机制？
    □按照学校条件设置专业
    □按照区域市场需求设置和调整专业
    □与县域产业设置和共建专业
    □其他_____

17. 据您了解，贵校按①专业大类　②专业　③不分类　建立专业指导委员会，人数共_____人，其中来自生产、建设、管理和服务第一线的专家或技术、管理人员_____人。专业指导委员会的作用主要是（可多选）：
    □需求调研　　　　　　　□职业能力分析
    □合作开发课程　　　　　□合作编写教材
    □讲授理论课　　　　　　□主要指导学生校内实训
    □不定期给学生组织讲座　□指导学生就业
    □指导教师开展技术应用研究　□校外顶岗实习指导
    □其他_____

18. 据您了解,贵专业教师中来自紧密合作县域的兼职教师的比例情况:

　　□占专业教师总人数的 5%—20%

　　□占专业教师总人数的 20%—35%

　　□占专业教师总人数的 35%—50%

　　□占专业教师总人数的 50%以上

　　□没有或 5%以下

19. 据您了解,贵院与来自紧密合作的县域企业开展了哪些形式的合作?
(可多选)

　　□企业为学校提供实训实习机会　　□企业为教师提供实践机会

　　□企业参与人才培养方案设计与实施

　　□企业委托学校进行员工培训　　□与学校联合实施订单培养

　　□企业为学校提供兼职教师　　□向学校提供教育培训经费

　　□企业为学校提供先进设施和设备

　　□企业与学校联合科技攻关解决技术难题、技术咨询

　　□企业在校内建立生产型实训车间　　□学校为企业提供技术支持

　　□企业为学校师生做专题讲座　　□暂时没有建立任何合作关系

20. 据您了解,贵专业与县域中行业协会的合作关系:

　　□完全没有合作　　□不太紧密　　□一般

　　□较为紧密　　□非常紧密

21. 您对贵专业县域办学中县域企业的评价:

　　□企业的期望值高,积极性也高　　□企业的期望值高,积极性低

　　□企业的期望值低,积极性也低　　□企业的期望值低,积极性高

22. 您对贵校目前开展的县域办学的评价:

　　□紧密合作,促进学校教育教学改革

　　□签订合作协议,以安置学生实习为主

　　□流于形式,没实质性合作内容

　　□视专业而定,有些专业难求企业合作

　　□其他_____

23. 您对在贵校县域办学校区上班的态度：

□完全不接受　　　　　　□不太接受

□一般　　　　　　　　　□比较接受

□非常接受

24. 您的学生对在贵校县域办学校区求学的总体态度：

□完全不接受　　　　　　□不太接受

□一般　　　　　　　　　□比较接受

□非常接受

25. 县域办学的外部激励（请根据您实际了解的情况在相应选项处划"√"）

序号	项目	非常不符合	比较不符合	一般	比较符合	非常符合
1	县域办学有利于落实产教融合政策，助推创新型城市建设	1	2	3	4	5
2	县域办学有利于促进当地县域城镇化进程和水平	1	2	3	4	5
3	县域办学有利于为当地产业输送大量的技能型人才	1	2	3	4	5
4	县域办学有利于提高当地中小企业的生存和发展能力	1	2	3	4	5
5	县域办学有利于带动当地的消费能力，促进GDP增长	1	2	3	4	5
6	县域办学有利于促进当地产业的转型升级	1	2	3	4	5
7	县域办学有利于促进当地文化的传承和发展	1	2	3	4	5
8	县域办学有利于通过培训提高当地居民的再就业能力	1	2	3	4	5

26.县域办学的内在诉求（请根据您实际了解的情况在相应选项处划"√"）

序号	项目	非常不符合	比较不符合	一般	比较符合	非常符合
1	县域办学有利于追赶已在县域办学的同类学校，提升自身办学竞争力	1	2	3	4	5
2	县域办学有利于打破学校办学场地限制，扩大办学规模	1	2	3	4	5
3	县域办学有利于提高实训教学的质量和改善实训条件	1	2	3	4	5
4	县域办学有利于吸收当地生源，缓解生源压力	1	2	3	4	5
5	县域办学有利于打造学校办学特色和品牌，提高社会影响力	1	2	3	4	5
6	县域办学有利于实现经费多元投入，增加办学收入	1	2	3	4	5
7	县域办学有利于提高教师校企合作的积极性	1	2	3	4	5
8	县域办学有利于学校优化专业结构，提高专业与产业的匹配度	1	2	3	4	5

第三部分　访谈部分

1.目前贵校县域办学对您的专业、您个人和学生带来了哪些益处？

2.目前贵校县域办学对您的专业、您个人和学生带来了哪些不便？

3.您希望贵校在县域办学方面，出台哪些保障政策及激励措施？

附录6 "高职院校县域办学模式与机制研究"问卷访谈(企业卷)

第一部分 问题部分

1. 贵企业属于以下哪种性质?
   □国有　　　　□集体　　　　□私营
   □外资　　　　□合资　　　　□其他_____

2. 贵企业在本行业中属于哪种规模?
   □小型(300人以下)　　　　□中型(300—1000人)
   □大型(1000人以上)　　　　□其他_____

3. 企业专业技术人员参与县域办学高职院校授课(兼课)的情况:
   □每学期1—5次　　　　□每学期6—10次
   □每学期11次及以上　　□没有

4. 您认为高职院校教师到贵企业挂职锻炼多长时间才能提高实践动手能力?
   □三个月　　　　□半年
   □一年及以上　　□效果不明显

5. 贵企业是如何接收、安排高职毕业生顶岗实习实训的?
   □接纳学生实习,随意安排　　　□学生旁观为主,师傅操作示范
   □学生顶岗,师傅指导
   □学生顶岗,师傅与学校教师联合指导

6. 高职毕业生到贵企业顶岗实习,实习多少时间比较合理?
   □三个月　　　　□半年
   □一年及以上　　□因具体工种而定

7. 贵企业愿意接受哪个年级的学生进行顶岗实习?
   □大一　　　　　　　　　　□大二
   □大三第一学期　　　　　　□大三第二学期
8. 学生从事顶岗实习,贵企业能够提供的顶岗实习工资或生活补助是什么水平?
   □不提供　　□500元以下　　□500—999元
   □1000—1999元　　　　　　□2000元以上
9. 学生到企业实习产生一些不可避免的实习损耗费用,您认为该由谁承担?
   □由学校承担　　　　　　　□由企业承担
   □由学生个人承担　　　　　□由企业、学校与个人共同承担
   □政府提供企业人均损耗费用补贴,超出部分由学校、学生及企业共同协商承担
   □其他_____

第二部分　访谈部分

1. 贵企业已经与县域办学高职院校开展以下哪些合作?最重要的是哪三项?还计划开展哪些合作?合作中有哪些障碍?与未在县域办学的高职院校相比,有哪些优势?与本科院校相比,有哪些劣势?
2. 贵企业是否会录用合作高职院校的毕业生?对高职毕业生的工作能力是否满意?与社会求职人员相比,更倾向高职毕业生的哪些素质?
3. 贵企业与高职院校开展合作育人时是否设置了校企合作专门机构?具体有哪些举措?取得哪些成效?有哪些困难?
4. 贵企业目前与高职院校合作共建研发和技术服务平台有哪些?合作的项目有多少个?建立了哪些长效合作体制机制?还存在哪些困难?
5. 如果要推动企业参与高职教育办学,您希望政府提供哪些优惠政策?
6. 您认为在高职院校县域办学中的政府、学校和产业之间应是什么关系?各自在哪些方面需要加强?